JN087170

新版

現代会計学

新井清光・川村義則 ［著］

Arai Kiyomitsu Kawamura Yoshinori

〈第**3**版〉

中央経済社

新版第3版への序

　本書は，新井清光先生によって平成元年に出版され，その後，平成14年から
の加古宜士先生による補訂を経て，平成20年より小生が補訂を行ってきたもの
である。重なる改訂は12版を数え，わが国の会計学におけるスタンダードな教
科書として多くの読者に読み継がれてきた。

　その間，会計学と会計制度は大きく変貌を遂げてきた。新しい理論や基準は，
常に伝統とぶつかりながらもやがて伝統に統合されていく。本書における新井
先生が執筆された文章にも，伝統に裏付けられた厳格さと同時に，まるで新し
いものを予見していたかのような寛容さがあった。

　本書の補訂を任されてから，多くの箇所を加筆修正させていただいた。本版
の改訂にあたっても，概念フレームワーク，国際会計基準，退職給付，包括利
益，連結財務諸表などに関連する各章において多くの加筆修正を行っている。
また，全般的に，補訂による不整合や難易度のばらつきを改める修正を行い，
あわせて設例や研究問題の内容を見直し，その加除修正を行った。その結果，
本版の改訂は，当初の予想よりも多岐にわたり，リニューアル版と称するに値
するものとなったと考えている。

　なお，新版より，奥様の満江様からのご承諾を得て，新井先生と小生との共
著として本書を公刊する運びとなった。中央経済社の山本時男最高顧問からは，
かねてよりご要望をいただいていたことである。小生が新井先生からご指導を
仰ぐようになるよりもはるか以前から新井先生と懇意にされていた氏からのご
助言ではあったが，なかなか決断するには至らなかった。このたび本書の改訂
に責任を負う決意を固めた以上は，読者諸賢のご批判を仰ぎながら，本書の現
代的な価値を維持していくことに努めるしかないと考えている。

　新版第3版の刊行にあたり，収益認識と時価算定に関する記述を大幅に改め

た。とくに，収益認識は，企業会計の根幹に関わる問題であるため，その影響は本書全体に及んでいる。

　最後に，引き続き本書の刊行を支えていただいた，中央経済社の山本継社長，長年にわたり励ましの言葉をいただいている小坂井和重専務，さらに新版の刊行より編集・校正作業を通じて何かとご助力いただいた田邉一正氏に厚くお礼申し上げる。

　　令和2年2月

　　　　　　　　　　　　　　　　　　　　　　川　村　義　則

ま　え　が　き

　本書は，会計学を初めて学ぼうとする人達のために，伝統的な会計学の基礎または現代会計学の通説ともいうべきものをまとめたものである。

　その主な内容は，次のとおりであるが，執筆にあたっては，初学者の入門書として，会計学の基礎や現行会計実務の概要を正しく理解できるように平易に解説するように努め，また読者が自学自習できるように随所に研究問題などを掲げ，その解答のポイントなどを示した。

(1)　会計の意義，種類，役割などに関する総論（第1章）

(2)　複式簿記の原理を中心とする企業会計の技術的特徴（第2章）

(3)　会計原則論などをめぐる企業会計の理論的特徴（第3章）

(4)　わが国における企業会計制度の概要（第4章）

(5)　貸借対照表を構成する資産，負債および資本についての会計（第5章から第7章）

(6)　損益計算書を構成する収益および費用についての会計（第8章）

(7)　財務諸表の作成と公開（第9章）

(8)　連結財務諸表の作成（第10章）

(9)　財務諸表の見方やその分析（第11章）

　本書は，かつて昭和56年1月から昭和57年5月までの間，「税経通信」（税務経理協会）に連載した論稿をベースにして，これに大幅な加除訂正を加えたものである。本書の刊行につき，ご諒解を賜った同協会に対して心から謝意を表する。

　なお，本書の書名は，約35年前に，著者の指導教授であった佐藤孝一先生が同じく中央経済社から刊行した「現代会計学」と同一の書名を用いた。内容的に，先生のご著書に及ぶべくもないが，先生の学恩を偲ぶものとしてお許しをいただけるものと思っている。

　幸いにして，本書は，平成元年の刊行以来，多くの読者の方々からのご好評を得て，版を重ねてきた。とくに第三版では，平成3年から6年までの商法改正，平成7年以降の開示省令（証券取引法），財務諸表等規則などの改正を，また，前版の第四版では，平成9年の商法改正や連結財務諸表原則の全面改訂などを取りあげたが，この第五版では，さらに，平成11年の商法改正および一連の新会計基準の制定・公表に対応して，関係個所の修正・加筆を行い，内容の一層の充実を図った。併せて付録Aの3の商法計算規定を最新のものに差しかえ，付録Bも最近の実例に改めた。

　最後に，初版以来，いろいろとご配慮をいただいた中央経済社の山本時男代表取締役社長，長田光雄相談役，河野正道常務取締役ならびに秋山宗一編集部次長に対して心から厚くお礼申しあげる。

平成12年早春

新　井　清　光

目　次

---- 55

第4章　企業会計制度

---- 65

第5章　資 産 会 計

第6章 **負 債 会 計**   119

137

| 第7章 | 資 本 会 計 |

第9章　財務諸表の作成

第1章

総　論

I　会計の意義

　われわれは，その生活を維持し，社会を発展させるために，財貨・サービス
の生産，流通，消費などに関するいろいろな経済活動を営んでいる。

　この経済活動は，個人または家によって営まれるほか，集団としての組織体
によっても営まれている。例えば，合名会社や株式会社などの会社，共済組合
や協同組合などの組合，公益社団法人・公益財団法人や学校法人などの非営利
法人，地方公共団体や国（政府）などである。

　このような経済活動を営む主体を**経済主体**といい，**会計**は，これらの経済主
体が営む経済活動（資金の調達，建物の購入など）およびこれに関連して発生す
る経済事象（建物の焼失，機械の損耗，商品の破損・値下りなど）について，主と
して貨幣額で測定・記録・報告する行為である。そして，このような会計の行
為を通じて得られた情報を**会計情報**といい，会計情報を伝達するための書類を
財務諸表という。

　（注）　財務諸表は，計算書類，決算書類，財務計算書類などとも呼ばれる。

II　会計の種類

　会計は，経済主体の相違に応じて，次のように分類される。

（1） ミクロ会計

これは，国民経済を構成する各経済主体別に行われる会計であり，次のようなものがある。

① **家計**（個人または家の会計）
② **企業会計**（株式会社などの会社その他の企業の会計）
③ **官庁会計**（国・地方公共団体・独立行政法人その他の行政諸機関の会計。**公会計**ともいう）
④ その他の会計（公益社団法人・公益財団法人，学校法人，社会福祉法人，宗教法人などの営利を目的としない法人の会計，つまり**非営利法人会計**。なお，この語は広義では③を含む）

（2） マクロ会計

これは，国全体を１つの経済主体とみる会計であり，**社会会計**または**国民経済計算**とも呼ばれる。マクロ会計の内容としては，国際収支会計，国民所得計算および国富の計算，国民貸借対照表の作成などがある。

一般に，会計という場合は，ミクロ会計を指し，マクロ会計は経済学の領域に属する。

ミクロ会計のうち，家計は，個人または家庭の消費生活に関する会計であって，主として金銭の収支会計である。家計簿の作成は，その典型である。

企業会計は，別表のような企業の種類に応じて細かく分けられるが，一般に企業会計という場合には，私企業（営利企業）の会計，とくに**株式会社の会計**を指している（本書でも，株式会社会計を主な研究対象としている）。

企業会計では，金銭の収支だけではなく，商品・土地・建物などすべての財産の増減を計算・記録し，またその増減の原因を明らかにして損益を計算するための会計が行われる。つまり，企業会計の主な内容は，財産計算と損益計算である。Ⅲで詳しく述べるように，企業は，財貨・サービスの生産・流通などに関する経済活動の合理化や経営者による受託責任の遂行，財の適正配分といった目的のために，金銭の収支だけではなく，すべての財産の変動や債務・出資などの法律関係をめぐる会計情報を必要とし，さらに企業活動の営利性（収益性）を判断するために損益に関する会計情報を必要とする。したがって，企

業会計においては，後述するように，財産の状態を示す貸借対照表，損益の状況を示す損益計算書，株主資本等の変動を示す株主資本等変動計算書などの財務諸表が作成される。

　他方，官庁会計では，金銭の収支（歳入と歳出）に重点がおかれる。財産の保全や管理も重視されるが，営利事業の会計ではないから，企業会計と異なり損益計算は行われない。なお，別表の公企業（例えば都市再生機構，住宅金融支援機構，日本学生支援機構などの独立行政法人）では，独立採算制を採用することによってその経営の効率性・経済性を明らかにするために，企業会計の場合と同様，財産計算のほか損益計算が行われる。これを**企業会計方式の導入**という。さらに，近年では，国や地方公共団体でも，収支計算に加えて，保有する財産の状態や政策実現のための費用・財源（税収など）をみるために，貸借対照表のほか各種のコスト計算書などを作成する企業会計方式の導入が進められている。

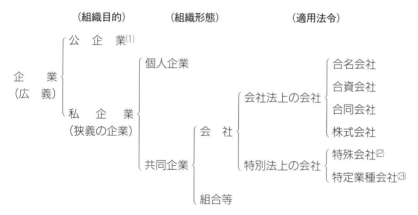

企業の種類

(注)(1)　各種の独立行政法人などが該当する。
　　(2)　日本郵政株式会社や東日本高速道路株式会社のように当該会社のために特別に設けられた法律によって設立され，規制されている会社である。
　　(3)　銀行，保険，証券，鉄道などに関する各業法の定めによって設立され規制されている会社である。

会計の役割

　会計は，主として，①経済活動の合理化手段としての役割，②受託責任の解明手段としての役割，および③財の分配手段としての役割という3つの役割を果たすために行われる。

1　経済活動の合理化手段としての役割

　どのような経済主体でも，その経済活動を営む場合の共通的な行動原則または経済原則は，「最小費用・最大効果の原則」である。

　われわれの経済的欲望は無限であるが，それを充たすための財は有限であるから，われわれは，財の消費をできるかぎり抑えて，その効果を最大にしなければならない。そこで，すべての経済主体は，上記の経済原則にもとづいて，その経済活動を常に合理的に営む必要がある。

　例えば，われわれの個人生活では，労働の提供などによって得た収入（金銭）を無駄なく，最も効果的に使うよう努力しなければならないし，また会社などの企業でもその限られた資金を最も効率的に利用するように努めなければならない。同じことは，国や地方公共団体の経済活動についてもいえる。

　会計は，このような経済活動の合理化のための手段としての役割をもっている。いいかえれば，会計は，各経済主体の合理的な管理・運営のために，さらには株主・債権者など企業の利害関係者による効率的な投資や融資など（したがって，資金の適正配分）のために，それぞれ必要な会計情報（しばしば**意思決定情報**と呼ばれる）を提供する役割をもっている。

2　受託責任の解明手段としての役割

　会計という言葉は，英語で "accounting" という。これは本来 "account for" つまり「説明する」とか「報告する」という意味をもっている。つまり会計は，もともと，財の管理・運用を委ねられた者がこれを委ねた者に対して，その管理・運用についての報告を行い，その受託責任または会計責任（accountability）を明らかにするための手段として発達してきたのである。

　これは，ヨーロッパの中世における荘園や寺院などにおいてその財産の管理を委ねられた者が，領主などに対してその管理責任を明らかにするために帳簿記録を行い，金銭の収支報告書や財産の明細表などを作成した事実からも明らかである。

　このような受託責任のための会計は，今日でもそのまま続いている。むしろ，その重要性はますます増大している。

　例えば，株式会社では，経営者（取締役）が，財産の委託者である株主に対して，その管理・運営に関する受託責任を明らかにするために定期的に計算書類を作成して，これを株主総会で報告し，またはその承認を受けることが義務づけられている（会社法第435条・第438条）。また，国・地方公共団体でも，政府等が，財産の委託者である国民や住民に対して，その受託責任を明らかにするために定期的に決算報告書を作成して，議会に提出することが要求されている（憲法第90条，地方自治法第233条など）。

　このように，会計は，財産の管理・運営を委託された者が，その受託責任の遂行を明らかにするための手段としての役割をもっている。

3　財の分配手段としての役割

　すべての経済主体は，その財を，消費・生産・流通などの経済活動のために利用している。個人または家庭は，所得として得た収入（金銭）を衣・食・住などに支出するが，この支出は，家族の各構成員からみれば，それぞれに対する一種の財（金銭）の分配である。つまり，収入を，家族全体の共通費と各構成員別の衣・食・住などの支出に振り分けているわけである。家計または家計簿の作成は，1で述べた家庭の経済の合理化のためだけではなく，このような家族に対する財の適切な分配を行うためであるといえよう。

　このような財の適正配分に関する会計の役割は，企業会計に一層典型的に現われている。つまり，企業会計では，従業員に対する給料，債権者に対する利息，株主などに対する配当，経営者に対する賞与，国・地方公共団体に対する税金などが計算され記録されているが，このような項目は，明らかに，従業員，債権者，株主，国・地方公共団体などの利害関係者に対する企業財産の分配に関する会計情報を提供しているものである。

　さらに，官庁会計における国の決算報告書も，文部科学・厚生労働・経済産業・国土交通などといった各分野に対する，国家資金の分配とその運用についての会計情報を提供する書類である。

　このように，会計は，各経済主体における財の分配に関する会計情報を提供し，もって利害関係者間における財の適正配分を行うための役割をもっている。

　なお，以上述べた役割は，会計の行為目的に着目した会計の役割であるが，このほかに，会計の行為内容に着目すると，会計の役割として，①測定機能，②記録機能および③報告機能があげられる。

　（注）　会計の役割は，**情報提供機能**と**利害調整機能**という2つの会計の機能として論じられることもある。情報提供機能は，会計が投資家等の利害関係者の意思決定に役立つ情報を提供する機能を指し，利害調整機能は，会計が利害関係者間の対立する利害の調整に役立つ機能を指す。また，利害関係者への情報提供は，彼らが行う意思決定を支援するために行うことであるから，情報提供機能を**意思決定支援機能**と呼ぶこともあるし，他方，利害関係者間の利害の調整は，彼らの間で結ばれるさまざまな契約とその履行の形で行われることから，利害調整機能を**契約支援機能**と呼ぶこともある。

　　また，会計情報は，利害関係者が行う意思決定に対しては，それが事前に提供されることによって役立ち（**事前情報**としての役割），また，利害の調整や契約の履行に対しては，それが事後に提供されることによって役立つ（**事後情報**としての役割）。前者の利害関係者の意思決定に役立つためには，会計情報は，それが事前に提供されることによって，企業などの経済主体の将来の状況に関する予測に役立つという意味で価値（予測価値）を有しているが，事後に提供される場合であっても，利害関係者が自らの過去に行った意思決定の確認に役立つという意味で価値（確認価値またはフィードバック価値）を有している。

　　近年では，このような会計によって果たされる役割や機能を観察することにより，会計の目的をトップダウン的に定めるという努力（概念フレームワークの設定）が会計基準の設定機関（第3章などで後述する）によって行われている。おおむね，会計の目的は，利害関係者が行う意思決定に役立つために必要な会計情報を提供することにあるとされており，上述した情報提供機能または意思決定支援機能が重視されるようになってきている。

会計学の研究対象

　会計学は，会計をその研究対象とする学問であるが，本章Ⅱでも述べたように，主として，株式会社の会計を研究対象としている。その理由は，株式会社の経済活動（生産・流通・消費など）が国民経済や社会に及ぼす影響が非常に大

きいためなどである。具体的にいうと，①その利害関係者は株主，債権者（銀行など），従業員，国・地方公共団体，消費者など多方面にわたっており，かつ，その利害関係は，株式会社との間の縦の利害関係（例えば配当，利子，給料，税金，価格・料金の関係）のみでなく，利害関係者相互間の横の利害関係もあり（例えば給料や配当を増やそうとすると生産物価格を引き上げなければならないとか，税金や利子が高くなると配当や給料が抑えられがちになる），したがってその利害関係の調整は社会的に非常に重要になってきていること，②とくに株式会社は，物的会社（株主有限責任の会社）であるために債権者保護を重視しつつ，株主との利害の調整を図る必要上，会社財産の維持などに関して多くの会計問題があること，③課税所得の計算など国や自治体の財政に与える影響の大きい会計問題があること，④株式会社会計が，会計学の研究対象として（他のミクロ会計と比べて）一般性に富むことなどである。

> **（注）** 経済学において，あるがままの事実について分析を行う実証的（ポジティブ）研究方法と一定の目的を達成するための手段について分析を行う規範的（ノーマティブ）研究方法とがあるように，会計学においても，企業会計の実務や制度について実証分析し，その理論的な説明・解明を行う実証的方法と一定の会計目的（命題）を設定しその達成のための手段（理論）について研究を行う規範的方法とがある。しかし，いずれの研究方法においても，それぞれが単独で自己完結するわけではなく，両者は相互補完的である。また，会計学の研究も，経済学などの場合と同じく，研究者個人のイデオロギー的影響をすべて排除して完全に中立的であることは難しく，また研究者の直観や洞察に依存するところも大きい。

会計学の研究対象としての株式会社会計は，通常，2つの領域に分れている。1つは**財務会計**（financial accounting）であり，他は**管理会計**（management accounting または managerial accounting）である。

1 財務会計

財務会計は，株主，債権者，国などの外部利害関係者（従業員もしばしば外部利害関係者とされる）に対して会社の財産の状態や経営の業績に関する会計情報を提供することを目的とする会計領域である。今日，財務会計が会計学の重要な研究領域になっているのは，①株式会社制度の発達に伴って，株主，債権者などの利害関係者が増大したこと，および②課税制度の発展に伴って，財産課税（主として土地などの不動産に対する課税）から所得課税に変化したこと

が主な理由である。

　例えば，株主について考えると，株主はもともと利益の配当を受けることを主な目的として株式会社に出資しており，もしもその会社が多くの利益を獲得し，優れた業績をあげれば，多くの配当を受けることができる（逆に利益がなければ配当はない）し，さらにその株式の価値も上昇する（逆の場合は下落する）からその出資証券（株式）を他人に売却して売却益（これをキャピタル・ゲインという。逆の場合はキャピタル・ロスという）を得ることもできる。したがって，株主にとっては，会社の事業活動がどのように行われ，どのような業績をあげているかを知るために会計情報を必要としているのである（なお，株主に対する会計情報の提供は，このほかに，資金の委託をした者（株主）に対して，その委託を受けた者（取締役）がその受託責任を明らかにするためにも行われる）。もちろん，会社の利害関係者は株主だけではなく，債権者，国，従業員などもいるから，これらの人々に対しても必要な会計情報を提供しなければならない。

　要するに，株主は利益の配当，株式の売買（その他会社の解散時の残余財産の分配）などの点で，債権者は利子の収受，元本の回収などの点で，国・地方公共団体は税金の徴収，消費者保護などのための会社の規制（例えば電気・ガス料金や鉄道運賃の規制）などの点で，従業員は賃金・賞与などの労働報酬などの点でそれぞれ会社と利害関係をもっており，さらに利害関係者相互間でも利害関係があるので，会社はそれらの利害調整などのために会計情報を作成し，これを報告する必要があるのである。

　このように，財務会計は非常に社会的性格の強い会計領域であり，そのために多くの社会的規制が加えられている。その社会的規制の主なものとしては，第4章で詳しく述べるように会社法，金融商品取引法および法人税法がある。なお，財務会計を研究する会計学の領域を**財務会計論**または**財務諸表論**といい，会計学は伝統的にこの財務会計論をその主な研究領域としている。

2　管理会計

　管理会計は，会社の経営者が経営方針や経営計画を設定し，さらにこれにもとづいて行われた経営活動の結果を分析・評価するための会計情報を提供することを目的とする会計領域である。管理会計は，一般に，将来に向けての計画

設定のための**意思決定会計**とその計画遂行のための**業績管理会計**に分けられる
が，その主な内容は，利益計画（目標利益の設定，売上高・売上原価・営業費用
の予定計画など），資金計画（利益計画との関連づけ，運転資金・設備資金などの計
画設定など），予算管理（利益計画や資金計画にもとづく各種の損益予算や資金予算
の編成とその予算と実績との差異を分析することによる管理統制など），在庫管理な
どである。また，管理会計においては，財務諸表の分析を主な内容とする経営
分析も行われるほか，製造業を営む会社においては，実際原価計算に加えて直
接原価計算，標準原価計算など管理原価計算の手法も用いられている。

　要するに，管理会計は会社の経営管理のための会計であり，その会計情報は，
経営者（ただし実際上はトップの経営者だけではなく，その下の各管理者層を
含む）に対して提供される。

3　財務会計と管理会計の相違点

　財務会計と管理会計の主な相違点は，次のとおりである。

① 　財務会計においては，伝統的に，経営者の過去の業績評価（受託責任の履行
　状況の解明）やその経営活動の結果得られた利益の処分（配当・課税）問題に
　主眼がおかれているため，その会計情報は，過去的・要約的である。これに対
　して，管理会計においては，単に経営者の業績評価だけではなく，将来のため
　の経営計画（意思決定）や業績管理（統制）問題に主眼がおかれているため，
　その会計情報は，過去的なものから将来的なものにわたり，しかもその情報は
　詳細である。
② 　財務会計においては，その会計情報が，主として貨幣的情報であるのに対し
　て，管理会計においては，多くの非貨幣的情報（物量的情報）を含んでいる。
　これは，いろいろな経営意思決定のための情報が求められるためである。
③ 　財務会計においては，外部の利害関係者に対して企業の財産の状態や経営の
　業績を真実かつ公正に示す必要上，その会計処理や財務諸表表示の方法などに
　ついて社会的な規制が加えられる。これに対して，管理会計は，企業内部にお
　ける会計情報の作成・伝達であるから，原則として社会的な規制は加えられな
　い。なお，財務会計を外部報告会計，管理会計を内部報告会計と呼ぶこともあ
　る。

　一般に，会計学の勉強にあたっては，財務会計の研究がその基礎になるので，
本書でも以下，主として財務会計について述べる。

4　会計監査

　財務会計も管理会計も，企業の外部または内部の関係者に対して彼らが必要とする会計情報を提供することを目的としている。しかしながら，その会計情報が，誤謬や虚偽・不正などのために真実な情報でなかったり，重要な情報を欠いている（重要な事実が脱漏している）場合には，その情報を受け取った者はその企業について誤った判断や意思決定をすることになる。そこで，会計上の誤謬，不正，脱漏などを発見または防止し，会計情報の真実性・信頼性を確保する必要がある。このための担保（保証）行為を**会計監査**という。

　会計監査は，財務会計に関する監査と管理会計に関する監査に分けられるが，前者は，財務会計そのものが外部報告会計であり，社会的規制を受ける会計であるところから，いろいろな法令によって規制されている。その典型は，金融商品取引法および会社法にもとづく**公認会計士**または**監査法人**（5人以上の公認会計士によって設立された法人）による監査であり，それぞれ**金融商品取引法監査**および**会社法監査**と呼ばれる。また，これらの監査は，公認会計士など企業に属さない外部の者（第三者）によって行われる監査であるから**外部監査**と呼ばれる。これに対して，管理会計に関する監査または企業の内部管理目的の監査は，会社の監査室などに属する企業内部の者によって行われるので，**内部監査**と呼ばれる。なお，株式会社では，取締役の職務の執行を監査するため**監査役による監査**も行われている（会社法第381条など）。

　公認会計士および監査法人は，会社が公表する財務諸表やその元になっている会計帳簿などを調べて，会社の財産の状態や損益の状況が正しく計算され，また表示されているかどうかについて証明すること（これを**監査証明業務**という）を本来の業務としている。この監査証明業務は，公認会計士と監査法人だけに認められているものである（金融商品取引法第193条の2，会社法第396条参照）。

　もともと公認会計士が，このような監査証明業務を社会的な制度として行うようになったのは，昭和25年からであるが，この制度は，会社が不正な経理をしたり，虚偽の財務報告（しばしばこれを**粉飾**という）をしたりしないようにするための社会的な監視制度である。もしも会社が株主や債権者，従業員などに

対して虚偽の財務報告をすると，その事実を知らないでその会社の株式や社債を買った者や，その会社に融資をした者（社債権者，銀行など），取引先，従業員などが，思わぬ損害を受けるおそれがあるからである。

　なお，公認会計士および監査法人は，**日本公認会計士協会**に属し（強制加入。詳しくは，公認会計士法参照），2022年1月31日現在で公認会計士33,217人，公認会計士試験に合格した者などの準会員6,058人，監査法人270法人，外国公認会計士2人である。なお，公認会計士および監査法人は，金融商品取引法第193条の2にもとづいて，上場会社などに対する前述の金融商品取引法監査を行うほか，会社法にもとづいて，資本金5億円以上または負債200億円以上の株式会社の計算書類について会社法監査を行う（第4章で詳述する）。さらに，私立学校法にもとづく学校法人監査，労働組合法にもとづく労働組合監査なども行ってきた。近年，監査対象はますます増加し，独立行政法人，地方公共団体，公益法人などにも広がっている。

(参考) 1．公認会計士または監査法人が監査を行う場合のよりどころとしては，企業会計審議会（第3章Ⅲの2参照）による「監査基準」，「四半期レビュー基準」などのほか日本公認会計士協会による各種の指針がある。なお関係法令としては，内閣府令（監査証明府令など），法務省令（会社計算規則）などがある。

　　2．**税理士**は，他人の求めに応じて，所得税，法人税，相続税，固定資産税などの税金に関して次のような業務を行う。

　　(1) 税務代理（申告，申請，不服申立て，過誤納税金の還付請求などについて代理または代行すること）

　　(2) 税務書類の作成（申告書，申請書，請求書その他税務署などに提出する書類を作成すること）

　　(3) 税務相談（税務について相談に応ずること）

　　なお，上記の税理士業務に付随して，財務書類の作成や会計帳簿の記帳代行なども行う。また，税理士（2022年1月末日現在，80,011人）および税理士法人（主たる事務所として4,572法人，従たる事務所として2,459法人）の団体は，各地域に税理士会が，その全国組織として**日本税理士会連合会**がある（詳しくは，税理士法参照）。

◆ 研究問題 ◆

1-1 株式会社の外部利害関係者をあげ，その利害関係について述べなさい。
▶株主，債権者，従業員，国・地方公共団体などについて考える。

1-2 株式会社の会計は，持分会社の会計と比べて会社法上きびしい規制を受けている。どのような点がとくにきびしいか，またそのようなきびしい規制が加えられているのはなぜかについて述べなさい。
▶有限責任と無限責任のちがい，所有と経営の分離などに着目する。

1-3 公認会計士および監査法人と税理士のそれぞれの社会的役割について説明しなさい。また，公認会計士と税理士の資格を得るためには，どのような試験に合格しなければならないかについて述べなさい。
▶監査証明業務と税理業務などについて，それぞれ，公認会計士法と税理士法を調べてみる。

1-4 会計学を学ぶ主な理由について述べなさい。
▶会計の一般的な役割について考えてみる。また，株主，債権者，従業員，国・地方公共団体などの各外部利害関係者の立場から，また経営者の立場からも考えてみる。

企業会計の仕組み

（その1―技術的特徴）

 I 貸借対照表と損益計算書

　企業会計では，企業の経済活動とこれに関連して発生した事象を，主として貨幣額で測定・記録・報告する。この報告の手段として用いられるものが，財務諸表である。つまり，財務諸表は，企業の経済活動と関連事象を一定の時点で，または一定の期間ごとに主として貨幣額で映し出した書類であり，いわば写像の書である。

　　（注） この時間的な区切りを**会計期間**といい（会計年度，事業年度などともいう），その長さはふつう1年である。なお，会計期間のはじめの日を**期首**，終りの日を**期末**または**決算日**（決算期）という。

　財務諸表が企業活動と関連事象を正しく（忠実に）映し出していれば，その財務諸表の利用者（経営者，株主，債権者など）は，企業活動と関連事象を正しく理解することができるが，逆にもしも財務諸表が企業活動と関連事象を正しく映し出していない場合には，その財務諸表の利用者は，企業活動と関連事象を正しく把握できず，誤解することになる。また，その結果，例えば経営者は，将来の経営方針や経営計画を誤ることになり，株主や債権者は，投資や融資について判断を誤り，不測の損害を受けることになる。さらに，国などの税務当局は，過った課税や不公平な課税を行うことになる。

　このため，財務諸表，とくに外部の利害関係者のために作成される財務諸表については，社会的規制が加えられ，今日では会社法，金融商品取引法，法人

税法などの法令が定められている。このような法令にもとづいて作成される財務諸表は，主として，

① **貸借対照表**（Balance Sheet，略してB/S。なお，最近ではStatement of Financial Position などともいう）

② **損益計算書**（Profit and Loss Statement，略してP/L。なお，最近では Income Statement, Statement of Financial Performance などともいう）

から構成されているが，これらの内容は，いずれの法令においても基本的に同じである。すなわち，次図に示すように，貸借対照表は，一定時点（期末）における**財政状態**（資産，負債および資本の状態）を示す表であり，損益計算書は，一定期間（1会計期間）における**経営成績**（収益および費用ならびに純利益の状況）を示す表である。

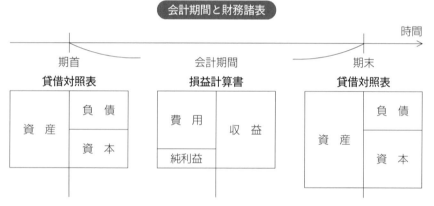

会計期間と財務諸表

しかも両者は，密接に結びつき，かつ相互補完的な関係にある。以下，この点について説明する。

財産法と損益法

　上述したように，貸借対照表によって示される財政状態とは，企業の**資産**（例えば，現金・預金・商品・建物・売掛金（売上代金の未収分）などの財貨・権利。**積極財産**とも呼ばれる），**負債**（例えば買掛金（仕入代金の未払金），借入金（借金の額）などの債務。**消極財産**，**他人資本**などとも呼ばれる）および**資本**（出資額および利益の社内留保額。資産の額から負債の額を差し引いた額であり，純財産，純資産，**自己資本**などとも呼ばれる）の状態である。他方，損益計算書によって示される経営成績とは，**収益**（出資や増資以外の理由による資本の増加原因をいう。例えば，商品の売上高および受取利息）および**費用**（配当や減資以外の理由による資本の減少原因をいう。例えば，商品の売上原価，給料および支払利息）ならびに両者の差額としての**（純）利益**または**（純）損失**の状況である。

　財政状態を示すための構成要素（計算項目）である資産，負債および資本の相互関係ならびにこれらの要素と経営成績を示すための構成要素（計算項目）である収益および費用との関係は，次のようになっている。まず，資産，負債および資本は次の関係にある（この等式を**会計等式**または**貸借対照表等式**という）。

　　　資産＝負債＋資本

　例えば，甲ほか4人がそれぞれ現金5億円を出資し，さらに銀行から5億円を借りて運送会社を設立したとすると，この会社の資産（現金）は30億円であるが，このうち5億円相当額は負債（借入金）であり，残りの25億円が資本（出資金）である。つまり，この会社の財政状態を経済的な面からみると現金という形の資産が30億円であり，他方，法律的な面からみると，借入金5億円，出資金25億円ということになる。この経済と法律の両面を貨幣額によって等式で表わしたものが会計等式であって，次のようになる。

　　　資産（現金）30＝負債（借入金）5＋資本（出資金）25

この開業時の貸借対照表は，次のようになる。

また，この等式を変形すると資本を計算するための等式（**資本等式**）になる。

　資産（現金）30－負債（借入金）5＝資本（出資金）25

　次に，企業会計は上記の財政状態のほか，企業の経営成績を明らかにしなければならないが，この経営成績を明らかにするということは，上掲の資本（出資金）がどのような理由でどれだけ増えたかを明らかにするということである（ただし，増資・減資や配当による資本の増減を除く）。そして，この資本の増加または減少の原因を示すもの（計算項目）が，収益および費用であり，両者の差額が純損益である。

　例えば，上例の会社がその後，備品1億円，自動車5億円，建物10億円を現金で購入し，1年間の運賃収入（現金による収入）が6億円，従業員への給料が2億円，燃料費その他の経費が3億円（いずれも現金による支出）であったとすると，期末の会計等式は次のようになる。

　期末資産31（現金15，備品1，車両5，建物10）
　　＝期末負債5（借入金5）＋期末資本26（出資金25，純利益1）　………(1)

　つまり，この会社は，1年間の営業活動の結果，期首資本（出資金）が1億円増えたわけであるが，この1億円の純利益の増加原因を示す収益と費用および純利益は，次のとおりである。

　収益6（運賃収入6）－費用5（給料2，燃料費その他経費3）
　　＝純利益1　　　　　　　　　　　　　　　　　　　　………(2)

　そして，期末の財政状態を示す(1)式と当期の経営成績を示す(2)式をそれぞれ表で示したものが，貸借対照表と損益計算書である。

貸借対照表				損益計算書			
（資産）		（負債）		（費用）		（収益）	
現　金	15	借入金	5	給　料	2	運賃収入	6
備　品	1	（資本）		諸経費	3		
車　両	5	出資金	25	純利益	1		
建　物	10	純利益	1		6		6
	31		31				

　上例からも明らかなように企業会計では，貸借対照表と損益計算書のいずれにおいても，その企業の経済活動および関連事象の結果，期首における資本の額が，期末にどれだけ増加または減少したかを示す数値，つまり純利益は一致する。これは，今日の企業会計において**複式簿記**が用いられているためである。

　すなわち，複式簿記では，企業の経済活動および関連事象にもとづく資本の増加または減少額（当期純利益または純損失）を計算するために，次の 2 つを用いている。

① 　期首の資本額と期末の資本額を比較する方法――**財産法**（資本比較法または　純資産比較法ともいう）
② 　期首資本の増減の原因となる項目（つまり収益と費用）の金額を比較する方　法――**損益法**（費用収益比較法ともいう）

　このような純損益の計算のため，前者の財産法が用いられている財務表が貸借対照表であり，後者の損益法が用いられている財務表が損益計算書である。

　財産法と損益法の意味および両者による純利益（または純損失）の額が一致する理由を下図の水槽の例を用いて説明しよう（数字は水の量を表す）。

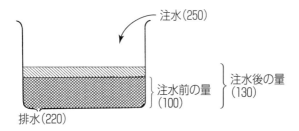

　まず，注水前に，ある量の水（100）が入っていたとし，この水槽に，一定時間，注水（250）と排水（220）を行った結果，水の量がある量（130）になったとすると，その注・排水によってどれだけの水が増えたかを計算するための方法としては，次の2つの方法がある。

　　注水後の有高（130）－注水前の有高（100）＝純増加量（30）………㋑

　　注水量（250）－排水量（220）＝純増加量（30）…………………………㋺

　複式簿記における前記①の財産法は，上の㋑の方法に相当し，前記②の損益法は，上の㋺の方法に相当する。すなわち，財産法は，上の水槽の例における注水後の量に相当する期末資本（130。これは，期末資産300と期末負債170の差額である）と，注水前の量に相当する期首資本（100。これは，期首資産と期首負債の差額である）を比較して，純増加量つまり当期純利益を求める方法である。また損益法は，前ページの水槽の例における注水量に相当する収益（250。つまり期首資本を増加させる要因）と排水量に相当する費用（220。つまり期首資本を減少させる要因）を比較して，純増加量つまり当期純利益を求める方法である。

　そこで，前記①と②の方法を，それぞれ式で示すと，次のようになる。どちらの方法においても，水槽の例と同じく，当期純利益は同じである。

　　期末資本（130）－期首資本（100）＝当期純利益（30）……………………(1)

　　収　　益（250）－費　　用（220）＝当期純利益（30）……………………(2)

　なお，(1)式は，次の整理の結果，期末の貸借対照表を示す基本等式になる。つまり，資本は，上述したように，資産総額から負債総額を差し引くことによって求められるから

　　期末資産（300）－期末負債（170）＝期末資本（130）　……………………(3)

となり，この(3)式を(1)式に代入すると次のようになる。

　　期末資産（300）－期末負債（170）－期首資本（100）＝当期純利益（30）……(4)

これを整理すると，次のように期末貸借対照表の会計等式が求められる。

期末資産（300）＝期末負債（170）＋期首資本（100）＋当期純利益（30）……(5)

つまり，貸借対照表は，この(5)式を（左辺を左側に，右辺を右側に）表示したものである。したがって，左側と右側の各合計は一致する（バランスする）。これが Balance Sheet という言葉の由来であり，また複式簿記では左側を**借方**，右側を**貸方**と呼ぶので，借方と貸方の対照表つまり貸借対照表という言葉が生まれたのである。

すなわち，(5)式を表にまとめると，次のような貸借対照表になる。

貸借対照表

期 末 資 産	300	期 末 負 債	170
		期 首 資 本	100
		当期純利益	30
	300		300

（注）　期首資本と当期純利益の合計額が期末資本の額である。

次に，(2)式を整理して

費用（220）＋純利益（30）＝収益（250）……………………………………………(6)

とすると，これが損益計算書（P/L）の基本等式になる。そして，(6)式を表にまとめると，次のような損益計算書になる。

損益計算書

費　　　用	220	収　　　益	250
当期純利益	30		
	250		250

　以上説明した財産法と損益法ならびに貸借対照表と損益計算書の関係をさらに理解できるようにするため，再び簡単な例を用いて説明する。

　なお，期首資産をA（Assets の略），期首負債をL（Liabilities の略），期首資本をC（Capital の略）とし（期末の資産・負債および資本は，それぞれA′，L′およびC′ とする），収益をR（Revenues の略），費用をE（Expenses の略），純利益をP（Profit の略）とする。

設例2−1　　下記により，①財産法と損益法による当期純利益（前記の⑷式と⑵式を用いる）の計算ならびに②㋑20X1.4.1（20X1年度の期首）現在の貸借対照表，㋺20X1.4.1から20X2.3.31までの期間（20X1年度）の損益計算書，および③20X2.3.31（20X1年度の期末）現在の貸借対照表を作成しなさい（金額の単位は億円）。

20X1.4.1　甲旅客鉄道株式会社は，次の財産をもって設立された。資産100（現金20，土地30，車両等50），負債30（借入金）。なお，出資額は70。

20X1.4.1〜X2.3.31　上記の株式会社の20X1年度中における運賃収入等は，次のとおりであった。運賃収入80（現金で収入），給料55および電力料10（いずれも現金で支払い）ならびに車両等の**減価償却費**（車両等の価値の減少を期末に計算した額）5。

解　説

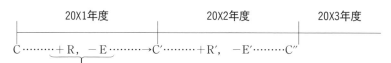

|20X1年度|20X2年度|20X3年度|

$$C \cdots\cdots +R, -E \cdots\cdots \rightarrow C' \cdots\cdots +R', -E' \cdots\cdots C''$$

期首の財政状態

A 100（現金20，土地30，車両等50）

L　30（借入金30）

$C(70) = A(100) - L(30)$

したがって，$A(100) = L(30) + C(70)$……期首貸借対照表等式

経　営　成　績

R 80（運賃収入80：現金で受けとる）

E 70（給料55，電力料10：いずれも現金で支払う。車両等
　　　　の減価償却費5）

$R80 - E70 = P10$……………………………………………(1)

したがって，$E70 + P10 = R80$……損益計算書等式

↓

現金が15増え，車両等が5減る。よってAは10増える。

期末の財政状態

A′110（現金35，土地30，車両45）

L′30（借入金30）

$C'(80) = A'(110) - L'(30)$…………………………(1)

$C'(80) - C(70) = P(10)$ ………………………(2)

(2)に(1)を代入すると

$A'(110) - L'(30) - C(70) = P(10)$……………(3)

したがって，$A'(110) = L'(30) + C(70) + P(10)$

……期末貸借対照表等式

解　答

① 財産法と損益法による当期純利益の計算

$$(A'-L')-C=P \qquad\qquad R-E=P$$
$$(110-30)-70=10 \qquad\qquad 80-70=10$$

② ④期首貸借対照表(A=L+C)の作成　　ロ損益計算書(E+P=R)の作成

貸借対照表

資　産（A）	負　債（L）	
現　金　　20	借入金　　　30	
土　地　　30	資　本（C）	
車両等　　50	資本金　　　70	

損益計算書

費　用（E）	収　益（R）
給　　　料　55	
電　力　料　10	運賃収入　　80
減価償却費　 5	
当期純利益(P)10	

(注)　本例のようにこの貸借対照表が会社の設立時に作成される場合は，これを開
　　　業貸借対照表という（第9章Iの2）。

③　期末貸借対照表（A'=L'+C+P）の作成

貸借対照表

（A'）	（L'）	
現　　　金　　35	借　入　金　　　30	
土　　　地　　30	（C'）	
車　両　等　　45	資　本　金（C）　70	
	当期純利益（P）　10	

(注)　この貸借対照表は決算日現在の財政状態を示すので，決算貸借対照表ともい
　　　われる（第9章Iの2）。なお，貸借対照表において表示されている当期純利
　　　益は，期末資本の一部となるが，これを資本金と区別する場合には，利益剰余
　　　金として累積されていくものである。

　上の例でも明らかなように，当期純利益の計算（つまり損益計算）の結果
（10億円）は，財産法でも損益法でも同じであるが，いずれも会計情報の面で
それぞれ欠点をもっている。それは，財産法によって作成される貸借対照表で
は，当期純利益の裏づけとなる財産の現状（この1年間の経済活動および関連事
象の結果，期末に資産・負債・資本がどのように変化したか）が明らかにされてい
るが，なぜそのような状況になったか——とくに資本の増加つまり純利益の発
生——についてその「原因」が明らかにされていない。他方，損益法によって

作成される損益計算書では，そのような原因（純損益の発生原因）は明らかにされているが，果たしてそのような原因のために期末現在で資産，負債および資本はどのように変化したかという点，つまり「結果」が明らかにされていない。

　つまり，財産法と損益法は，「原因」と「結果」についての会計情報を相互に補完し合っている。逆にいえば，貸借対照表と損益計算書は，相互に欠けている会計情報を補っているのである。両者を**基本財務諸表**と呼んでいるのは，このためである。

（注）　以上のべたように，貸借対照表と損益計算書は，企業におけるストックとフローの状態を表示する財務諸表である。しかし，財務諸表が提供する情報は，企業の経済的価値を直接的に表現しようとするものではない。例えば，貸借対照表における資本の金額は，当該企業の価値（株式会社の場合であれば，株式時価総額）を直接的に表すものではない。企業の価値は，次のように，企業が生み出す将来のキャッシュ・フロー（現金収支）の割引現在価値として表現されるが，財務諸表には直接的に表示されるものではない。

　　　企業の価値＝将来のキャッシュ・フローの割引現在価値

　このため，この価値（株式会社の場合，この価値を発行済み株式総数で割れば理論上の株価となる）と財務諸表が提供する会計情報との関係をどのように説明するかが会計学における大きな課題とされてきた。研究が進むにつれて，近年では，財務諸表が提供する会計情報を適切に利用することによって，企業の価値を合理的に推定しうることが明らかとなってきた。すなわち，企業の価値は，次のように表現される。

　　　企業の価値＝資本の金額＋将来の超過利益の割引現在価値（のれん価値）

　ここで，資本の金額は，貸借対照表における資本の金額そのものであり，会計によって計算されるものである。将来の超過利益は，将来の純利益から資本コスト（資本の提供者によって要求されるリターン）を控除した金額であり，これの割引現在価値がのれん価値を表している。企業の価値は，会計上のストックである資本の金額と，会計上のフローから推定される将来の超過利益の割引現在価値（のれん価値）との合計額である。このことは，会計が表現するストック（資本）とフロー（利益）が企業の価値を説明する潜在的能力を有していることを示唆している。

棚卸法と誘導法

　上に述べた財産法と損益法は，企業会計が複式簿記を採用しているかぎり，常に併用されている方法であり，またこの方法にもとづく帳簿記録から貸借対照表と損益計算書が作成されている。

　しかし，財産法と損益法という言葉は，しばしば別の意味を表す言葉として用いられている。それは，財産法を以下に述べる**棚卸法**の意味で，また損益法を**誘導法**の意味で用いる場合であり，もしもそのような意味でこれらの言葉を使うとすると，「今日の企業会計では一般に財産法は用いられていない」ということができる。

　　（注） 棚卸法の意味での財産法は，今日全く用いられていないわけではない。企業会計では，誘導法を補うために，資産の実地調査（**実地棚卸**という）によって数量・金額を確定する必要があるからである。

　それでは，「今日一般に用いられていない財産法（棚卸法）」とは，どのような方法であるのか。反対に，「今日一般に用いられている損益法（誘導法）」とは，どのような方法であるのか。この点を，用語上の混乱のないように説明するために，財産法の代わりに棚卸法を，損益法の代わりに誘導法という言葉を，以下用いることにする。

　前例でも明らかなように車両等（原価50億円）と減価償却費（5億円）とは，全く無関係なものではなくて，実はこの減価償却費は，車両等の原価のうち20X1年度中の減価償却費として計上された額を示している。具体的にいえば，この償却費5億円は，取得原価50億円をベースにして，車両等の使用予定年数，つまり**耐用年数**を10年とし，**残存価額**（耐用年数が終ったときの除却・処分価額（予想額）をいう）をゼロと仮定して**定額法**という減価償却方法によって（詳しくは，第5章Ⅴの1の(2)で述べる）計算された額（5億円＝50億円÷10年）である。つまり，減価償却費は取得原価をベースにして計算されており，またこの減価償却費を取得原価から差し引いた残高（45億円）が車両等の期末価額（貸借対照表価額）になっている。いいかえれば，車両等の貸借対照表価額は，取得原価マイナス減価償却費（2年目以降は経過期間の各減価償却費の累計額）の計算

式によって求められ（誘導され）たものであり，決して期末時点においてその
車両等の時価（売却時価など）を実際に評価したものではない。

　このように，誘導法とは，期末資産の価額（貸借対照表価額）を，その取得
原価を基礎にして会計帳簿から誘導的に求める方法であり，これは，商品（棚
卸資産）などについても同じように適用される。つまり期末棚卸高（商品の期
末残高）は，一般に期首棚卸高と当期仕入高の合計額（購入した商品の取得原価
合計）から，売却（払い出し）された商品の取得原価を差し引いて求められる。
つまり，それは，決して期末商品の取得原価とは無関係にその時価（売却時価
など）を評価したものではない。また例えば，土地も同じであって，企業会計
ではその土地の時価がどれほど上昇しても，それに全く関係なく，その土地を
取得したときの価額（取得原価）で会計帳簿に記入され，またその価額が貸借
対照表に記載される。

　このように，誘導法による会計では，すでに帳簿に記載されている取得原価
を基礎にして期末資産の貸借対照表価額が求められ，これによって純利益の計
算（損益計算）も行われている。このような会計の考え方を**動態論**または**動態
的会計思考**といい，またそのような会計方式を**取得原価主義会計**という。

　反対に，棚卸法による会計では，期末資産の時価を実地に調査・評価して，
その評価額を貸借対照表価額として純利益を計算する。そのような考え方を**静
態論**または**静態的会計思考**という。

　なお，動態的会計思考や取得原価主義会計が今日の企業会計上用いられるよ
うになったのは，①企業がその経営活動を長期的・継続的に営むようになり
（このことを**継続企業**という），その結果，毎決算期に資産の時価（売却価値）評
価をすることが不合理であると考えられるようになったこと，②企業における
生産設備の増加や資産の種類の多様化のために毎期末にその時価を求めること
が実務的にきわめて困難になったこと，③各資産の時価について客観的な証拠
を求めることが難しいこと，④課税所得や分配可能額の計算を主目的とする税
務会計や会社法会計などにおいては，資産の時価による評価益の計上は，その
客観的な証拠の点だけでなく，そのような評価益を含んだ利益は課税所得や分
配可能額として資金的な裏付けを欠いている（もしその資産を売るとしたならば，
という仮定の計算なので，現実に現金などが入ってきていない）といった点で不適

当であることなどのためである。

　ただし，このような取得原価主義会計に対して，著しい物価騰貴（インフレーション）などの場合には，資産の時価（売却価値または取替原価）による評価（再評価）が行われることがある。また，最近では，金融商品（通貨，株式，社債など）や金融派生商品（先物，オプション，スワップなど）の取引が活発になってきているため，これらの金融商品の時価（市場価値または公正価値）による評価がひろく行われるようになってきている。

　(注)　以上，本章Ⅲで述べたことは，企業会計の技術的特徴であると同時に次章で述べる企業会計の理論的特徴でもある。

◆ 研究問題 ◆

2-1　次の語句について，簡潔に説明しなさい。
　　　財政状態　　　経営成績　　　資本等式　　　財産法
　　▶該当箇所において，詳しく説明されている。

2-2　下記により，①20X2.4.1現在の貸借対照表，②20X2年度の損益計算書，③20X2年度末の貸借対照表，④20X3年度の損益計算書および⑤20X3年度末の貸借対照表を作成しなさい。なお，20X2年度の純利益は全額，利益剰余金として会社に留保され，20X3年度末の貸借対照表に繰り越されるものとする。
　　　20X2.4.1　　乙旅客鉄道株式会社は，次の財産をもって設立された。資産200（現金50，土地50，車両等100），負債80（借入金80）。なお出資額は120。単位はすべて億円（以下，同じ）。
　　　20X2.4.1～20X3.3.31　上記株式会社の20X2年度中の運賃収入等は，次のとおりであった。運賃収入120（現金で収入），給料60および電力料20（いずれも現金で支払い）ならびに車両等の減価償却費10。
　　　20X3.4.1～20X4.3.31　20X3年度中の運賃収入等は，次のとおりであった。運賃収入130（現金で収入），給料62および電力料10（いずれも現金で支払い）ならびに車両等の減価償却費10。
　　▶20X2年度の純利益30　　20X2年度末の資産230（うち現金90）　　20X3年度の純利益48　　20X3年度末の資産278（うち現金148）　　資本198（うち資本金は120，利益剰余金は78）。

2-3　東京商事株式会社における，①20X2年 4 月 1 日現在の資本，②同年 4 月末日の
　　　資産と負債および③ 4 月中の収益と費用は，それぞれ次の資料のとおりであった。
　　　㋑財産法と損益法による当期純利益の計算を行い，㋺貸借対照表と損益計算書を
　　　作成しなさい（便宜上， 1 か月を 1 会計期間とする）。
　　（資料）①　期首資本 ￥1,500,000
　　　　　　②　期末資産（現金 ￥350,000，売掛金 ￥500,000，商品 ￥550,000，備品
　　　　　　　　　　　　 ￥710,000。なお，備品の取得原価は ￥800,000，当期の減
　　　　　　　　　　　　 価償却費は ￥90,000）
　　　　　　　　期末負債（借入金 ￥500,000）
　　　　　　③　収　益　（売上高 ￥2,800,000，受取利息 ￥20,000）
　　　　　　　　費　用　（期首棚卸高 ￥500,000，当期仕入高 ￥2,550,000，期末棚卸
　　　　　　　　　　　　 高 ￥550,000，給料 ￥120,000，減価償却費 ￥90,000）
　▶　㋑　期末資本は ￥1,610,000
　　　㋺　費用は ￥2,710,000，売上原価は ￥2,500,000（＝期首棚卸高 ￥500,000＋当期仕
　　　　入高 ￥2,550,000－期末棚卸高 ￥550,000），当期純利益は ￥110,000

企業会計の仕組み

（その2―理論的特徴）

 ## Ⅰ 企業会計の理論構造

　前章では，企業会計の仕組みを学ぶために必要な技術的特徴について述べ，とくに複式簿記の仕組み（財産法と損益法による貸借対照表と損益計算書の作成）について説明した。

　本章では，この技術的特徴に加えて，企業会計を支える理論的な仕組みについて述べることにする。

　今日の企業会計を支える理論的な仕組み（構造）は，次の3つの層から成り立っている。

> ① 上部構造としての会計手続論
> ② 中間構造としての会計原則論
> ③ 下部構造としての会計公準論

　会計公準（こうじゅん）は，企業会計の基礎的な前提条件または基礎概念であり，**会計原則**は，企業会計の基本的な行為規範または行為基準である。会計手続は，具体的な会計手法・技術である。

　一例をあげると，企業会計においては，機械や建物などについて減価償却が行われるが，まずその会計手続論として**定額法**（ていがくほう）（減価償却費を毎期均等に計上する方法）・**定率法**（ていりつほう）（減価償却費を一定の償却率で計算し，毎期逓減的に計上する方法）・**生産高比例法**（せいさんだか ひ れいほう）（減価償却費を生産高または利用高に比例して計上する方法）

などの償却方法に関する議論がある。

　この議論において，どのような償却方法（会計手続）が認められるかは，それがどのような会計原則に準拠しているかどうかによる。今日の一般に認められた会計原則では，上述した償却方法のすべてが認められているが，その理由は，「減価償却とは固定資産の取得原価をその耐用期間（耐用年数）にわたって費用として配分することである」という考え方，つまり**費用配分の原則**という会計原則に，上掲の償却方法はすべて合致しているからである。しかしながら，もしも企業がその事業活動を停止すること（つまり企業の解散）が決まっていれば，このように取得原価を将来の期間に配分すべしとする費用配分の原則は成り立たなくなる。逆にいえば，この費用配分の原則という会計原則は，「企業活動が将来にわたって継続する」という前提条件（これを**継続企業**または**ゴーイング・コンサーン**（going concern）**の公準**という），いいかえれば「企業会計は，その継続企業の活動を1年ごと，または半年ごとの会計期間に区切って行われる」という前提条件（これを**会計期間の公準**ともいう）の上に成り立っているのである。

　このようにして，定額法などの償却方法に関する会計手続論は，費用の期間配分という会計原則論に支えられ，さらにその会計原則論は，企業活動の継続という会計公準論を前提にしているということができる。

　本章では，以下，下部構造としての会計公準論と，中間構造としての会計原則論について説明する。

II　会計公準

1　会計公準の意義と分類

会計公準の最も一般的なものとしては，次の3つがある。

```
① 企業実体（じったい）の公準
② 継続企業の公準（または会計期間の公準）
③ 貨幣的測定の公準
```

　この種の会計公準は，企業会計の実務慣行や伝統的な会計処理方法などを分析検討し，いわば帰納的方法によって，企業会計の最も基礎的・一般的な前提条件として導き出されたものである。このため，これらの会計公準は**基本的会計コンベンション**と呼ばれることもある。またそれらは，企業会計の計算構造の基礎（土台）を示すものであるため，**構造的公準**と呼ぶこともできる。

　（注）　会計公準には，この構造的公準のほかに，企業会計の基本的な目的・理念を示す公準，例えば**有用性の公準**や**公正性の公準**がある。これは，企業の社会的・経済的・法制的な環境を分析検討し，いわば演繹的方法によって，企業会計に対する社会からの基本的な要請を導き出したものである。このため，この種の公準は**要請的公準**または**目的的公準**と呼ぶことができる。なお，今日の企業会計においては，後述するように取得原価主義や実現主義などの会計原則が採用されているが，それらの会計原則は，会計理論上，構造的公準と要請的公準の2つによって支えられている。

　　また，このような要請的公準の研究において企業会計上，企業をどのようにみるべきかという企業観を研究するのが**会計主体論**であり，これには企業をその所有主（株主など）と一体のものとみる**資本主理論**や企業をその所有主とは別個独立のものとみる**企業体理論**などがある。また，この会計主体論にもとづいて「企業会計の役割・機能をどのようにみるべきか」について研究するのが**会計職能論**である。

2　企業実体の公準

　これは，企業という経済主体を，その所有主とは分離して考える企業会計上の基礎概念である。この公準は，複式簿記の基本的な仕組み，つまり前述の企業会計の技術的な特徴（貸借対照表等式など）を理論的に説明するために必要とされる。つまり，複式簿記では，

　　企業資産＝企業負債＋企業資本

という会計等式を前提にしているが，この等式を成り立たせ，企業の会計を正しく行うためには，たとえ個人企業であっても，逆に巨大な会社企業であっても，すべて企業会計では，その「企業」とその「所有主」（店主・株主など）とを分離して考える必要がある。

　こうして，企業実体の公準は，複式簿記が採用されているすべての企業会計において，その計算構造上の基礎的前提になる。なお，このような企業実体を株主の立場からみるべきか，株主・債権者・国・従業員などの各種利害関係者全体の立場（いわば社会全体の立場）からみるべきかという問題は，前述の会計

主体論の問題である。

　要するに，企業実体の公準は，「企業会計は，企業主から分離した企業実体ごとに行われる」という基礎的考え方を示す公準であり，いわば企業会計が行われる範囲・場所を限定するものである。

　なお，企業会計上，各企業実体の範囲は，一般に，甲商事株式会社，乙銀行，丙製作所というように異なる法人格ごとに定められる。したがって，一般に，企業実体は**法的実体**（各法人格別の企業）と同意語のものとして用いられるが，2つ以上の法的実体を1つの企業実体とみる場合もある。この場合の企業実体を，企業会計上，**経済的実体**という。

　経済的実体の概念が用いられるのは，**連結財務諸表**が作成される場合である。連結財務諸表は同一の経済的実体（これは，ある会社が他の会社を支配する場合，これらの会社を1つの企業実体とみる考え方である）の中に含まれるすべての法的実体の各財務諸表（これは，連結財務諸表に対して**個別財務諸表**と呼ばれる）を1つにまとめたものである（連結財務諸表については第10章で詳しく述べる）。

3　継続企業の公準

　これは，上述の企業実体がその経済活動を将来にわたって継続するとみる企業会計上の基礎概念である。この公準は，今日の企業会計が企業の経営成績と財政状態を期間別にとらえていることを理論的に説明するために必要とされる。つまり，企業会計では企業の経営成績を明らかにするために，ある一定期間，例えば20X1年4月1日から20X2年3月31日までの間における損益計算を行い，その期間の収益，費用および純利益を計算し報告している。また，企業の財政状態を明らかにするために，ある期末現在，例えば20X2年3月31日現在の財産計算を行い，その期末時点の資産，負債および資本を計算し報告している。

　このように，企業会計において，期間別の計算が行われ，毎期，損益計算書と貸借対照表が作成されるのは，企業活動の恒久的な継続性を前提とする公準があるからである。逆にいえば，このような前提がなければ，今日の企業会計における期間損益計算や期末ごとの財産計算は理論的に説明できない。

　このようにして，継続企業の公準は，企業会計における期間別計算の根拠になる公準であり，またこのことから，この公準の代りに会計期間の公準という

基礎概念が用いられることもある。

　なお，このような継続企業の公準または会計期間の公準が今日の企業会計上の基礎概念とされ，これにもとづいて期間別計算が行われるのは，株主に対する分配可能額や税務当局に対する課税所得の算定，経営者自身にとっての経営成績の判定などを毎期定期的に行う必要があるからである。

　要するに，継続企業の公準は，「企業会計は期間別に行われる」という基礎的考え方を示す公準であり，いわば企業会計における時間的な区切りまたは時間的限定を付しているものである。

　　(注)　継続企業の前提が崩れると，その前提で作成した毎期の財務諸表は，利用者に誤解
　　　を与えてしまいかねない。このため，継続企業の前提に重要な疑義を抱かせるような
　　　状況が存在する場合には，会社はその旨を説明することが要求されるようになった
　　　（詳しくは，第9章Vで述べる）。

4　貨幣的測定の公準

　これは，上に述べた企業実体の経済活動および関連事象の期間別把握は，主として，貨幣額によって行われるとする企業会計上の基礎概念である。この公準は，今日の企業会計における測定・記録が主として貨幣額で行われ，また貸借対照表や損益計算書の数値が貨幣額によっていることを説明するために必要とされる。

　それでは，なぜこのような貨幣的測定が行われるのか。その理由は，貨幣額が企業の経済活動および関連事象の測定尺度として最も共通的・一般的な尺度だからである。現実の企業活動は，貨幣額のほか，トン，キログラム，メートル，平方メートルなどの物量的尺度を用いて営まれているが，このような物量的尺度は，すべての企業活動や関連事象の測定手段としては，共通性・統一性がない。

　要するに，貨幣的測定の公準は，「企業会計は貨幣額によって行われる」という基礎的考え方を示す公準である。したがって，企業活動などのうち，貨幣額によって合理的な測定ができないものは，企業会計の対象にならない。例えば，会社の信用や生産技術の程度，社長・従業員の能力は，貨幣額で合理的に測定できないから，企業会計の対象にはならない。この意味から，貨幣的測定

の公準は，企業会計の対象・内容を限定しているものである。

（注） 貨幣的測定の公準から派生するものとして，**貨幣価値一定の公準**がある。これは，「測定尺度としての貨幣の価値の変動は，企業会計上，考慮しない」とする公準である。この公準によれば，取得した資産はその取得時に支出した貨幣額で記録され，売却時に得た貨幣額との名目的な差額をすべて利益とする計算が行われる。このような計算を**名目資本維持計算**または**名目貨幣資本計算**という。

しかしながら，もしもインフレーションのため，取得時の貨幣の価値より売却時の貨幣の価値が下がっている場合には，このような名目資本維持計算は合理性を欠く。なぜならば，測定尺度としての貨幣の価値が変動しているのに，その尺度の修正をしていないからである。そこで，この尺度の修正を行うという考え方が生まれる。また，このような貨幣価値の修正ではなく，土地そのものの個別価格（時価）に測定値を変える（つまり評価替えを行う）という考え方もある。前者の考え方に立って実質利益を計算する方法を**実質資本維持計算**といい，後者の考え方に立って資産の個別価格（時価）を超える売却価額だけを利益とする方法を**実体資本維持計算**という。

このような物価変動に対処する会計を**物価変動会計**といい，上記の貨幣価値修正の会計を**一般物価変動会計**（または**貨幣価値変動会計**），個別価格修正の会計を**個別価格変動会計**，物価変動会計と取得原価主義会計を合わせた会計を**結合会計**と呼ぶ。

しかし，今日の企業会計では，通常，貨幣価値一定の公準にもとづいて，名目資本維持計算が行われている。その主な理由は，上述のような尺度修正や個別価格（時価）による評価替えはその具体的方法の明確性・統一性などの点から制度的に実行困難であること（実行可能性の問題），貨幣価値の変動や時価の騰貴を資産評価に反映させ，評価額を決定するための客観的証拠を求めることが難しいこと（検証可能性の問題）などである。

III 会計原則

1 会計原則の意義と種類

（1） 会計原則の意義

会計原則は，前に述べたように，企業会計の一般的行為規範または行為基準を示すものである。通常，会計原則は，企業がその経済活動および関連事象について測定・記録・報告するにあたって遵守すべき規範として，社会的規範性をもっている。とくに，会計原則が法令と結びついている場合には，それは現実の企業会計に対して強制力をもつ。

後述するわが国の「企業会計原則」は，金融商品取引法上（第193条および財

務諸表等規則第1条参照），法的規範性をもち，また会社法上においても，同様の規範性をもっている（第431条参照）。なお，最近では会計原則に代えて**会計基準**という語がひろく用いられるようになっている。

（2）　会計原則の種類

会計原則は，その設定・形成方法のちがいによって，次のように分けられる。

①　帰納的会計原則と演繹的会計原則

これは，会計原則を設定するにあたって，そのよりどころを主として企業会計の実務慣行に求めるか，または企業会計の基本理念に求めるかによる分類である。前者の帰納的会計原則は，実務慣行の中から一般的・共通的なもの，または一般的承認を受けているものを帰納したものである。この種の会計原則は理論的な首尾一貫性や合理性に欠けるという難点があるが，現実の企業会計から大幅に遊離したり，観念に走ったりすることがないので，現実的適合性に富んでいる。いわゆる「一般に認められた会計原則」（Generally Accepted Accounting Principles，略して**GAAP**という）と呼ばれるものは，この種の会計原則を指している。英米の会計原則または会計基準は，伝統的にこのような性格の強い会計原則であり，わが国の「企業会計原則」なども同様である。

後者の演繹的会計原則は，まず会計の基本理念または基本目標を設定し，ついでこの理念・目標を達成するための一般的行為規範を演繹的に導き出すことによって，設定されるものである。したがって，この種の会計原則は，前者の会計原則のように現実の企業会計実務に束縛されることなく，理論指向性や理念的合理性を強くもっている。最近の会計界では，伝統重視の経験主義から理論重視の合理主義が高まってきているが，この傾向を反映して，会計原則論についても帰納的会計原則論から演繹的会計原則論への展開がみうけられる。しかしながら，その反面，理論に走りすぎるため，企業会計の規範として現実的適合性に欠けるなどの問題が生じかねない。

②　一般原則・損益計算書原則・貸借対照表原則

これは，財務諸表に重点をおいた分類である。

もちろん，その前提としての会計処理を除外しているわけではないが，この分類では，まず一般原則が財務諸表の作成全般に関する会計原則として設定さ

れ，ついで損益計算書と貸借対照表の両者について会計原則が設定される。

わが国の「企業会計原則」は，この分類法によっている。

③ 国内基準と国際基準

これは，会計原則または会計基準が国内的規範であるか国際的規範であるかによる分類である。

国内基準は，わが国の「企業会計原則」を含めて英米その他世界の各国でそれぞれ設定されている会計基準である。これに対して，国際基準は，複数の国または地域で適用することが予定されている会計基準である。この国際基準は，従来，**国際会計基準委員会**（International Accounting Standards Committee；略して**IASC** といい，その会計基準を**国際会計基準**（IAS）という）などによって設定されてきた。IASC は1973年に世界の職業会計士団体によって設立された民間の機関で，わが国では，日本公認会計士協会がこれに加盟していた。

この IASC は，2001年4月に大きく改組され，国際会計基準財団（IASC Foundation；その後改称され，国際財務報告基準財団（IFRS Foundation）と呼ばれている）のもとに基準設定作業を行う**国際会計基準審議会**（International Accounting Standards Board，略して IASB という）が設置された。IASB の理事は原則として常勤であり，2001年4月の発足時には14名が任命され，日本からも1名の理事が任命されている。IASB が設定する国際基準は，**国際財務報告基準**（International Financial Reporting Standards；略して IFRS という）と呼ばれている（なお，日本語では，IAS と IFRS を合わせて，国際会計基準と呼ぶことが多い）。

IASC による国際会計基準の設定の目的は，各国の国内基準の国際的調和とその国際的遵守を図ることにあるとされてきたが，IASB ではさらに進めて，各国の基準設定機関が共同で作業することにより，各国の国内基準を世界的に統一する方向を目指している。もっとも，この国際会計基準については，その内容と適用方法について各国の政府間の合意と各国の最終的決定（主権の行使）が必要である。

(注) 国際会計基準の金融商品取引法上の取扱いについては，本章Ⅲの6で学ぶ。

以上のほか，会計原則の分類法としては，㋑費用原則・収益原則・資産原則・負債原則・資本原則，㋺記録原則・測定原則・報告原則などがある。

2　企業会計原則

「企業会計原則」は，昭和24年（1949年）に，現在の**企業会計審議会**の前身である企業会計制度対策調査会によって設定されたものである。その目的はその前文に書かれているように，わが国の企業会計制度の改善・統一を図ることによって，企業の健全な発展・社会全体の利益の増進に寄与することとされている。

> **（注）**　企業会計制度対策調査会は，昭和23年に経済安定本部に設置され，25年に企業会計基準審議会と改称，27年に大蔵省に移管されて企業会計審議会となった。その後，企業会計審議会は，平成12年に金融庁（平成13年 1 月より内閣府の外局）の所管となっている。なお，後述する「企業会計基準委員会と企業会計基準」（本章Ⅲの 4 ）を参照のこと。

この企業会計審議会は，①企業会計の基準の設定，②監査基準の設定，③原価計算の統一，④その他企業会計制度の整備改善など企業会計に関する重要事項について調査審議し，その結果を内閣総理大臣，金融庁長官または関係各行政機関に対して報告し，または建議することを任務としている。

その後，今日に至るまで企業会計原則（カギカッコをつけた場合は下掲の(イ)を，つけない場合は(イ)および(ロ)以下の意見書などをすべて含む）は，企業会計の実務指針として，また公認会計士による監査のよりどころとして，さらには会社法（改正前商法），金融商品取引法（改正前証券取引法），税法などの会計法令の改正や制定にあたっての先導的役割や補充的役割（会社法第431条，財務諸表等規則第 1 条，法人税法第22条第 4 項）を果たしてきた。

もちろん，企業会計原則自体も，企業会計をめぐる社会的・経済的・法制的な諸環境の変化に即応するため，随時修正・補完されてきた。主なものをまとめてみると，次のようになる。

(イ)　「企業会計原則」（昭24.7.9，29.7.14，38.11.5，49.8.30，最終改正昭57.4.20）

(ロ)　「企業会計原則注解」（昭29.7.14，38.11.5，49.8.30，最終改正昭57.4.20）

(ハ)　「連結財務諸表原則」および「注解」（昭50.6.24，改正平 9.6.6，平20.12.26改正により企業会計基準第22号）

(ニ)　「中間財務諸表作成基準」（昭52.3.29，平19.3.14改正により企業会計基準第12号）

(ﾎ) 「外貨建取引等会計処理基準」（昭54.6.26，最終改正平11.10.22）
(ﾍ) 「セグメント情報の開示に関する意見書」（昭63.5.26，平20.3.21改正により企業会計基準第17号）
(ﾄ) 「先物・オプション取引等の会計基準に関する意見書等」（平2.5.29）
(ﾁ) 「リース取引に係る会計基準に関する意見書」（平5.6.17，平18.3.30改正により企業会計基準第13号）
(ﾘ) 「中間連結財務諸表等の作成基準の設定に関する意見書」（平10.3.13）
(ﾇ) 「連結キャッシュ・フロー計算書等の作成基準の設定に関する意見書」（平10.3.13）
(ﾙ) 「研究開発費等に係る会計基準の設定に関する意見書」（平10.3.31，平20.12.26企業会計基準第23号により一部改正）
(ﾜ) 「退職給付に係る会計基準の設定に関する意見書」（平10.6.16，平17.3.16企業会計基準第3号により，平19.6.15同第14号により，平20.7.31同第19号により一部改正，平24.5.17改正により企業会計基準第26号）
(ｶ) 「税効果会計に係る会計基準の設定に関する意見書」（平10.10.30）
(ﾖ) 「金融商品に係る会計基準の設定に関する意見書」（平11.1.22，平18.8.11改正により企業会計基準第10号）
(ﾖ) 「固定資産の減損に係る会計基準の設定に関する意見書」（平14.8.9）
(ﾀ) 「企業結合に係る会計基準の設定に関する意見書」（平15.10.31，平20.12.26改正により企業会計基準第21号）

(注) 以下，本書では，(ｲ)を「原則」，(ﾛ)を「注解」という。「原則」および「注解」の規定の多くは，最近の会計基準によって事実上差し替えられており，実務上適用されていない。学習上注意を要するが，本書では該当箇所はすべて新しい会計基準に準拠して執筆されている。

なお，後述する企業会計基準委員会（本章Ⅲの4参照）が発足したのに伴い，企業会計審議会は，新たに会計基準を設定することはなくなっているが，監査基準の設定や企業会計制度の整備改善に関する事項について審議を行っている。

3 「企業会計原則」の一般原則

「原則」は，一般原則，損益計算書原則および貸借対照表原則から構成され，これに「注解」が付されている。
ここでは，一般原則について簡単に述べる（その他については，第5章以下で随時とりあげる）。

(注) ここで述べる一般原則は，第5章以下を学習してからでないと十分理解できないかもしれない。したがって，ここでは一応通読しておくことにして，第5章以下を学習

　　した後に改めて読み直すほうがよいと思われる。
　一般原則は，企業会計に関する一般的な指針を与えるものであり，損益計算書原則と貸借対照表原則の両者に共通する原則である。「原則」によれば，この一般原則は次の 7 つから成っている。

> ①　真実性の原則
> ②　正規の簿記の原則
> ③　資本と利益の区分の原則
> ④　明瞭性の原則
> ⑤　継続性の原則
> ⑥　保守主義の原則
> ⑦　単一性の原則

（1）　真実性の原則

「原則」は，この原則について次のように述べている。
「企業会計は，企業の財政状態及び経営成績に関して，真実な報告を提供するものでなければならない。」
　この原則は，企業会計上，もっとも根本的な原則であって，すべての会計記録・測定および報告にあたっては「真実」を旨とすべきこと，つまり「真実性」を要求しているものである。
　したがって，会計処理や会計報告に虚偽，脱漏などの不正や誤謬があってはならないが，もちろん，企業会計においては判断を必要とする主観的な要素もあるので，「絶対的な真実性」は必ずしも確保できないから（例えば，固定資産の減価償却や売掛金などの貸倒れの見積りには，主観的な判断が入らざるをえないから），この原則にいう「真実性」というのは「相対的な真実性」を意味する。いいかえれば，それは文字どおりの意味における真実性・正確性よりは，公正性または適正性（fairness）ということを意味しており，これを達成するために，以下述べる正規の簿記の原則，明瞭性，継続性などの原則が必要になる。またそこには会計担当者の誠実性（honesty）が要求される。この意味から真実性の原則は誠実性の原則であるといわれ，また他の一般原則が十分に守られてこそ達成できる原則であるともいえよう。

（2）　正規の簿記の原則

「原則」は，この原則について次のように述べている。

「企業会計は，すべての取引につき，正規の簿記の原則に従って，正確な会計帳簿を作成しなければならない。」

　この原則は，企業の経営成績および財政状態を企業の利害関係者に正しく報告するための基礎資料として，正規の帳簿記録を行うべきことを要求している原則である。「正規の帳簿記録」というのは必ずしも複式簿記による帳簿記録を指しているわけではないが，現実的に企業活動から生じたすべての資産，負債および資本ならびに収益および費用の変動を，完全に捕捉，網羅して，これを組織的・体系的に帳簿に記録するためには，複式簿記による帳簿記録が必要とされている。

　（注）　なお，「注解」1を参照。

（3）　資本と利益の区分の原則

「原則」は，この原則について次のように述べている。

「資本取引と損益取引とを明瞭に区別し，特に資本剰余金と利益剰余金とを混同してはならない。」

　この原則は，企業活動のための元本（出資）とそれから生じた果実（利益）とを明瞭に区分することを要求している原則である。本来，企業は利益を追求する経済主体であるから，利益の計算を正しく行うことは，企業会計に与えられた任務であり，この計算を通じて企業は，その経営成績を正しく把握することができる。また，そのような正しい利益計算を行うことによって株主に対する分配可能額も，税務当局に対する法人税（課税所得）の額も正しく計算されることになる。したがって，この原則は，一方において，このような利益計算のための一般基準であるとともに，他方において，配当や課税の対象にしてはならない部分つまり資本を明確に計算するための根本原則でもある。

　（注）　なお，「注解」2を参照。また，企業会計基準第1号を参照。

（4）　明瞭性の原則

「原則」は，この原則について次のように述べている。

　「企業会計は，財務諸表によって，利害関係者に対し必要な会計事実を明瞭に表示し，企業の状況に関する判断を誤らせないようにしなければならない。」

　この原則は，企業の経理内容を報告する場合に，利害関係者が企業の実態を正しく把握し理解することができるように，財務諸表を明瞭に作成すべきことを要求している原則である。そして，この原則にもとづいて，今日，貸借対照表や損益計算書の様式，科目，配列の順序などに関する表示基準または法的規制が設けられ，さらに，各種の注記表や附属明細表（例えば，有価証券明細表や借入金等明細表）の作成などに関する諸規定が定められている。

　（注）　なお，「注解」１および１－２から１－４を参照。

（５）　継続性の原則

　「原則」は，この原則について次のように述べている。

　「企業会計は，その処理の原則及び手続を毎期継続して適用し，みだりにこれを変更してはならない。」

　この原則は，企業が一度採用した会計処理の原則および手続は，毎期，できるだけ継続して適用すべきことを要求している原則である。例えば，固定資産の減価償却法には定額法や定率法などの方法があり，そのいずれを用いるかは，各企業の実態に即して決められるべきではあるが，同じ固定資産について第１年度は定額法を用い，第２年度は定率法を採り，第３年度は再び定額法に戻るといった会計処理では，各年度の財政状態および経営成績の期間比較が困難になり，また企業の経営内容について適切な判断ができなくなる。またこのように，各年度ごとに，みだりに処理方法を変更することを認めると，恣意的な利益操作の余地を与えることにもなる。そこでこの原則は，処理原則などの継続適用を要求しているわけであるが，これは，科目の名称やその区分・配列などの用語・様式についてもこれをみだりに変更しないよう要求している。

　なお，この原則は正当な原則・手続相互間の変更について定めているものであって，正当な原則・手続と正当でない原則・手続との相互の変更および正当でない原則・手続相互間の変更は，この原則の対象外である。

　（注）　なお，「注解」１－２および３を参照。また，企業会計基準第24号を参照。

（6） 保守主義の原則

「原則」は，この原則について次のように述べている。

「企業の財政に不利な影響を及ぼす可能性がある場合には，これに備えて適当に健全な会計処理をしなければならない。」

　この原則は，安全性の原則とも呼ばれ，収益の見積計上を排し，費用の見積計上をむしろ可とする原則である。これは，本来，イギリスにみられる伝統的な原則であって，企業財政の安全性と企業の健全な維持発展を重視するところから生まれたものである。この原則の適用例としては，資産の評価益を計上することを禁止する実現主義の採用，棚卸資産などについての低価主義（その資産の原価と時価を比べていずれか低いほうの価額で評価する考え方）の適用などがある。しかし，この原則を無制限に適用すると，例えば，貸倒れを過大に見積るとか，過大に減価償却を行うといったような会計処理が行われ，資産や利益の過少表示が行われるおそれがある。このため，この原則についてはその過度の適用が戒められている。

　（注）　なお，「注解」4 を参照。

（7） 単一性の原則

「原則」は，この原則について次のように述べている。

「株主総会提出のため，信用目的のため，租税目的のため等種々の目的のために異なる形式の財務諸表を作成する必要がある場合，それらの内容は，信頼しうる会計記録に基づいて作成されたものであって，政策の考慮のために事実の真実な表示をゆがめてはならない。」

　この原則は，各種の財務報告目的に応じた財務諸表（例えば，会社法による株主総会向けの計算書類，法人税法による確定申告書など）は，その形式に相違があっても，その基礎になる会計記録は，同一のものでなければならないこと，およびその報告内容も政策的（例えば，株主対策や税金対策のため）に歪曲してはならないことを要求している原則である。

　要するに，この原則は，会計帳簿を，例えば，租税目的のために株主総会向けと税務署向けに分けて別々に作成すること（これを俗に**二重帳簿の作成**という）を禁止する原則である。

以上7つの原則が「原則」の一般原則であるが，このほか，一般原則に準ずるものとして**重要性の原則**がある。

重要性の原則は，金額の重要性および項目の重要性の程度に応じて，会計処理および会計報告を行うべきであるとする原則である。

すなわち，会計は本来1銭1厘といえども軽視することなく，その収入や支出などの事実に照らして忠実に会計処理を行い，財務諸表を作成すべきであるが，そのように厳密に会計処理などを行おうとすると，多くの時間や労力を費やし，また財務報告の内容も煩雑になり，かえって明瞭性を損なうなどの弊害が生ずる。例えば，会社の事務用に使用するコピー用紙を購入時に会社の資産として記帳し，これを使うたびにその使用分を資産の減少（費用）として記録し，期末にその残り分を貸借対照表に資産として掲げることは，他に数億円，数十億円の資産をもつ会社の経理としては手間ひまばかりかかって，あまり意味のないことである。そこで，このような消耗品については，金額および項目の重要性の観点から，購入時に会社の資産として記帳しないで，費用として計上する方法が採られる。しかしながら，逆に，現金や預金などの管理や記帳を，かりに少額だからといって，ルーズにすることは許されない。項目の重要性があるからである。

要するに，実践的な企業会計の原則としては，会社の処理能力，計算経済性，その経営成績および財政状態に与える影響などを考慮して，重要性の判断を行うことが，この重要性の原則である。

（注）　なお，「注解」1を参照。

4　企業会計基準委員会と企業会計基準

2001年7月，経済団体連合会（現日本経済団体連合会），日本公認会計士協会，全国証券取引所協議会，日本証券業協会，全国銀行協会，生命保険協会，日本損害保険協会，日本商工会議所，日本証券アナリスト協会および企業財務制度研究会（新財団の発足に伴って解散）の民間10団体により，従来の企業会計審議会に代わり，企業会計基準の整備において主体的な役割を担うことを目的とした「**企業会計基準委員会**」（Accounting Standards Board of Japan; ASBJ と略さ

れる）とその運営母体としての「財団法人財務会計基準機構」（現在の「公益財団法人財務会計基準機構」）が設立された。

　従来の企業会計審議会は，政府審議会であるため非常勤の委員によって構成され，経済の変化に機動的に対応することができないなどの限界が指摘されてきた。また，IASB が民間ベースで各国の基準設定主体との連携を強めるようになってきており，わが国としても民間の基準設定主体による国際的な基準設定活動への積極的な参加が求められてきた。

　企業会計基準委員会からは，企業会計基準，同適用指針および実務対応報告の３種類の形式の文書が公表されている（以下，これらをあわせて「企業会計基準等」という）。これらは，前記の民間10団体の合意により，関係諸団体の会員等において，実務上準拠すべき，あるいは判断の拠り所となる企業会計上の規範として取り扱うこととされている。

　金融商品取引法の規定によって同法の適用会社が作成すべき財務諸表や連結財務諸表の用語，様式および作成方法は，「財務諸表等規則」，「連結財務諸表規則」などの内閣府令の定めるところによるが，内閣府令に定めのない事項については「一般に公正妥当と認められる企業会計の基準」に従うものとされる（財務諸表等規則第１条第１項など）。この「一般に公正妥当と認められる企業会計の基準」については，企業会計審議会が公表した企業会計原則が該当する（第１条第２項）ことに加えて，「企業会計の基準についての調査研究及び作成を業として行う団体であつて次に掲げる要件のすべてを満たすものが作成及び公表を行つた企業会計の基準のうち，公正かつ適正な手続の下に作成及び公表が行われたものと認められ，一般に公正妥当な企業会計の基準として認められることが見込まれるものとして金融庁長官が定めるものは，第一項に規定する一般に公正妥当と認められる企業会計の基準に該当するものとする」（第１条第３項）と示されている。上記団体の要件は，以下のとおりである。

① 利害関係を有する者から独立した民間の団体であること
② 特定の者に偏ることなく多数の者から継続的に資金の提供を受けていること
③ 高い専門的見地から企業会計の基準を作成する能力を有する者による合議制の機関（「基準委員会」）を設けていること
④ 基準委員会が公正かつ誠実に業務を行うものであること

⑤　基準委員会が会社等を取り巻く経営環境及び会社等の実務の変化への適確な対応並びに国際的収れんの観点から継続して検討を加えるものであること

「平成21年金融庁告示第70号」などにより，このような要件を満たす，財務諸表等規則第1条第3項に規定する金融庁長官が定める企業会計の基準は，企業会計基準委員会において作成が行われた企業会計の基準である旨が明らかにされている。企業会計基準委員会から令和4年1月までに公表されている企業会計基準は，次のとおりである。

第1号「自己株式及び準備金の額の減少等に関する会計基準」（平14.2.21，平17.12.27，平18.8.11，平27.3.26改正）

第2号「1株当たり当期純利益に関する会計基準」（平14.9.25，平18.1.31，平22.6.30，平25.9.13，令2.3.31改正）

第3号「『退職給付に係る会計基準』の一部改正」（平17.3.16，平24.5.17基準第26号により廃止）

第4号「役員賞与に関する会計基準」（平17.11.29）

第5号「貸借対照表の純資産の部の表示に関する会計基準」（平17.12.9，平21.3.27，平25.9.13，令3.1.28改正）

第6号「株主資本等変動計算書に関する会計基準」（平17.12.27，平22.6.30，平25.9.13，平26.11.18，令2.3.31改正）

第7号「事業分離等に関する会計基準」（平17.12.27，平20.12.26，平25.9.13，平26.11.18，平31.1.16改正）

第8号「ストック・オプション等に関する会計基準」（平17.12.27，平20.3.10，平20.12.26，平25.9.13改正）

第9号「棚卸資産の評価に関する会計基準」（平18.7.5，平20.9.26，令元.7.4，令2.3.31改正）

第10号「金融商品に関する会計基準」（平18.8.11，平19.6.15，平20.3.10，令元.7.4改正）

第11号「関連当事者の開示に関する会計基準」（平18.10.17，平28.12.26改正）

第12号「四半期財務諸表に関する会計基準」（平19.3.14，平20.12.26，平21.6.26，平23.3.25，平24.6.29，平26.5.16，令2.3.31改正）

第13号「リース取引に関する会計基準」（平19.3.30）

第14号「『退職給付に係る会計基準』の一部改正（その2）」（平19.6.15，平24.5.17基準第26号により廃止）

第15号「工事契約に関する会計基準」（平19.12.27，第29号により適用終了）

第16号「持分法に関する会計基準」（平20.3.10，平20.12.26，平27.3.26改正）

第17号「セグメント情報等の開示に関する会計基準」（平20.3.21，平21.3.27，

平22.6.30，平25.9.13，令2.3.31改正）
第18号「資産除去債務に関する会計基準」（平20.3.31，平24.5.17改正）
第19号「『退職給付に係る会計基準』の一部改正（その3）」（平20.7.31，平24.5.
17基準第26号により廃止）
第20号「賃貸等不動産の時価等の開示に関する会計基準」（平20.11.28，平23.3.
25，令元.7.4改正）
第21号「企業結合に関する会計基準」（平20.12.26，平25.9.13，平31.1.16，令
元.7.4，令2.3.31改正）
第22号「連結財務諸表に関する会計基準」（平20.12.26，平22.6.30，平23.3.25，
平25.9.13，平26.11.18，令2.3.31改正）
第23号「『研究開発費等に係る会計基準』の一部改正」（平20.12.26）
第24号「会計方針の開示，会計上の変更及び誤謬の訂正に関する会計基準」（平
21.12.4，令2.3.31改正）
第25号「包括利益の表示に関する会計基準」（平22.6.30，平25.9.13，平30.2.16，
令2.3.31改正）
第26号「退職給付に関する会計基準」（平24.5.17，平28.12.16，令元.7.4，令2.
3.31改正）
第27号「法人税，住民税及び事業税等に関する会計基準」（平29.3.16，平29.3.
29，令2.3.31，令3.8.12改正）
第28号「『税効果会計に係る会計基準』の一部改正」（平30.2.16，令2.3.31，令
3.8.12改正）
第29号「収益認識に関する会計基準」（平30.3.30，令2.3.31改正）
第30号「時価の算定に関する会計基準」（令元.7.4，令2.3.31改正）
第31号「会計上の見積りの開示に関する会計基準」（令2.3.31）

5　概念フレームワーク

　すでに述べたように，会計基準の設定方法には，帰納的方法と演繹的方法がある。伝統的に帰納法により設定されてきた今日の会計基準は，すでに定着している実務を要約したものであるから，実務で受容されやすいという特徴があるが，その一方で個々の基準間の整合性を確保しにくいという問題点があった。
　そこで，会計基準間の整合性を担保するために会計基準に暗黙に含まれている基本的な考え方を**概念フレームワーク**（conceptual framework）としてとりまとめようとする考え方が台頭してきた。概念フレームワークは，まず1970年代の米国において生まれ，これによると，基準設定機関が会計基準を新設・改

廃するにあたって参照すべきものであり，その作業を通じて首尾一貫した会計基準の設定が可能となるというものである。米国においては，順次，概念フレームワークの内容が充実・整備され，続いて英国，カナダ，オーストラリア等の各国においても概念フレームワークが整備され，さらに国際会計基準を定めるIASBにおいても概念フレームワークが設定されるに至っている。とくに財務報告の目的からスタートして，会計情報の質的特性，財務諸表の構成要素，財務諸表における認識と測定へと展開される議論の仕方は，おおむねこれらの概念フレームワークに共通しており，概念フレームワークは，現在の会計基準設定の方向性に大きな影響を及ぼしている。

　わが国でも，2006年に企業会計基準委員会により，財務会計の概念フレームワークが「討議資料」として取りまとめられている。以下，要点を説明する。

> **(注)**　本項の内容は，初学者には難解であるので，さしあたりは読み飛ばしても次章以降の内容を理解するうえで支障はない。できればここで会計基準の体系を知るうえで一読してほしいが，本書の全体を学んだ後でもう一度本節を精読することをお勧めする。

（1）　財務報告の目的

　近年，財務諸表の本体において提供される情報ばかりでなく，それと一体をなす注記，有価証券報告書におけるその他の箇所において開示される情報も増大しつつある。このような財務諸表本体とそれ以外の開示手段による情報の開示のことを総称して**財務報告**と呼んでいる。

　「討議資料」は，財務報告による情報の開示は，企業経営者と投資家との間の情報の非対称性を緩和するために行われていることを出発点としている。投資家が必要としている情報は，企業の投資のポジションとその成果に関する情報であるから，「財務報告の目的は，投資家の意思決定に資するディスクロージャー制度の一環として，投資のポジションとその成果を測定して開示することである」と述べられている。なお，ここでいう，「投資のポジションとその成果」とは，すでに述べた企業の財政状態と経営成績という表現と大きな差異があるわけではない。もう少し具体的にいえば，投資の成果は利益というフローによって表現されるが，その利益の意味を理解するためにはその元となった資産や負債といったストックの大きさもまた必要となることを指している。

（2）　会計情報の質的特性

　会計情報は，投資家の意思決定に役立つ情報でなければならない。このような会計情報の基本的な特性は，**意思決定有用性**（decision usefulness; または単に**有用性**という）とよばれている。意思決定有用性は，さらに**意思決定との関連性**（relevance; **目的適合性**ともいう）と**信頼性**（reliability）という特性によって支えられている。

　意思決定との関連性とは，投資家が行う意思決定目的と関連していなければならないという情報の特性であり，信頼性とは，投資家が信頼して意思決定を行うことができるという情報の特性を指している。会計情報が有用であるためには，このような意思決定関連性と信頼性を備えた情報でなければならない。

　さらに，一般的制約として，**内的整合性**と**比較可能性**という２つの特性があげられている。内的整合性とは，会計情報を生み出す会計基準が互いに整合していなければならないことを指しており，これによって会計情報の有用性が担保される。また，比較可能性は，ある会計情報が他の会計情報と比較可能であることを指しており，会計情報がこの特性を備えることによって個々の会計情報の有用性が高まることが期待されている。

（3）　財務諸表の構成要素

　すでに述べたように，貸借対照表と損益計算書は，相互に密接に連係している。このため，貸借対照表に記載される資産・負債・資本と損益計算書に記載される収益・費用も，それぞれ密接な関係を有している。このような関係を前提としながら，財務諸表の構成要素である，資産・負債・資本・収益・費用をどのように定義するかが問題となる。

　一般に，貸借対照表における資産・負債を中心に財務諸表の構成要素を定義するアプローチを**資産負債アプローチ**または貸借対照表アプローチと呼び，損益計算書における収益・費用を中心に財務諸表の構成要素を定義するアプローチを**収益費用アプローチ**または損益計算書アプローチと呼んでいる。

　「討議資料」では，まず，資産負債アプローチに従って，ストックを意味する資産と負債が定義される。**資産**は現在の経済的資源であり，**負債**はそれを引き渡す現在の義務として定義される。次いで，資産から負債を差し引いた差額

として，**純資産**が定義される。さらに，純資産のうち，株主に帰属する部分が**株主資本**である。

フローについては，純資産の当期中の増減額（ただし，株主との直接的取引から生じたものを除く）が**包括利益**として定義される。包括利益のうち，投資のリスクから解放された成果で株主に帰属するものが**純利益**と定義される。

収益と費用は，純利益との関係で定義され，**収益**は，純利益を増加させる項目であり，資産の増加または負債の減少のうち投資のリスクから解放された部分である。**費用**は，純利益を減少させる項目であり，資産の減少または負債の増加のうち投資のリスクから解放された部分である。

（4）　財務諸表における認識と測定

財務諸表における**認識**とは，ある項目を財務諸表において構成要素として計上することをいい，**測定**とは，当該項目について金額を付すことをいう。

「討議資料」では，認識の契機として，契約の当事者の一方による履行をあげている。同時履行を原則とする契約において一方が義務を履行すれば，契約の相手方に対して権利が生じるし，相手方には履行すべき義務が生じる。多くの場合，このような状況において財務諸表項目の認識の必要性が生じることになる。また，このような契約の部分的履行が生じていない状況においても，特定の資産や負債の蓋然性が高まることによって，それらを認識しなければならない場合も生じうる。

さらに，「討議資料」では，資産・負債・収益・費用について，さまざまな測定値があることを例示している。たとえば，資産については，取得原価，市場価格，割引価値，入金予定額が，負債については，支払予定額，現金受入額，割引価値，市場価格などが示されている。

2010年には，IASBと米国の基準設定主体である財務会計基準審議会（Financial Accounting Standards Board; FASB）が共同で概念フレームワークの改訂作業の結果をまとめ，財務報告の目的と会計情報の質的特性に関する文書を公表している。2012年からは，IASBが単独で概念フレームワークの改訂作業を進め，2018年に財務報告に関する主要な基礎概念を記述した「財務報告

に関する概念フレームワーク」を公表したところである。

6 国際会計基準の取扱い

すでに述べたように，国際会計基準審議会（IASB）が設定する国際財務報告基準（IFRS）は，前身の国際会計基準委員会（IASC）が設定した国際会計基準（IAS）と合わせて，広義の意味で**国際会計基準**と呼ばれている。

国際会計基準は，2005年から欧州連合（EU）域内の上場企業に対して強制適用されており，それを機に世界各国においてその取扱いが大きく変化してきた。現在，国際会計基準と米国基準，日本基準などとの会計基準の国際的収れん・共通化（**コンバージェンス**）の作業が精力的に進められている。

特に，2007年8月に，IASBとわが国の企業会計基準委員会との間で「東京合意」が取り交わされ，2008年までに国際会計基準と日本基準との主要な差異を，2011年までに残りの差異を取り除くこととなった。2008年12月には同委員会は予定された主要な差異を取り除く作業を完了しているが，その後も国際会計基準の進展を踏まえたコンバージェンスの作業を継続している。

2009年6月には，企業会計審議会が「我が国における国際会計基準の取扱いに関する意見書（中間報告）」を公表し，いわゆる国際会計基準の任意適用と強制適用に関するロードマップを示している。

これによると，まず，EU域内または米国で上場ないし公募による資金調達をしていること等により国際会計基準で開示する会社のような，一定の要件を満たすわが国の上場会社に対し，2010年3月に終了する事業年度において国際会計基準に従って連結財務諸表を作成することを認める（任意適用）ことが示された。また，わが国の上場企業が連結財務諸表の作成にあたって国際会計基準に従う強制適用については，その判断を行う時期は2012年を目途とすることが示され，強制適用の時期は2015年または2016年とされた。

このような方針を受け，2009年12月には，関連する内閣府令等の整備が行われ，国際的な財務活動または事業活動を行う国内会社で，発行する株式が金融商品取引所に上場されており，国際会計基準に基づいて作成する連結財務諸表の適正性に対する取組み・体制の整備が行われているなどの諸要件を満たす**特定会社**は，2010年3月期から**指定国際会計基準**（IASBが公表した国際会計基準

のうち，公正かつ適正な手続の下に作成および公表が行われたものと認められ，公正
妥当な企業会計の基準として認められることが見込まれるものとして金融庁長官が定
め，官報で告示したもの）により連結財務諸表を作成することが認められた。

　しかし，2011年以降，国際会計基準の強制適用については，内外の企業環境
の変化に伴い，企業会計審議会においてその是非を含めて改めて検討が行われ
ることとなった。2011年 6 月には，当時の金融担当大臣の談話に基づき，国際
会計基準が仮に強制されることになってもその時期は早くても2016年以降とさ
れた。

　企業会計審議会における審議の結果は，2013年 6 月に「国際会計基準
（IFRS）への対応のあり方に関する当面の方針」として取りまとめられている。
これによると，2013年 5 月現在において国際会計基準の任意適用会社数が20社
にとどまることが指摘されており，わが国が国際的な会計基準設定における影
響力を確保していくためには，一定数の会社が適用していくことが必要と考え
られている。そのための 2 つの施策が提言されている。

　第 1 に，前述の任意適用が認められる会社の要件を緩和することである。す
なわち，上場会社や国際的な活動を行う会社でなくとも，国際会計基準に基づ
いて作成する連結財務諸表の適正性に対する取組みや体制が整備されているこ
とのみを要件にすることが提言されている。第 2 に，IASB が公表する国際会
計基準に対して，エンドースメントの手続（国際会計基準の自国基準への取込
み）を加えた会計基準を整備し，この基準の任意適用を認めることである。指
定国際会計基準が実質的に何ら修正が加えられていない「ピュアな IFRS」で
あるのに対して，この会計基準は一定の修正や適用除外（カーブアウトという）
が付されたものが想定されており，俗に「日本版 IFRS」などと呼ばれている。
このような考え方に基づいて，2015年 6 月に企業会計基準委員会から「修正国
際基準（国際会計基準と企業会計基準委員会による修正会計基準によって構成され
る会計基準）」（Japan's Modified International Standards；JMIS）が公表された。
その後所要の内閣府令の改正が行われ，2016年 3 月期から指定国際会計基準の
場合と同様の要件を満たす特定会社は，修正国際基準により連結財務諸表を作
成することが認められた。

　（注 1 ）　日本取引所グループのウェブページでは，IFRS 適用済・適用決定会社一覧が示

されている。2021年12月現在，IFRS適用済会社数は238社に達し，IFRS適用決定会社数は12社とされている。なお，修正国際基準適用会社数は，いまだゼロといわれている。

(注2) このような会計基準の国際的統合やIFRSの世界的な普及とともに，会計情報を世界的に利用するための技術的環境も整備されつつある。例えばXBRL（拡張可能な事業報告言語。eXtensible Business Reporting Language）などの会計情報の開示や分析のために用いられる統一的なコンピュータ言語も開発されており，利用者は世界中の企業の情報を容易に入手して利用することができるようになっている。

◆ 研究問題 ◆

3-1 次の □ 内に適当な語を入れなさい。

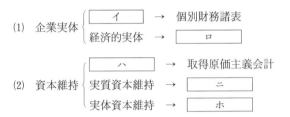

▶(2)の解答については本章IIの4のほか第5章IIIおよび同Vを参照。

3-2 昭和24年7月に設定された「企業会計原則」は，もともとどのような目的のために，またどのような性格のものとして設定されたか，またその後その性格はどのように変化してきたかについて述べなさい。
　▶昭和24年7月に設定されたときの「企業会計原則」の前文のほか，38年11月，44年12月，49年8月および57年4月の各修正時の前文を調べてみる。

3-3 企業会計基準委員会の目的とその仕組みについて述べなさい。
　▶本章IIIの4参照。また，同委員会のウェブページを調べてみる。

3-4 「企業会計原則」の「注解」にもとづいて次の一般原則について説明しなさい。
　(1) 資本と利益の区別の原則
　(2) 継続性の原則
　(3) 重要性の原則
　▶「企業会計原則」の「注解」を調べてみる。

3-5 国際会計基準の設定は，現在どのような状況にあるか説明しなさい。

▶本章Ⅲの1のほか国際会計に関する参考書や論文を調べてみる。なお，IASBや企業会計基準委員会のウェブページなどにも，関連情報が掲載されている。

3-6　概念フレームワークにおける財務報告の目的について述べなさい。

▶本章Ⅲの5のほか「討議資料」やIASBのウェブページなどを調べてみる。

3-7　国際会計基準を適用して連結財務諸表を作成している日本の会社について説明しなさい。

▶本章Ⅲの6のほか，金融庁，日本経済団体連合会，日本取引所グループのウェブページなどを調べてみる。

第 **4** 章

企業会計制度

Ⅰ 総 説

第1章Ⅳでも述べたように，企業会計の領域のうち，財務会計は，株主，債権者，国など企業外部の利害関係者に対する報告を主な目的とする会計であるため，いろいろな社会的規制が加えられている。

その社会的規制の主なものは，会社法（および会社法施行規則，会社計算規則など），金融商品取引法（および財務諸表等規則など）および税法（とくに法人税関係法令）であり，それぞれの法令の中に会計に関する規定が定められている。また，このような制定法規範に加えて，企業会計に対する慣習規範もある。その代表が，前章で述べた企業会計原則および企業会計基準等である。

企業会計領域のうち，このような会計規範によって規制され，制約を受けている会計領域を**制度会計**と呼び，その内容は，上記の法令ごとに会社法会計，金融商品取引法会計，税務会計（または税法会計）などに分かれる。

（注）上記の法令のほか，公益性の高い事業を営む企業，例えば，電気・ガス・電気通信・鉄道・建設・銀行などに対しては特別の会計規定（例えば，電気事業会計規則）が設けられている。

後掲の表は，会社法，金融商品取引法および法人税法における企業会計制度などを要約したものであるが，これらのうち，会社法が，制度会計の中心的位置を占めている。すなわち，会社法（商法）は，商事に関する一般法（私法）として，会社（企業）による取引活動の円滑化，その利害調整などを目的とし

ているが，金融商品取引法は，一般投資者（株式，社債などの有価証券の売買などを行う不特定多数の投資者）の保護を主な目的とする商事特別法（社会経済法・開示法）である。金融商品取引法の開示規定と会社法の会計規定は，近年両者の調整が進められた結果，ほぼ同じ内容を定めるようになった。他方，法人税法は，法人に対する課税の公平などを図りつつ税収を確保することを目的とする公法であり，国家財政をまかなうための財政法の1つである。

　企業会計審議会が設定した企業会計原則は，今日まで会社法（改正前商法）や法人税法などの会計法令の制定・改善のために随時重要な提言などを行うことによって会計法令に対する先導的役割を果してきた。また，法令においてすべての会計規定を定めることは困難であるため，企業会計原則は，これらの法令における会計諸規定の解釈指針などとして会計法令に対する補完的役割をも果たしてきた。その後設立された企業会計基準委員会が開発する企業会計基準等もまた，解釈指針としての会計法令に対する補完的役割を果たしている。

　このように現在では，企業会計原則・企業会計基準等は，会社法および金融商品取引法に基づく財務諸表の作成に際して企業が従わなければならない基準となっている。

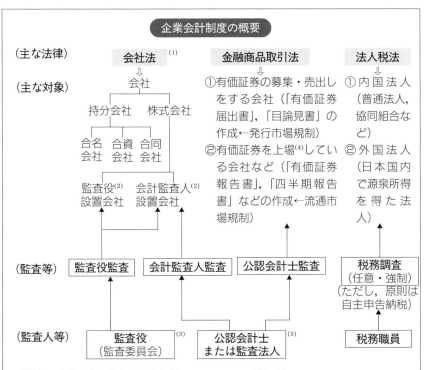

(注)(1)　会社以外の商人（個人商人）については，商法が定めている。
　(2)　資本金5億円以上または負債が200億円以上の株式会社を大会社といい（会社法第2条第6号），大会社は，公開会社でないものを除き，会計監査人および監査役会を置くことが義務づけられている（第328条。公開会社でない大会社は，会計監査人を置かなければならない）。大会社以外の株式会社も，任意で会計監査人を置いて，会計監査人設置会社となることができる（第2条第11号）。会計監査人設置会社は，さらに監査役を置かなければならない（第327条第3項）。なお，取締役会に監査等委員会を置く監査等委員会設置会社および，指名委員会，監査委員会および報酬委員会を置く株式会社（指名委員会等設置会社）は，会計監査人を置かなければならないが，監査役を置いてはならない（第327条第4項第5項）。
　(3)　監査役の資格については，被後見人など特別の者（会社法第335条および第331条）を除いて別段の制限はないが，公認会計士の資格については，公認会計士試験に合格した者であることなど厳しい定めがあり，また監査法人についても，5人以上の公認会計士を社員としなければならないなどの定めがある（公認会計士法参照）。大会社は，公開会社でないものを除き，3名以上の監査役（うち半数以上は社外監査役）によって構成される監査役会を設置しなければならない。また株式会社は，会計監査人を置くことを条件として，監査等委員会設置会社または指名委員会等設置会社となることができる（第327条第5項）。監査等委員会設置会社は，監査等委員たる取締役によって構成される監査等委

　員会が取締役の職務の執行を監督し，また，指名委員会等設置会社は，監査委員会が取締役および執行役の職務執行を監督する。

(4)　「上場」というのは，金融商品取引所（これは東京証券取引所のほか，大阪取引所，名古屋証券取引所，札幌証券取引所，福岡証券取引所などが設けられている）によって，株式などの有価証券の売買取引が承認されることをいう。したがって，上場会社とは，その会社が発行した有価証券が金融商品取引所で売買されている会社である。この上場会社になるためには，金融商品取引所が定めた上場審査基準に適合しなければならない。2022 年 1 月現在，東京証券取引所に上場している国内会社の数は，約 3,800 社である。

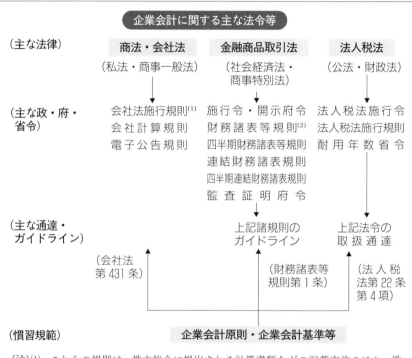

（注）(1)　これらの規則は，株主総会に提出される計算書類などの記載方法のほか，株主総会招集通知に添付される参考書類，監査役会・会計監査人・監査委員会の監査報告書の記載方法，財産の評価などについて定めたものである。

(2)　財務諸表等規則の正式名称は，「財務諸表等の用語，様式及び作成方法に関する規則」であり，有価証券届出書や有価証券報告書に記載される財務諸表などの記載方法を定めたものである。なお，四半期財務諸表等規則なども，ここでは略称で示した。

II 　会社法による会計規定

　会社法は，会社の設立，組織，運営および管理について定めた法律である（会社法第1条）。会社法は，改正前商法旧第二編（会社）を引き継ぎ，これに有限会社法，商法特別法を統合することによって，2005年に制定，2006年5月1日に施行された法律である。

　会社法は，株式会社（第二編）および合名会社・合資会社・合同会社をひとまとめにした持分会社（第三編）について，それぞれ規制を加えている。合名会社は無限責任社員（会社の債務につき無限の連帯責任を負う社員）のみからなる会社であり，合資会社は無限責任社員と有限責任社員からなる会社であり，合同会社は有限責任社員のみからなる会社であるが，いずれも社員間の人的な信頼関係が前提とされており，比較的小規模かつ閉鎖的な企業活動を行うことが想定されている。このため，計算や開示の規制も，後述する株式会社に比べて簡素化されている。ただし，合同会社は，有限責任社員のみからなるという点では株式会社と共通しており，合名会社・合資会社に比べると，会社財産を確保する要請からやや厳格・詳細な規定が定められている。これらに対して，株式会社は，会社の債務に対して出資額を限度に責任を負う有限責任社員のみからなる会社で，所有と経営の分離と大規模な企業活動が想定されている。

　株式会社は，適時に正確な会計帳簿を作成する義務を負い，10年間にわたって会計帳簿およびその事業に関する重要な資料を保存しなければならない（第432条）。さらに，株式会社は，その成立の日において貸借対照表を，各事業年度において計算書類（貸借対照表，損益計算書，株主資本等変動計算書など）および事業報告ならびにこれらの附属明細書を作成しなければならない（第435条）。

　各事業年度において作成する計算書類等は，監査役や会計監査人による監査を受けなければならない（第436条）。また，監査を受けた計算書類等を定時株主総会に提出し（第438条第1項），総会の承認を得なければならない（第2項。なお，会計監査人設置会社の場合は，総会への報告で足りる。第439条参照）。さらに総会での承認を受けた計算書類等については，一定の方法で公告をすることが義務づけられている（なお，第9章IIで詳しく述べる）。

すべての会社を規制の対象とする会社法では，会社は，計算書類を一般に公正妥当と認められる企業会計の慣行に従って作成すべきことが求められている（会社法第431条）。この企業会計の慣行には，すでに述べた企業会計原則と企業会計基準等が該当するものと考えられている。

Ⅲ 金融商品取引法による会計規定

1 沿革と目的

　金融商品取引法は，1948年に制定された証券取引法を引き継いで2006年に改正された法律である。改正前証券取引法は，戦後アメリカの証券二法（1933年証券法および1934年証券取引所法）を採り入れたものである。現行の金融商品取引法は，有価証券の取引ばかりではなく，さまざまな金融商品の取引を規制の対象としている。

　金融商品取引法は，有価証券の発行および金融商品の取引を公正にし，有価証券の流通を円滑にし，金融商品の公正な価格形成を図ることによって，国民経済の健全な発展と投資者の保護に資することを目的とする法律である（第1条）。この目的を実現するうえで，企業内容等の開示（ディスクロージャー）に関する規制が重要な役割を果たしている。この金融商品取引法による規制は，有価証券の発行市場における規制と流通市場における規制に分けられる。

2 規制の概要

　発行市場における主な規制としては，**有価証券届出書**（とどけいでしょ）の内閣総理大臣への提出と**目論見書**（もくろみしょ）の作成がある。

　具体的にいえば，発行価額または売出価額の総額が1億円以上の有価証券を募集または売り出そうとする会社は，有価証券届出書を内閣総理大臣に提出するとともに，その写しを金融商品取引所などへ提出しなければならない（第4条）。そして，会社は，その後，この届出書の記載内容と実質的に同じ内容の目論見書を作成して，有価証券の募集または売出しをしなければならない（第13条）。

　次に，流通市場における規制としては，**有価証券報告書，四半期報告書**などの内閣総理大臣への提出がある。有価証券報告書は，上記の有価証券届出書を提出した会社，金融商品取引所に有価証券を上場している会社などが毎決算期経過後 3 か月以内に内閣総理大臣に提出する書類である（第24条。巻末の《付録》実例参照）。なお，その写しは，金融商品取引所などに提出される。

　四半期報告書は，事業年度が 3 か月を超える会社が 3 か月ごとに（例えば毎年 3 月決算の会社の場合は 6 月， 9 月，12月）当該期間経過後45日以内に内閣総理大臣に提出する書類である（第24条の 4 の 7 ）。

　以上述べた有価証券届出書，有価証券報告書などの書類は，関東財務局，金融商品取引所などに保管され，公衆の縦覧に供される（第25条。このような公開規定は，金融商品取引法の特徴であって，この法律が開示法と呼ばれる大きな理由である）。

　　（注）　現在では，EDINET（金融商品取引法に基づく有価証券報告書等の開示書類に関する電子開示システム）により，誰でもインターネットにて上場会社等の開示書類を閲覧することができる（http://disclosure.edinet-fsa.go.jp）。

　金融商品取引法による会計規定は，上述した有価証券届出書，目論見書，有価証券報告書，四半期報告書などの書類のなかに含まれる財務諸表（貸借対照表，損益計算書，株主資本等変動計算書，キャッシュ・フロー計算書，附属明細表などの書類。これを金融商品取引法上，**財務書類**という）および連結財務諸表について，その作成方法などを定めたものである（金融商品取引法第193条）。この作成方法などは，具体的には，財務諸表等規則，四半期財務諸表等規則，連結財務諸表規則，四半期連結財務諸表規則などの内閣府令に定められているが，さらにこれらの財務書類については公認会計士または監査法人の監査証明が要求され（第193条の 2 ），また，有価証券届出書や有価証券報告書などには，この公認会計士または監査法人の監査報告書が添付されている。なお，財務諸表および連結財務諸表の作成に当たっては，上述の内閣府令のほか，「一般に公正妥当と認められる企業会計の基準」に従わなければならない（財務諸表等規則第 1 条など）。この「一般に公正妥当と認められる企業会計の基準」には，すでに述べた企業会計原則と企業会計基準等が該当するものとされている（第 9 章Ⅲで詳しく述べる）。

IV 法人税法による会計規定

　法人税は，公共法人（地方公共団体，独立行政法人など）以外の内国法人と国内源泉所得を得た外国法人に課される国税である。なお，内国法人のうち，普通法人や協同組合などについてはその全部の所得に対して法人税が課されるが，公益社団・財団法人などに対しては収益事業からの所得に対してのみ課税される。

　このように，法人税は，法人の所得に対して課される税金であるから，その課税にあたっては，法人の所得を正しく計算する必要がある。このため，法人税法における規定の大部分は，この課税所得の計算に関する規定から成り立っているが，この法律だけでは十分網羅できないので，前述したように，さらに法人税法施行令，法人税法施行規則などの法令や通達が定められている。また，課税上特別な扱い（主として減免税の措置）をする必要がある事柄については，租税特別措置法その他の関係法令が定められている。なお，法人税にかぎらず，すべての租税は，それを新たに課し，または変更するときは法律または法律の定める条件によらなければならない（憲法第84条。これを**租税法律**（または**法定**）**主義**という）。

　次に，上記の法令において「別段の定めのある事項」以外の収益および費用（税法では，これらをそれぞれ**益金**および**損金**という）の計算は，「一般に公正妥当と認められる会計処理の基準」に従うことになる（第22条第4項）が，この場合の基準に該当するものに企業会計原則や企業会計基準等が含まれると一般に解釈されている。

　また，法人税法は「内国法人……は，各事業年度終了の日の翌日から2月以内に，税務署長に対し，確定した決算に基づき……申告書を提出しなければならない。」（第74条第1項）と定めている。これを，**確定決算主義**（基準）と呼ぶ。確定決算主義とは，減価償却，資産の評価減，引当金の設定（例えば，売掛金の貸倒れの見積り）などのように企業の意思によって処理される項目（いわゆる内部取引項目）については，株主総会における決算承認などの正規の手続によって最終的に確定した決算書類にもとづいて納税申告書を作成すべきこと

を要求する考え方である。この確定決算基準により，法人税法上の所得計算と会社法上の損益計算は密接に結びついている。

　なお，確定決算において費用または損失として経理することを**損金経理**（そんきんけいり）という。

（注1）　税務会計は，会社法会計などの一般の企業会計と所得（利益）計算の面で次のように異なる点がある。

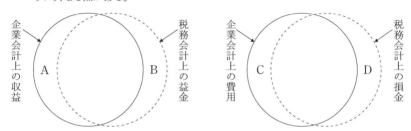

　　　例えばA（企業会計上の収益であるが，税務会計上の益金でないもの）のケースは，法人が他の法人から受け取った配当金（受取配当金）である。他方，B（益金であるが収益でないもの）のケースは，資産の評価益を企業会計上は収益とみないのに対して，税務会計上はこれを益金とみる（課税する）場合や国庫補助金の受入れを企業会計上は収益としない（資本の増加とする）のに対して税務会計上は益金とする場合である（もっとも，このBのようなケースはほとんど学説上の問題にすぎない）。C（費用・非益金）のケースは，接待交際費のすべてを企業会計上は費用とするのに対して税務会計上は一定の限度額までしか損金として認めないなどである。また，罰金・過料などもこの例である。D（損金・非費用）のケースは，中小企業等の海外市場開拓準備金，保険会社等の異常危険準備金などを計上した場合である（これらは，実際に費用が生じていないので企業会計上は費用ではないけれども，産業政策などの国家政策目的から特に課税所得の計算上，これを損金として認めるものである）。

　　　以上のような差異が生ずる原因は，税務会計では，上記のような租税政策上の配慮が加わること，その所得概念（租税理論）について**法人擬制説**（法人と資本主（個人）とを一体とみる説。これと対立する説，つまり法人はその資本主とは別個独立のものであるとみる説を**法人実在説**という）を採っていること，課税の公正性・公平性を図る必要があること，課税の明確性・簡便性・統一性などの実務的要請があることなどである。

（注2）　法人税法による課税制度や納税申告書については，第9章Ⅳで述べる。

◆ 研究問題 ◆

4-1　会社法および会社計算規則の規定に照らして，次の文章は正しいかどうか，およびその理由を述べなさい。

(1)　会社は，適時に，正確な会計帳簿を作成しなければならない。

(2)　会社は，その商品を貸借対照表に記載するにあたって売価を付すことができる。

(3)　会社は，その土地を貸借対照表に記載するにあたって時価を付すことができる。

(4)　会社は，会計帳簿およびその事業に関する重要な資料を5年間保存しなければならない。

▶本章Ⅱおよび会社法ならびに会社計算規則の条文を正しく読む。

4-2　会社法の規定にもとづいて，次の各問に答えなさい。

(1)　株式会社（監査役および取締役会を設置するもの）が毎決算期に作成し，監査役の監査を受け，取締役会の承認を受けなければならない書類は何ですか。

(2)　上記の書類は，すべて株主総会に提出されますか。

(3)　株主総会に提出された書類は，総会でどのように取り扱われますか。

(4)　株主総会の後に行われる公告は，どのような書類について，どのような方法により行われますか。

▶(1)については会社法第435条・436条を，(2)および(3)については第438条を，(4)については第440条および会社計算規則第136条～第148条を調べる。なお，第9章Ⅱを参照。

4-3　有価証券報告書には，どのような事項が記載されていますか。

▶詳しくは，開示府令第三号様式を参照。

4-4　有価証券報告書に記載される財務書類にはどのような書類がありますか。

▶本章Ⅲおよび第9章Ⅲを参照。

4-5　企業会計上は費用項目であるけれども税務会計上は損金項目ではないものとして罰金・過料がありますが，この差異はどのような理由にもとづくのですか。

▶本章Ⅳに述べられている税法または税務会計の特殊性について考えてみる。

資産会計

　前章までの部分では，企業会計および会計学の基礎的・総論的な問題をとり
あげた。本章からは，その各論に入ることになるが，学習の順序としては，ま
ず企業の財政状態を示す貸借対照表項目（資産・負債および資本の項目）をとり
あげ，ついで企業の経営成績を示す損益計算書項目（費用・収益項目および損益
計算）に移り，最後に財務諸表の作成などについて学ぶ。

貸 借 対 照 表

資　　　　産 (この章で学ぶ)	負　　　　債 (第　6　章)
	資　　　　本 (第　7　章)

 資産と資産会計の意義

1　資産の意義

　資産とは，企業が経済活動を営むために支配する将来の**経済的便益**（または
用役潜在力^{ようえきせんざいりょく}という）であり，貨幣額によって合理的に測定できるものをいう。
ここでいう「経済的便益」は，通常現在の**経済的資源**を表しており，経済的資
源には，貨幣や商品・備品・建物などのように具体的な形をもっているもの

（財貨）もあれば，売掛金・貸付金や特許権・借地権のように具体的な形をもっていないもの（主として権利）もある。

次に，このような経済的資源を，企業会計上，帳簿に記録し，貸借対照表に記載することが認められる（これを**貸借対照表能力**という）ためには，この経済的資源を企業が支配していなければならない。ここでいう「支配」は必ずしも法律的な所有を意味しているわけではない。例えば，法律的に所有しているわけではないリース資産も，企業が実質的に支配している場合にはこれを借手の資産として貸借対照表に記載する（リース取引については，第6章Ⅴの3で詳しく述べる）。

さらに，経済的資源を貸借対照表に記載するためには，その金額が合理的に測定できなければならない。つまり，前述した「貨幣的測定の公準」にしたがって，合理的に測定可能でなければならない。例えば，会社の高い信用や優れた技術などは，その会社にとって将来の経済的便益をもつ経済的資源ではあるけれども，それらを貨幣額で合理的に測定することは非常に難しいので，それらは会計帳簿に記録されないし，したがって貸借対照表能力ももたないことになる。

なお，後で述べる創立費・社債発行費などの**繰延資産**（くりのべ）も資産に含まれる。これは，財貨や権利ではないけれども，その貨幣支出の経済的便益が将来に及んでいると認められるかぎり，資産としての性格（これを**資産性**という）をもつと考えられ，その貨幣支出額をもって資産の価額とされる。

2　資産会計の意義

資産会計は，資産の取得からその保管・利用，そして売却・処分に至るまでの経済活動および関連事象（減価など）を測定・記録・報告する会計である。

一般に，企業がその事業活動を開始（つまり**開業**）しようとするときはまず資金が必要であるから，企業の経済活動は資金の調達から始まる。この資金の調達は，主として①出資と②借入れによって行われる。出資は，その企業の所有主になろうとする者（個人企業の場合は**店主**（てんしゅ），株式会社の場合は株主，その他の会社——合名・合資および合同会社——の場合は社員）によって行われる。この出資にあたっては，普通，金銭が出資される（これを**金銭出資**という）が，土地・

建物などの現物が出資されることもある（これを**現物出資**という。なお，合名会社または合資会社では**労務出資**または**信用出資**が行われることもある）。このようにして調達された資金は，企業の**元手**（つまり資本）となる。そこで，出資をした人を**資本主**ともいう。

　他方，借入れは，個人からも行われるが，大きな事業を営もうとする場合には，多額の資金を必要とするので，銀行などから借り入れなければならないし，また不特定多数の人々から借り入れるために社債を発行することもある。このようにして借り入れた資金は，一定の約束に従って，後日返済しなければならないから，企業にとっては債務（つまり負債）となる。そこで，借入れをした相手方（つまり，その企業に資金を貸した人）は**債権者**になる。

　このようにして，企業の経済活動は資金の調達から始まる。したがって企業会計は，その資金の受入れを記録する会計，つまり資産会計から始まるといえよう。しかしながら，すでに複式簿記について説明したように，企業会計では，資産＝負債＋資本という会計等式が常に成立するように記録されなければならないから，上記の資金の受入れを資産の増加として記録するだけでは不完全である。つまり，負債の増加または（および）資本の増加についても記録しなければならないのである。

　例えば，A，B，Cその他全部で10名の個人が100万円ずつ現金を出資し，さらに甲銀行から現金500万円を借りて運送会社を設立したとすると，この会社は，資産（現金）が1,500万円になると同時に，負債（借入金）が500万円生じ，また資本（元手つまり資本金）が1,000万円ということになる。したがって，この会社の設立時の貸借対照表（開業貸借対照表）は，次のようになる。

貸 借 対 照 表　　　（単位：万円）

（資　　産）		（負　　債）	
現　　　金	1,500	借　入　金	500
		（資　　本）	
		資　本　金	1,000
	1,500		1,500

　このようにみてくると，資産会計というのは，単に資産の増減を測定・記

録・報告するだけでなく，負債会計や資本会計とも密接に結びついている（いわば連動している）ことが分かる。

　もっとも，連動しない場合もある。それは，資産の項目間の変動の場合である。例えば，この会社が，備品200万円および車両運搬具1,000万円を現金で買ったとすると，この会社の資産は，現金300万円，備品200万円，車両運搬具1,000万円ということになるだけで，負債と資本のいずれも変動しないから，この場合は，現金による備品と車の購入に関する資産会計だけが問題になり，負債会計と資本会計との連動はない。つまり，このときの貸借対照表を作ってみると，次のようになる。

貸 借 対 照 表　　　　　（単位：万円）

（資　　産）		（負　　債）	
現　　　金	300	借 入 金	500
備　　　品	200	（資　　本）	
車両運搬具	1,000	資 本 金	1,000
	1,500		1,500

　さらに，この会社が，その後1年間運送事業によって運賃収入500万円をあげ，そのうち400万円を現金で受けとり，残りの100万円はその代金が未収入（売掛金）であったとする。他方，ガソリンなどの諸経費200万円と従業員への給料150万円を現金で支払い，他に備品と車の減価償却費がそれぞれ20万円と100万円であったとし，さらに，借入金のうち100万円を返済したとすると，この会社の資産は合計1,430万円（現金250万円，売掛金100万円，備品180万円，車両運搬具900万円）になる。他方，負債は100万円減少して400万円となり，資本は30万円（利益）増えて1,030万円になる。

　したがって，この期末現在の会社の財政状態を貸借対照表（これを期末貸借対照表または決算貸借対照表という）で示すと，次のようになる。

貸 借 対 照 表　　　　（単位：万円）

(資　　　産)		(負　　　債)	
現　　　　金	250	借　入　金	400
売　掛　金	100	(資　　　本)	
備　　　品	180	資　本　金	1,000
車両運搬具	900	純　利　益	30
	1,430		1,430

　このようにして，資産の増減は，負債と資本の増減と連動していることが分かるが，さらに，企業会計では，すでに述べたように，資本の増減（この例の場合は増加30万円）の原因を明らかにすること，つまり損益計算を行うことをもう1つの大きな目的としているから，資産会計（資産の増減の会計）は，損益会計（資本の増減の原因を示す会計）とも密接に結びついている。すなわち，現金400万円の運賃収入を得たことは，資産の増加（資産会計の問題）であると同時に，運賃収入という資本の増加，つまり収益の発生（損益会計の問題）であり，逆に給料150万円を支払ったということは，資産の減少（資産会計の問題）であると同時に給料支払いという資本の減少つまり費用の発生（損益会計の問題）である。

　こうして，上例によると，資産の増減の結果生じた資本の正味増加分（つまり純利益30万円）の発生原因つまり経営成績が，損益計算書において次のように表示される。

損 益 計 算 書　　　　（単位：万円）

(費　　　用)		(収　　　益)	
給　　　料	150	運賃収入	500
諸　経　費	200		
減価償却費	120		
純　利　益 (資本の正味増加分)	30		
	500		500

以上要するに，複式簿記を採用する企業会計は次の等式にもとづいて行われる。

$$ \boxed{資\ \ 産} = \boxed{負\ \ 債} + \boxed{資\ \ 本} $$

したがって資産会計は，次のように負債会計，資本会計および損益会計と密接に結びついている。

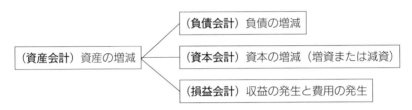

資産会計と負債会計・資本会計・損益会計との関係

（資産会計）資産の増減
- （負債会計）負債の増減
- （資本会計）資本の増減（増資または減資）
- （損益会計）収益の発生と費用の発生

なお，前掲の貸借対照表からも明らかなように，資産会計は主として企業の経済的状況を明らかにし，負債会計と資本会計は企業の法律的状況を明らかにするものであるといえよう。したがって，資産会計では，企業資産の経済的問題（評価問題）が中心になるのに対して，負債および資本会計では法律的問題（請求権や持分の問題）が主な研究課題になる（第6章と第7章参照）。

II　資産の分類

1　流動・固定分類

資産は，企業の流動性や支払能力を表示する観点から，一般に**流動資産**と**固定資産**に分類される。

なお，資産について流動・固定分類が行われる場合は，負債についても同様の分類が行われ，流動負債と固定負債に分けられる。

2　正常営業循環基準と1年基準

流動・固定分類の基準としては，**正常営業循環基準**（ノーマル・オペレイティ

ング・サイクル・ベイシス）と **1 年基準**（ワン・イヤー・ルール）の 2 つが用いられる。

　まず，資産のうち，企業の主目的たる営業活動の循環（商品の仕入れ・原材料の購入などの購買活動→製品の製造などの生産活動→商品・製品の販売などの販売活動→売掛代金の回収などの現金回収活動→再び上記の購買活動）の過程の中に入る資産は，すべて流動資産とされる。例えば，現金・商品・原材料・仕掛品（製品の製造過程にある資産で販売できないもの）・半製品（製品の製造過程にある資産ではあるけれども，販売できるもの）・売掛金などである。なお，この過程のなかで生じた債務（例えば買掛金）は，後述するように流動負債に属する。

　次に，上記の営業循環の過程の中に入らない資産については，1 年基準が適用される。この 1 年基準とは，決算日の翌日から起算して 1 年以内に現金化される予定の資産（例えば，短期貸付金や売買目的で保有する有価証券）は流動資産とし，1 年を超えて現金化される予定の資産（例えば，長期貸付金や長期投資目的で保有する有価証券）または現金化することを本来の目的としない資産（例えば，機械，車両，土地，建物，特許権，借地権）は，すべて固定資産とする基準である。

　　(注)　なお，「注解」16，会社計算規則第74条および第75条，ならびに財務諸表等規則第14条ないし第34条および第45条ないし第53条参照。

3　流動・固定分類の目的

　流動・固定分類の主な目的は，企業の**流動性**（支払能力・**弁済能力**）を明らかにするためである。

　つまり，上記 2 つの分類基準を負債についても適用して，正常営業循環過程のなかで生じた負債および 1 年以内に弁済期限が到来する負債を流動負債とし，1 年を超える弁済期限の負債を固定負債とすることにより，流動資産と流動負債との比率を求めることができる。そして，この比率（これを流動比率という。第11章で詳しく述べる）によってその会社の短期の流動性が判断できる。例えば流動負債の金額 1 に対して流動資産の金額が 2 の割合であれば，この企業は 1 年以内に流動負債を全部返済する 2 倍の能力があり，したがって流動負債をすべて返済してもなお流動資産にゆとりがあり，営業上必要な資金に苦しむこ

とがないと一応判断される。しかし，もしも両者の比が逆である場合には，この企業は，1年以内に流動負債の返済のために，流動資産を使い果して，固定資産を売却しなければならないか，またはその返済の延期を求めたり，別の借入先を新たに探すなどの苦しい資金状況に追い込まれることが予想される。

4　流動資産の分類

　流動資産は，**当座資産**，**棚卸資産**および**その他の流動資産**に分けられる。

　当座資産は，現金・預金その他現金化することが容易な流動資産であり，現金・当座預金・普通預金のほか，受取手形・売掛金・売買目的の有価証券などが含まれる。

　（注）　手形には，約束手形と為替手形がある。約束手形を振り出したときは手形債務（これを会計上，**支払手形**という）を負い，逆にそれを受け取ったときは手形債権（**受取手形**という）を取得する。為替手形については，それが自己宛であるか自己指図であるかなどの違いに応じて手形債権または手形債務が発生する。下記の約束手形は，早稲田一郎が神田商事に対して550万円の支払いを約束した手形であり，したがって神田商事ではこの手形を受けとったとき「受取手形」という勘定科目でその手形債権を記帳する。反対に，早稲田一郎は，「支払手形」という勘定科目でその手形債務を記帳する。

　棚卸資産は，製品の生産のために消費される流動資産（原材料・貯蔵品など）および販売目的のために保有される流動資産（商品・製品など）である。

　その他の流動資産としては，短期の前払費用（家賃の前払分など）・未収収益（地代の未収分など）などがある。

手形の具体例

5　固定資産の分類

固定資産は，**有形固定資産**，**無形固定資産**および**投資その他の資産**に分けられる。

有形固定資産は，具体的な形をもつ固定資産であって，通常，主目的たる営業活動を営むために使用される。これには，備品・建物・機械・車両運搬具・土地などが含まれる。

無形固定資産は，具体的な形をもたない固定資産であって，有形固定資産と同じく通常，主目的たる営業活動のために使用される。これには，特許権・借地権などが含まれる。

投資その他の資産は，資金の長期的な利殖目的や他の企業の支配目的のために保有される固定資産（例えば，長期投資のための有価証券・長期貸付金・子会社株式）および長期前払費用である。

投資その他の資産は，有形固定資産と無形固定資産が一般に企業の主目的たる営業活動を営むために利用されるのに対して，通常，その補完的・付随的活

資産の分類

主 な 科 目 例

```
              ┌ 当　座　資　産……現金，預金，売掛金，受取手形，電
              │                    子記録債権，短期貸付金
      流動資産 ┤ 棚　卸　資　産……商品，製品，原材料，消耗品
              │
              └ その他の流動資産……前払費用，未収収益

              ┌ 有 形 固 定 資 産……土地，建物，備品，機械
資　　産 ┤    │ 無 形 固 定 資 産……特許権，借地権，ソフトウェア，の
      固定資産 ┤                    れん
              │ 投資その他の資産……投資有価証券，長期貸付金，子会社
              └                    株式，長期前払費用

      繰延資産…………………………創立費，開業費，開発費，株式交付
                                  費，社債発行費等
```

動のために利用される。

　以上述べた資産の分類を表示すると，前ページのようになる。なお，流動資産と固定資産のほかに繰延資産が記載されることがあるが，繰延資産の主な科目例については，本章Ⅵで説明する。

6　貨幣・非貨幣分類

　資産の分類には，以上述べた流動・固定分類のほか，**貨幣・非貨幣分類**もある。この分類法は，資産を貨幣資産と非貨幣資産に分類する方法である。**貨幣資産**とは，現金・預金・受取手形・売掛金・貸付金などのように法令または契約によってその金額が確定している資産である。例えば，現金（紙幣および金属貨幣）は，法律によってその金額どおりの強制通用力をもっており，また預金・受取手形などの金銭債権は，契約によってその債権金額が確定している。これに対して，**非貨幣資産**とは，貨幣資産以外の資産であり，棚卸資産・有形固定資産・無形固定資産・貨幣資産以外の投資その他の資産・繰延資産などが含まれる。

　貨幣資産は，その金額が確定しているから，期末にその金額を改めて評価する（このことを**貸借対照表価額の決定**という）必要は原則として生じない（ただし，回収可能性を考慮しなければならないこともある）。これに対して，非貨幣資産は，それを保有または使用しているうちに，その資産性（経済的便益）が減少または増加する。したがって，これを測定し直すために期末に評価を行う必要が生ずる。この期末評価の結果，損益（評価損益など）が生ずる。

　このような理由から貨幣・非貨幣分類法は，資産の評価問題や損益計算との関係を考える場合に有意義な分類法である。具体的にいえば，この分類法は，資産の評価基準の選択問題，インフレーション下における資産の評価問題などを考えるのに重要な意味をもっている。

Ⅲ 　資産の評価基準

1　評価基準の種類

　資産の評価基準（貸借対照表価額の決定基準）は，次のように，資産の評価のための証拠または尺度を過去・現在・未来のいずれの時点に求めるかによって，**原価主義**，**時価主義**および**割引現価主義**の３つに分けられる。さらに，時価主義は，評価の対象とされる資産の再調達（取り替え）を考えるか売却を考えるかによって，**取替原価**（または**再調達原価**）主義と**売却時価主義**に細分される。

```
① 原 価 主 義 ┐
② 時 価 主 義 ┤ ⑦ 取替原価主義
③ 割引現価主義 ┘ ㋺ 売却時価主義
```

（注）　取替原価と売却時価は，それらの価格が入手できる市場として資産の購入市場（入口）または売却市場（出口）のいずれを想定するかという点で異なっている。時価という語には，元来，最新の価値（current value）という意味が込められていたが，最近では，公正な評価額，すなわち公正価値（fair value）という意味で用いられることが多くなった。公正価値は，一般に，取引の意思のある当事者間において，資産を売却し，または負債を清算するときに成立するであろう出口価格と定義されている（本章Ⅲの４参照）。

　このような評価基準の問題を学ぶ理由は，決算日（または開業時や解散時）に企業資産の価額を評価して貸借対照表を作成する必要があるからである。また，その評価基準のいかんによって資産の価額が変わり，損益計算に影響が生ずる。

　原価主義は，その資産の取得原価（その資産を取得するために要した対価）を基礎にする評価基準であり，**時価主義**は，その資産の現在価額（市場価額やその推定額など）を用いる評価基準である。**割引現価主義**は，その資産の利用可能期間中における毎年の稼得収益（収入）の額（これをキャッシュ・フローという）をそれぞれ一定の割引率で割り引いた金額の総和（これを割引現価または現在価値という）をもって評価額とする評価基準である。

　（注）　原価と時価を比べて，いずれか低いほうを選択する基準を**低価主義**と呼び，従来，棚卸資産に対しては原価主義と低価主義の選択適用が認められていた。現在では，い

わば低価主義が強制されているが，これは原価主義を原則としつつ，時価（正確には，売却時価から売却に要する費用を差し引いた正味売却価額）が原価より下落した場合に時価まで切り下げる方法として整理することができる。

2　評価基準の選択

　これらの評価基準のうち，いずれを選択すべきかは，資産評価の目的をどのように考えるかによる。例えば，会社を解散して，すべての資産を売却・換金するつもりで資産を評価しようとする場合は，売却時価主義が最も合理的であるし，逆に同種・同等の資産（例えば同種の機械）を取り替えるための資金を営業収入などから確保するためにその資産を評価しようとする場合には，取替原価主義が妥当する。また，通常の期末決算にあたって，継続企業の公準により確実な証拠にもとづく資産評価を目的としている場合には，原価主義が最も適している。他方，資産の本質である「将来の経済的便益」としての性格を重視して，その現在価値を求めようとする場合には，割引現価主義がその目的に適合する。

3　原価主義の特徴

　原価主義では，上述したように資産をその取得原価にもとづいて評価する。例えば，ある備品を現金100万円で購入したとすると，その対価は100万円であるから，その取得時の評価額は100万円になる。しかし，その後，この備品については当然減価が生じるので，取得原価の減額（つまり減価償却）が行われ，またその償却費分を差し引いた残りの額が各期末の評価額（貸借対照表価額）になる。例えば，この備品の残存価額が10万円，耐用年数が5年，定額法による償却を前提とすると，取得後第1年目から第5年目までの各期間の償却費（D）と期末の評価額（V）は，次のようになる。

　次の図にみるように，原価主義では，最初の取得原価（C，100万円）が資産の評価上決定的な意味をもっている。つまり，各期末評価額（V）は，取得原価（C）からその期末までの減価償却費の累計額（D_1 から D_n の合計額）を差し引くことによって自動的・誘導的に求められる。また，各期のDの金額は，各期末に資産を実地に調べて，その価額（減価額）を求めたものではなく，定額

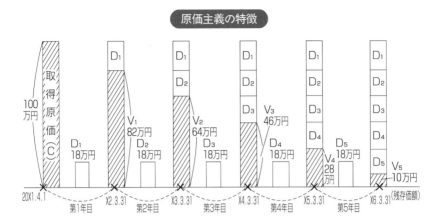

法という所定の方法によって，取得原価のうちの減価分を各期間に配分した額
である。このように，取得原価を期間配分する考え方が費用配分の原則である。

　このように，原価主義による会計は，すでに述べたように誘導法を採用して
いるものであり，わが国のみならず世界の各国においてひろく用いられている。
その理由としては，原価主義が，資産の費用化額（費消額）および評価額を取
得原価という確実な証拠にもとづいて求めているという点（「検証可能性」また
は「追跡可能性」），会計処理方法の実務的な明確性・簡便性・統一性などとい
う長所（「実行可能性」）をもっているという点があげられる。また，原価主義
では，資産の評価額を取得原価以上に評価増しすることは決してしないから
（原価上限主義），資産の評価による利益（評価益）を計上することはない。いい
かえれば，資産を売却してその代金を回収するかまたは代金の回収の可能性が
客観的に認められる（このことを**実現**という）までは，利益は計上されない（こ
のような実現の段階に入ってはじめて利益を計上することを**実現主義**という。なお第
8章Ⅲで詳しく述べる）。このため，原価主義は，後述するように，利益の計上
基準としての実現主義と結びついて，利益の予想計上，つまり貨幣資産の回収
が未だ客観的に認められていない段階での利益（これを**未実現利益**という）の計
上を排除することになるので，企業財務の健全性（「保守主義性」）を保つのに
役立つ。

　以上のように，原価主義は，「検証可能性」，「実行可能性」，「保守主義性」
などの特性をもっているために，今日の会社法・金融商品取引法・法人税法な

どの会計規範においてひろく採用されている（例えば，会社計算規則第 5 条参照）。また，「原則」も原価主義を基本的な会計原則の 1 つとしている（貸借対照表原則五）。

> **(注)** 上述したように，今日の企業会計は取得原価主義を採っているので，会計帳簿に記載されている価額（これを**帳簿価額**または**簿価**という）がその資産の時価と非常にかけ離れてしまう場合がある。その典型は，企業が古くから所有している土地である。このように，企業が保有している資産についてその時価が簿価を上回っているとき，「**含み資産**がある」という。例えば，かなり以前から土地を大量に保有している不動産会社などには，多額の含み資産がある場合もある。しかし，どの程度の含み資産があるかは，貸借対照表に記載されておらず（このように，貸借対照表に表示されないことを**オフバランス**という），この点が取得原価主義会計の大きな問題点とされてきた（なお，第 2 章III参照）。現在では，賃貸等の目的で保有する不動産について，期末の時価を注記することが求められている。

4 時価の算定

　近年，企業会計においては，時価を利用した資産の評価が行われるようになってきた（詳しくは，後述するが，売買目的有価証券，トレーディング目的の棚卸資産，デリバティブ取引から生じる債権債務などが時価評価の対象となっている）。このような時価は，公正価値（fair value）としての時価である。

　企業会計基準委員会は，2019年 7 月に，企業会計基準第30号「時価の算定に関する会計基準」を公表し，時価を「算定日において市場参加者間で秩序ある取引が行われると想定した場合の，当該取引における資産の売却によって受け取る価格又は負債の移転のために支払う価格」（第 5 項）と定義している。この時価は，（強制的な売却などではない）秩序ある取引を前提とした現在の出口価格（exit price）である。

　時価の算定にあたっては，状況に応じて，適切な評価技法を用いなければならない。そのアプローチには，次のようなものがある（第 8 項）。

① **マーケット・アプローチ**　市場から得られた市場価格などのインプット（時価の算定のための仮定）を用いるアプローチ。

② **インカム・アプローチ**　当該資産の利用から生じる将来のキャッシュ・フローなどのインカム（収入）をインプットとして用いるアプローチ。

③ **コスト・アプローチ**　買手が当該資産を取得するに際して支払うであ

ろう価格などをインプットとして用いるアプローチ。

　このような評価技法に投入されるインプットは，優先的に使用される順に，レベル１からレベル３のレベル別に定められている（第11項）。

①　レベル１のインプット　時価の算定日において，企業が入手できる活発な市場における同一の資産または負債に関する相場価格であり調整されていないもの。

②　レベル２のインプット　資産または負債について直接または間接的に観察可能なインプットで，レベル１のインプットに該当しないもの。

　さらに，「時価の算定に関する会計基準」に関連して，レベル別の時価に関する注記が要求されるようになった（第９章Ⅴの６において後述する）。

流動資産

1　当座資産

　当座資産の主なものは，現金・当座預金・普通預金・売掛金・短期貸付金・受取手形・（通常の取引に基づいて発生した）電子記録債権・売買目的有価証券である。

　当座預金・普通預金などの一時性の預貯金は，いつでも現金を引き出すことができる資産であり，また売掛金・受取手形・電子記録債権などの営業上の金銭債権および短期貸付金・立替金・未収金などの短期金銭債権は，通常，その代金を短期的に回収することができる資産である（**金銭債権**とは，金銭の弁済を受ける権利をいう）。なお，受取手形その他の手形債権は，割引によってその代金を満期前に回収し，または裏書譲渡によって第三者への支払手段にあてることもできる。市場性のある（取引所の相場などの市場価格がある）有価証券は，いつでもこれを売却することによって現金化することができる資産であるが，当座資産または流動資産に含まれる有価証券は，このような有価証券のうち短期的な時価の変動により利益を得る目的のために，一時的に所有しているものにかぎられる（このような有価証券を**売買目的有価証券**という）。

　（注）「当座資産」という分類項目は，会社法その他の制度会計上定められていないが，

財務諸表の分析など実務上有用である（第12章Ⅲ参照）。

（1） 現金・預金

現金には，通貨のほか，他人振出しの小切手（下記参照）・株式配当金領収証・国庫金支払通知書などの通貨代用証券がある。通貨代用証券は，ただちに現金に替えるかまたは預金として預け入れることができる。

通貨・通貨代用証券・当座預金・普通預金などの当座資産は，その券面額または預金額で記帳され，また貸借対照表に記載される。なお，外国通貨や外貨預金をもっている場合は，決算日現在の為替相場で円に換算し，その円換算額を貸借対照表に記載する。

(注) その他の資産，負債などの円換算については，「外貨建取引等会計処理基準」（第3章Ⅲの2）に詳しい定めがある。

（2） 金銭債権

金銭債権には，主目的たる営業取引によって生じたもの（売掛金・受取手形・電子記録債権など）とそれ以外のもの（貸付金・立替金・未収入金など）があり（上述の預金も法律的には金銭債権に含まれるが，会計上は通常区別されてい

小切手の具体例

(注) この小切手を受け取った者は，直接，九段支店から，もしくは自己の取引銀行を通じて代金350万円を受け取るか，または第三者に対する支払手段としてこの小切手を渡すことができる。他方，早稲田一郎は，この小切手を振り出したとき，自己の当座預金を350万円減額する記帳を行う。

る），前者のすべてと後者のうち短期のものが流動資産（通常，当座資産）に属
する。これらの金銭債権は，それを取得したときにその取得価額（通常，債権
金額）で記帳される。例えば，商品の販売によって生じた金銭債権（**売上債権**）
は，その取引によって生じた債権金額で売掛金勘定などに記帳される。また，
現金を他に貸し付けたときは，その取得価額（貸付金額）で貸付金勘定に記帳
される。

> **(注)** 電子記録債権とは，電子記録債権法にもとづき，電子記録債権機関における電子記
> 録によって発生する債権である。

　決算日現在でもっている金銭債権は，短期・長期または流動資産・固定資産
の別を問わず，その取得価額から貸倒見込額（取立不能見込額）を控除した額
で貸借対照表に記載される（企業会計基準第10号第27項・第28項および会社計算規
則第5条第4項）。この貸倒見込額は，**貸倒引当金**勘定に記入され，貸借対
照表上，下記のような方法（A，BまたはC）で表示される（「原則」第三の四
（一）D，「注解」注17，会社計算規則第78条）。

貸倒引当金の表示方法

(A)	(B)	(C)
貸借対照表	貸借対照表	貸借対照表
受取手形 5,000	受取手形 5,000	受取手形 4,950
貸倒引当金 50　4,950	売掛金 10,000	売掛金 9,400　14,350
売掛金 10,000	15,000	⋮
貸倒引当金 600　9,400	貸倒引当金 650　14,350	（注）貸倒見込高 650

> **(注)** 債権を債権金額と異なる価額で取得した場合，その差額の性格が金利の調整と認めら
> れるときは，その差額を毎期一定の手法で返済期日に至るまでの間取得価額に加算
> または減算する方法（**償却原価法**という）を適用した価額（償却原価という）から貸
> 倒見込額を控除しなければならない。

　これらのほかにも，先物，先渡，オプション，スワップなどの**デリバティ
ブ**（金融派生商品）は，将来金銭を受け取る権利または金銭を支払う義務を表
している。例えば，ある原資産を3か月後に¥100で買うという約束（先渡取
引）をしたとき，決算日にこの原資産価格が¥110に上昇したとする。このと
き，¥110支払わなければ買えない原資産を¥100で買うことになるので，差額

¥10だけ有利な立場にあることがわかる。一般に，デリバティブはこの差額のみを現金決済（差金決済という）して清算するので，このデリバティブは，将来金銭を受け取る権利（すなわち，金銭債権。逆に金銭を支払うときは金銭債務となる）である。

　このようなデリバティブの評価は，原則として時価で行われる。時価は，将来の金銭の授受を現在の価値に直したものであり，デリバティブの金銭債権（または金銭債務）としての価値を表しているからである。

（3）　有価証券

　株式・社債・国債などの有価証券のうち，市場価格のない株式を除き，その保有目的に従って次のように分類される（企業会計基準第10号第15項～第18項）。

① 　時価の変動により利益を得ることを目的として保有する有価証券（売買目的有価証券）
② 　満期まで保有する意図をもって保有する公社債（**満期保有目的債券**）
③ 　**子会社株式**および**関連会社株式**^(注)
④ 　①，②および③を除く**その他有価証券**

（注)　**子会社**とは，**親会社**（支配している会社)により支配されている会社をいい，**関連会社**とは，投資する会社から経営上重大な影響を受けている会社をいう（第10章参照)。

　このうち，①の売買目的有価証券のみが，流動資産（当座資産）に分類され，その他のものは固定資産（投資その他の資産）に含められる。

　しかし，評価目的上は，流動資産・固定資産の区別ではなく，①から④の保有目的の違いに応じて，次のように評価される。

　①の売買目的有価証券については，時価主義が適用され，貸借対照表において時価で評価し，それまでの簿価と時価との差額（**評価差額**という）は，損益計算書上，その期の損益として計上する。このように，売買目的有価証券については，時価こそが投資者などの財務諸表利用者が求める情報であり，売買（トレーディング）活動の成果（有価証券運用損益）は時価の変動によって把握されるべきであると考えられている。

設例 5 - 1 　売買目的有価証券として保有する A 社株式に関する次の資料に基づいて，当月（4 月）の有価証券運用損益を求めなさい。

4／1	前月繰越	300株	@¥1,000
5	購　　入	100株	@¥1,100
11	売　　却	150株	@¥1,180
16	購　　入	200株	@¥1,120
30	次月繰越	450株	@¥1,200（時価）

解　答 　月末残高は，次のとおりである。

売買目的有価証券

4／1	前期繰越	300,000	4/11	売　却	177,000
	5	購　入	110,000	30	残　高	457,000
16	購　入	224,000			

　月末の時価（貸借対照表価額）は，450株×@¥1,200＝¥540,000であるから，有価証券運用損益は，¥540,000－¥457,000＝¥83,000となる。

　②～④の有価証券について，詳しくは本章Ⅴの 3 で述べるが，②の満期保有目的債券は取得原価または償却原価，③の子会社株式・関連会社株式は取得原価，④のその他有価証券は時価（ただし，評価損益は純資産の部に計上する）がそれぞれ付されるものとされている。

　なお，有価証券のうち，社債その他の債務証券（債券）については，利息を受け取ったとき受取利息（または有価証券利息）として，また株式その他の持分証券については，配当金を受け取ったとき受取配当金として収益に計上する。

2　棚卸資産

（1）範　　囲

　棚卸資産の主なものは，販売目的のために保有するもの（商品・製品），製造過程にあるもの（半製品・仕掛品・原材料），その他生産・販売・管理目的のために使用するもの（事務用消耗品・消耗工具器具備品・包装用資材・販売用消耗品）である。ちなみに，証券業者が保有する販売目的の有価証券や不動産業者

が所有する分譲目的の不動産などは，すべて棚卸資産である。

　棚卸資産の会計処理および開示については，企業会計基準第9号「棚卸資産の評価に関する会計基準」によって定められている。この基準では，棚卸資産は，通常の販売目的で保有する棚卸資産とトレーディング目的で保有する棚卸資産に分類される。トレーディング目的で保有する棚卸資産は，1で述べた売買目的有価証券と同様，貸借対照表において時価によって評価され，時価評価差額は売買損益と合わせて純額で損益計算書に計上される。

　以下では，通常の販売目的で保有する棚卸資産について，詳しく述べる。

（2）　会計処理と表示

①　数量計算と金額計算

　棚卸資産の会計処理は，数量計算と金額計算に分けられる。また，その計算の結果は財務諸表に表示される。これを図示すると，次のようになる。

	数量計算	金額計算	財務諸表表示
a　購入（仕入）	購入数量	×単価＝取得価額	
⇩	⇩	⇩	
b　払出し（売却）	払出数量	×単価＝払出価額	⇨売上原価（P/L）
⇩	⇩	⇩	
c　棚卸し（在庫）	棚卸数量	×単価＝棚卸価額	⇨期末棚卸高（B/S）
⇩			
（次期へ繰越し）			

　棚卸資産の会計処理は，通常，数量計算および金額計算ともa－b＝cの順序で行われるが，逆にa－c＝bの順序をとることもある。前者の処理法が**継続記録法**（帳簿棚卸法）であり，後者の処理法が**棚卸計算法**（実地棚卸法）である。

　継続記録法は商品有高帳などの帳簿にaとbの記録を継続して行い，常にcを帳簿上明らかにする方法であるのに対して，棚卸計算法は，期末に実地棚卸を行ってその実際有高cを求め，逆に，bを計算する方法である。後者の方法では，棚卸資産についての日常の管理ができず，また棚卸資産の保管中に発生した損傷や減耗などが払出しによる売却分と分離できないなどの欠点をもって

いるが，期末の在庫 c を実地に確認する点で優れている。そこで，実務では，一般に，前者の方法によるが，それを補完するものとして後者を併用している。

　次に，〔設例5-1〕に掲げるように，商品などの仕入単価が異なる場合には，どの単価の商品が売却されたか（したがって，どの単価の商品が売れ残っているか）を金額計算上把握しなければならない。そこで，原価法では，その払出価額（したがって期末棚卸額）の計算方法として，**先入先出法**（FIFO。ファイフォーという），**平均原価法**などがある。このほか，多種類の商品を扱う百貨店などでは**売価還元法**が，また中小企業では原価法の簡便法として**最終仕入原価法**が用いられる（企業会計基準第9号）。

　　(注) 従来は，この他にも，**後入先出法**（LIFO。ライフォーという）が認められていた。この方法は，先入先出法とは逆に，「後から仕入れた分が先に売られた」とみなして払出価額を決める方法である。後入先出法は，通常の商品管理の方法に合致せず，また古い在庫分の恣意的な払出しを通じて利益操作が行われる可能性があるなどの問題点が指摘されていた。

　先入先出法は，「先に仕入れた分が先に売られた」とみなして払出価額を決める方法であり，平均原価法は，仕入れた棚卸資産についてその平均単価（原価）を求め，その平均単価を払出数量に掛けて払出価額を求める方法である。平均原価法には移動平均法，総平均法などがある。移動平均法は，単価の異なる仕入が行われるつど，当該仕入直前の残高（金額）と当該仕入金額の合計額を，残高数量と当該仕入数量の合計数量で割って平均単価を求め，これを順次，その後の売上商品の払出単価とする方法である。総平均法は，一定期間内の仕入金額合計を仕入数量合計で割って（前期からの繰越分があるときは，その数量と金額をそれぞれ加算する）平均単価を求め，これを当該期間中のすべての売上商品の数量に掛けて払出価額を求める方法である。

　売価還元法は，仕入・売上・残高とも数量記録を行うだけ（数量管理目的）にとどめ，期末に売価（各商品につけられた値札）によって実地棚卸高を求めて，これに次の計算式による各商品グループごとの原価率を掛けて，取得原価による期末棚卸高を逆算する方法である（これは，多種類の商品を取り扱っている百貨店やスーパーなどで用いられている）。原価率は次の式によって求められる（このため，この式による方法をとくに**売価還元平均原価法**という）。なお，原価率の計算は，商品を，値入率（原価に対する利益の付加率）と商品回転率が類似する

商品種類ごとにグルーピングして，そのグループごとに行う。

$$\frac{期首繰越商品原価＋当期受入原価総額}{期首繰越商品小売価格＋当期受入原価総額＋原初値入額＋値上額－値上取消額－値下額＋値下取消額}$$

　売価還元法による場合でも，期末の正味売却価額が帳簿価額よりも下落しているときには，正味売却価額まで帳簿価額を切り下げなければならない。なお，上記の式の分母から値下額と値下取消額を除いた式を適用して期末棚卸高を求め，これをもって棚卸資産の収益性の低下を反映した価額とみなすことも認められる。

　最終仕入原価法は，期末数量に最終の仕入単価を掛けて期末棚卸高を求め，ついで，これから払出高を逆算する方法である（これは，商品の払出しのつどその払出価額を記録する継続記録法を用いる必要はないので，中小企業でひろく採用されている）。

　まず，上に述べた各種の原価法を例示すると，以下のようになる（＠は単価の意味である。アットと読む）。

設例 5 - 2 　下記の取引にもとづいて，先入先出法，移動平均法および総平均法により，それぞれの期末棚卸高，売上原価および売上総利益を求めなさい。

```
5／1　前月繰越　100個　＠￥10
　10　仕　　入　100個　＠￥15
　28　売　　上　100個　＠￥20（売価）
　30　仕　　入　100個　＠￥14
```

解　答

		（数量計算）	（　金　額　計　算　）	（財務諸表表示）
a	購入	5/ 1　100個	×＠￥10＝￥1,000	
		10　100個	×＠￥15＝　1,500	
		30　100個	×＠￥14＝　1,400	
		計　300個	a…………計￥3,900	

b	払出	5/28 100個	b	@¥10（先入先出法）＝¥1,000	売上原価 ¥1,000
				12.5（移動平均法）＝ 1,250	売上原価 1,250
				13（総平均法）＝ 1,300	売上原価 1,300
c	棚卸	5/31 200個	c	a－b＝（先入先出法）¥2,900	期末棚卸高 ¥2,900
				a－b＝（移動平均法） 2,650	期末棚卸高 2,650
				a－b＝（総平均法） 2,600	期末棚卸高 2,600

したがって，この資料により損益計算書と貸借対照表を作成すると，次のようになる（ただし，総平均法による場合）。

貸借対照表		損益計算書		
資産の部		売 上 高		2,000
棚卸資産 2,600		売 上 原 価		
		期首棚卸高	1,000	
		＋）当期仕入高	2,900	
			3,900	
		－）期末棚卸高	2,600	1,300
		売上総利益		700

次に，上記の解答のbをみればわかるように，先入先出法・移動平均法・総平均法では，それぞれ売上原価が異なり，したがって企業がどの方法を採用するかは，企業の損益計算にも大きな影響が生ずる（下表を参照）。このため，「原則」では，企業がこれらの方法をみだりに変更して利益操作を行わないように規制している。これが，前述した「継続性の原則」のねらいである。

	売上原価	期末棚卸高	売上総利益
先 入 先 出 法	¥1,000	¥2,900	¥1,000
移 動 平 均 法	1,250	2,650	750
総 平 均 法	1,300	2,600	700

さらに，上記いずれの方法によっても，棚卸資産の取得原価（¥3,900）は，この期間中，その一部が払い出され（例えば，先入先出法を採ると¥1,000），その残りの額が期末棚卸額（先入先出法では¥2,900）とされたわけである。したがって，これもすべて前述した費用配分の原則の適用にほかならない。

次に，売価還元法を例示すると，次のようになる。

設例 5-3 次の資料によって，売価還元法による期末棚卸高を求めなさい。

	原　　価	売　　価
期首商品棚卸高	￥ 4,000	￥ 5,000
当 期 仕 入 高	24,000	
原 初 値 入 高		6,000
値 上 高		500
値 下 高		2,500
売 上 高		29,000
期末商品棚卸高		4,000

解答

$$原価率 = \frac{￥4,000 + ￥24,000}{￥5,000 + ￥24,000 + ￥6,000 + ￥500 - ￥2,500} \fallingdotseq 0.848$$

期末商品棚卸高　￥3,392（＝￥4,000×0.848）

なお，値下額を除いて原価率を求め，これを適用して期末棚卸高を求めると次のようになる。

原価率≒0.789

期末商品棚卸高　￥3,156（＝￥4,000×0.789）

② 期末棚卸資産の評価

このように，棚卸資産の金額計算は，取得原価を基礎としている。ただし，**正味売却価額**が取得原価よりも下落したときは，当該価額まで帳簿価額を減額しなければならない。これは，正味売却価額の下落が棚卸資産の収益性の低下を表しているとみているからである。この減額により生じる評価損は，**棚卸評価損**と呼ばれ，その性質に応じて損益計算書上，売上原価または製造原価として表示される（企業会計基準第9号）。ただし，事業の廃止や災害の発生により，多額の評価損が発生した場合には，これを特別損失として表示する。

（注）　この方法は，帳簿価額と正味売却価額を比較して，いずれか低い方を期末の評価額とすることから，**低価法**と呼ばれてきた。

正味売却価額は，決算時の売価からアフター・コスト（追加製造原価および販売経

費）を差し引いた額である。なお，一定の条件のもとでは，再調達原価などの適用も認められる。

　なお，通常の販売目的で保有する棚卸資産ではなく，いわゆるトレーディング目的で保有する棚卸資産（市場価格の値上がりによって利益を得るために保有し，いつでも市場で売却できる状態にあるもの）については，売買目的有価証券と同様，時価をもって貸借対照表価額とし，帳簿価額との差額は損益計算書に当期の損益として計上される。

　また，棚卸数量の調査（実地棚卸）の結果，帳簿上の棚卸数量より実際数量が少なかったときは，その不足分に単価（原価）を掛けた額を**棚卸減耗損**（または棚卸減耗費）として処理する。

設例 5 - 4 〔設例 5 – 2〕につづいて，実地棚卸の結果，10個が減耗していることが判明した。また正味売却価額が@￥9に下落した。よって，棚卸減耗損と評価損を求めなさい。なお，売上原価の計算は，総平均法を採用しているものとする。

解 答

期末帳簿棚卸数量200個×単価（取得原価）@￥13＝￥2,600（期末帳簿棚卸高）

－）減耗分10個×単価（取得原価）　　　　@￥13＝　￥130（棚卸減耗損）

　　期末実地棚卸数量190個‥‥‥‥‥‥‥‥‥‥‥￥2,470（期末実地棚卸高……取得原価）

－）期末実地棚卸数量190個×単価（正味売却価額）￥9

　　　　　　　　　　　　　＝￥1,710（期末実地棚卸高……正味売却価額）

　　　　　　　　　　　　　￥　760（棚卸評価損）

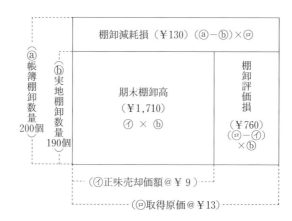

　なお，この棚卸減耗損と棚卸評価損をいずれも売上原価の内訳科目として表示すると，次のようになる。

貸 借 対 照 表		損 益 計 算 書		
資産の部		売　　上　　高		2,000
棚卸資産	1,710	売　上　原　価		
		期首棚卸高	1,000	
		＋）当期仕入高	2,900	
		合計	3,900	
		－）期末棚卸高	2,600	
			1,300	
		＋）棚卸減耗損	130	
		＋）棚卸評価損	760	2,190
		売上総損失		△　190

　期末棚卸資産の帳簿価額を正味売却価額まで切り下げた場合，次期の期首棚卸高についてこれを切下げ後の評価額のままとする方法と，その切下げ前の原価額に振り戻す方法の2つがある。前者を**切り放し方式**，後者を**洗い替え方式**という。

　例えば，〔設例5‐4〕について，正味売却価額で評価した期末棚卸資産額￥1,710（簿価）をそのまま次期の期首棚卸資産額とする方法が切り放し方式であり，切下げ前の原価額￥2,470に期首棚卸資産額を振り戻す方法が洗い替え方式である。したがって，洗い替え方式では，期末に計上された評価損

¥760が次期の利益として戻し入れられる。また，この方式では，次期に正味
売却価額と比較される金額は，元の原価¥2,470である。

　さらに，帳簿価額と正味売却価額の比較にあたっては，①個々の商品種類
（各品目）ごとに比較する方法（**種類別個別基準**），②商品種類（各品目）のグル
ープごとに比較する方法（**グループ別個別基準**），および③すべての商品の帳簿
価額と正味売却価額の各合計額を一括して比較する方法（**一括基準**）の3つが
ある。

設例5-5　　次の資料によって，①種類別個別基準，②グループ別個別
基準，および③一括基準のそれぞれの場合における期末商品棚卸高と評価
損を求めなさい。

グループ	種類（品目）	取得原価	正味売却価額
A	甲　品	¥　800	¥　900
A	乙　品	1,000	950
B	丙　品	3,700	4,000
B	丁　品	8,000	7,600
	計	¥13,500	¥13,450

解　答

① **種類別個別基準**

　　甲　品　¥　　800（取得原価を採る）

　　乙　品　　　　950（正味売却価額を採る）

　　丙　品　　3,700（取得原価を採る）

　　丁　品　　7,600（正味売却価額を採る）

　　　　　　¥13,050（期末商品棚卸高）

　　取得原価合計　　　　　　　¥13,500

　－）期末棚卸高　　　　　　　　13,050

　　　　　　評価損　　¥　　450

② グループ別個別基準

   Aグループ ¥ 1,800（取得原価を採る）

   Bグループ <u>　11,600</u>（正味売却価額を採る）

      <u>¥13,400</u>（期末商品棚卸高）

  取得原価合計   ¥13,500

 －）期末棚卸高   <u>　13,400</u>

     評価損 <u>¥ 100</u>

③ 一括基準

  正味売却価額合計¥13,450が期末商品棚卸高になる。

  取得原価合計   ¥13,500

 －）期末棚卸高   <u>　13,450</u>

        <u>¥ 50</u>

3　その他の流動資産

　その他の流動資産としては，前払費用（短期のもの）・未収収益などがある。

　未収収益は，一定の契約に従って継続的に役務（サービスまたは用役）を提供している場合，すでに提供済みの用役分に対していまだ受け取っていない対価をいい，未収家賃・未収利息などがこれに属する（「注解」5）。例えば，賃貸契約にもとづいて建物を貸している場合，すでに経過した期間に対応する家賃が未収である場合，その未収分を示す勘定が未収家賃である。

　未収収益は，このように契約にもとづく未収分（債権）を期末に資産として認識したものであり，またその金額だけ収益が計上される。

　なお，**未収入金**（または未収金ともいう）は，用役提供契約以外の契約（取引）による対価未収分を示すものである点で，未収収益とは異なる。例えば，臨時にある物品の売却を委託され，それを売却したときの手数料の未収分は，未収収益ではなく，未収入金である。また，未収入金は，商品・製品の販売のような主目的たる営業活動以外の活動（例えば，備品や機械の売却）によって生じた代金の未収分を示す勘定である点で，売掛金とも異なる。

　次に前払費用は，一定の契約に従って継続的に役務の提供を受けている場合，将来受けるべき役務に対して支払われた対価をいい，前払家賃，前払利息，前

払保険料などがこれに属する（「注解」5）。なお，**前払金**は，このような継続
的な役務契約以外の契約等による代金の前払分であり，通常，商・製品の購入
にあたってその代金の一部を前もって（内金または手付金として）支払った場合
にこの科目が用いられる。

　未収収益，前払費用のように継続的な役務の授受の途中で生ずる収益・費用
の整理勘定を**経過勘定項目**という（「注解」5。なお，第6章IV参照）。

V　固定資産

1　有形固定資産

　有形固定資産の主なものは，備品・機械・車両運搬具（乗用車・トラックな
ど）・建物・土地などである。

　有形固定資産は，土地を除いてその経済的便益が徐々に減少し，やがて処分
（売却，転用，廃棄など）される。有形固定資産の会計は，このような有形固定
資産の取得から処分に至るまでの過程を帳簿に記録し，財務諸表に表示するこ
とを目的としている。

　したがって，有形固定資産の会計は，次の3つに大別される。

> ①　取得時の会計
> ②　取得後（使用中）の会計
> ③　処分時の会計

　①の会計の重点は，取得原価の決定であり，②は減価償却，③は処分による
損益の算定である。なお，これら3つの会計は，決して別個・独立のものでは
なく，一連のつながりをもっている。

　すなわち，すでに述べたように，今日の企業会計は，費用配分の原則により，
資産の取得原価をその経済的便益が及ぶ数期間に配分する処理を行っている。

　したがって，②の減価償却費は，①の取得原価の一部であり，またそのよう
な減価償却（費用配分）がいまだ行われていない取得原価の部分（未償却原価と
残存価額）がその固定資産の帳簿価額とされ，最後にその資産が処分されたと

き，その帳簿価額と処分による収入額との差額が③の処分損益になる。

（1）　取得時の会計

(a)　取得原価の決定

有形固定資産を購入によって取得したときは，その購入代金に購入手数料・引取運賃・据付費・試運転費などの**直接付随費用**（その固定資産を使用可能な状態にするまでの費用）を加えた額をもって取得原価とする。なお，値引きや割戻しを受けたときは，その金額を購入代金から差し引いた額を取得原価とする。

> **(注)**　有形固定資産をリース取引によって取得することもある。この場合，有形固定資産の取得原価は，将来の支払リース料の現在価値や当該資産の見積現金購入価額などを参考に決められる。詳しくは，第6章Vの3で述べる。

有形固定資産は，購入によって取得するほか，次のような方法で取得することがある。

```
①　自家建設
②　現物出資
③　交　　換
④　受　　贈
```

①は，自分の会社で有形固定資産を製作・建造する場合である。例えば，建設会社が自社の営業所（建物）を建設するとか，自動車会社が自社製造の自動車を自社の営業用に使うようなケースである。このような場合には，その資産についての適正な原価計算の基準・方法に従ってその取得原価を算定する。なお，資金を借り入れて自家建設を行った場合，資産が完成して稼働するまでの期間に生じた利息をその資産の取得原価に加算することが認められる。

②は，株主（出資者）から，金銭の代わりに土地・建物などの出資を受けた場合である。この場合には，出資者に対して交付した自社株式の公正な評価額または出資者から給付された財産の公正な評価額のいずれかより高い信頼性をもって測定可能な評価額を，その資産の取得原価とする（企業会計基準第8号第15項。また，会社法第445条第1項参照）。

③は，自社が所有している資産と交換して有形固定資産を取得した場合である。例えば，自社所有の固定資産と交換した場合には，相手に引き渡した当該

固定資産の適正な簿価をもって，取得した固定資産の取得原価とし，また自社
所有の株式，社債等と交換した場合には，当該有価証券の時価または適正な簿
価をもって取得した固定資産の取得原価とする。

　④は，有形固定資産の贈与を受けた場合である。この場合には，その受贈資
産の公正な評価額をもって，その取得原価とする。なお，発見などによって無
償で有形固定資産を取得した場合も同じである。

(注1)　有形固定資産の取得原価の決定については，「連続意見書第三」第一の四および
　　　　「原則」第三の五のF参照。
(注2)　固定資産を国庫補助金等で取得した場合には，法人税法上，**圧縮記帳**という処理
　　　　が認められている。この処理の適用に際しては，税務上固定資産の取得原価から直
　　　　接控除する方法も認められるが，全額を補助金で取得した場合には資産の存在が不
　　　　明となってしまうなどの問題が生じる。したがって，財務会計上は取得原価を減額
　　　　せず，別に圧縮積立金を計上する方法を適用することが望ましい。

設例 5 - 6　　次の各場合の取得原価はいくらか。

①　現在使用している乗用車(取得価額¥800,000,減価償却累計額¥500,000)
　を販売店で下取りしてもらい，別に現金¥600,000支払って，新車（現
　金販売価格¥1,000,000）を購入した。

　(注)　**減価償却累計額**とは，固定資産を取得してからこれまで計上してきた各期の減
　　　　価償却費の合計額である。

②　株主から土地の現物出資を受け，株式100,000株（時価¥800）を発行
　した。

③　建物（時価¥55,000,000，贈与者側の簿価¥20,000,000）の贈与を受け，
　その登記費用¥300,000を現金で支払った。

解　答

①　¥　　　900,000（下取価格が¥400,000と明示されている場合には，新車の取
　　　　　　　　　　　得原価を¥1,000,000とすることも考えられる。）
②　¥　80,000,000
③　¥　55,300,000

(b) 資本的支出と収益的支出

有形固定資産の取得時および取得後に金銭を支出した場合，この資産の取得原価に加えるべき支出を**資本的支出**といい，取得原価に加えないでその支出時に費用とすべき支出を**収益的支出**という。

ある支出を資本的支出とすべきか収益的支出とすべきかの主な判断基準は，次のいずれかである。

> ㋑ その支出によって資産の価値（経済的便益）が増加するかどうか
> ㋺ その支出によって資産の耐用年数が延長するかどうか

例えば，建物について増築や改築が行われた場合には，そのための支出は，その資産について価値の増加または耐用年数の延長をもたらすから，資本的支出とされる。他方，建物について通常予定される修理・補修のための支出は，その資産価値の増加も耐用年数の延長もとくにもたらさないから収益的支出とされる。

資本的支出と収益的支出の差異は，支出額をその資産の耐用期間に費用配分するか否かであり，したがってこの差異は当該資産の帳簿価額（貸借対照表価額）にも差異をもたらす。

設例 5-7 　下記の支出のうち資本的支出を選びなさい。
㋑ 外国から輸入した機械の関税および保険料
㋺ 取得した建物にかけた長期火災保険料
㋩ 取得した土地を整地するための支出
㊁ 取得した建物の固定資産税
㋭ 営業用店舗を拡張するための支出
㋬ 機械の定期点検費
㋣ 機械装置の搬入のための支出
㋠ 建物の自家建設のために借入れた資金の支払利息で，当該建物の使用開始前のもの

解　答

　資本的支出……㋑, ㋩, ㋭, ㋣, ㋺（ただし許容）

(c)　**資産除去費用**

　有形固定資産の除去に伴って発生する支出額を合理的に見積もることができ
る場合，当該支出額を一定の割引率で割り引いた現在価値を資産除去債務とし
て負債に計上する。この場合，資産除去債務に対応する資産除去費用は，資産
の取得原価に加算される。

　資産の取得原価に加算された除去費用は，後述の減価償却の手続によって各
期に配分される。

> **設例 5 - 8**　当期首において購入代価￥5,000,000で取得した資産につい
> て，耐用年数 5 年が経過した時点での資産除去費用が￥800,000だけ必要
> であると見積もられた。この資産の取得原価を求めなさい。なお，割引率
> は年 4 ％とする。

解　答

　取得原価　￥5,657,542
　この資産の資産除去債務の金額は，次のように求められる。

$$\frac{￥800,000}{(1+0.04)^5}=￥657,542$$

　したがって，取得原価は，購入代価￥5,000,000に資産除去債務￥657,542を
加えた￥5,657,542となる。この金額は，後述する減価償却の手続によって耐
用年数にわたり期間配分される。また，資産除去債務は，時の経過に伴う利息
費用（例えば，当年度において￥657,542×0.04＝￥26,302）を加算していくことに
なる（そのため当期末における資産除去債務は，￥657,542＋￥26,302＝￥683,844
となる）。

（2） 取得後（使用中）の会計

有形固定資産を取得し，その使用を開始したときは，その後経済的便益の減少を認識するため，期末に減価償却を行わなければならない。また，使用中に，補修・増設などのための支出や火災保険料・固定資産税などの支出をしたときは，前述の区別基準にもとづいて，資本的支出と収益的支出に分けて処理をする。

⒜ 減価償却

前述したように，有形固定資産は，一般に土地を除いてその経済的便益が徐々に低下する。この便益の低下つまり減価の原因としては，①使用または時の経過による原因（主として物質的原因）のほか，②機能的原因がある。つまり，技術の進歩や発明などによる陳腐化，および経済の発展に伴う生産方式の変化や産業構造の変化による不適応化である。

減価償却は，このような減価を認識するため，有形固定資産の取得原価を，その耐用期間（通常の維持管理を行うことによって予想される使用可能な期間。なお，耐用年数はその年数である）にわたって，一定の規則的な方法により配分する会計手続である（これを**正規の減価償却**という）。なお，耐用期間の経過後に転用・売却などの見込みがある場合には，その見積額（これを残存価額という）を取得原価から控除した額（これを**償却総額**または**要償却額**という）を期間配分する。ちなみに，減価償却の対象となる資産（土地以外の有形固定資産および無形固定資産）を**減価償却資産**（または**償却資産**）という。

減価償却費の計算方法としては，①期間を配分基準とする方法と，②生産高または利用高を配分基準とする方法の２つがある。前者には㋑定額法，㋺定率法などが，後者には㋩生産高比例法（作業時間比例法，走行距離比例法などを含む）がある。これらの方法について，第 n 年度の減価償却費（D_n）の計算式を示すと，次のようになる。なお，C は取得原価，S は残存価額，N は耐用年数，D は減価償却費，U は当該固定資産の推定総利用高（推定総埋蔵量・推定総運転時間など），U_n は第 n 年度における実際利用高を表す。

㋑ 定額法　$D_n = \dfrac{C - S}{N}$

㋺ 定率法　$D_n = C(1 - r)^{n-1} \times r$

（注）　$r = 1 - \sqrt[N]{\dfrac{S}{C}}$　ただし，$S \neq 0$

㈅　生産高比例法　$D_n = (C - S) \times \dfrac{U_n}{U}$

設例 5 - 9　取得原価¥1,000,000，耐用年数 5 年，残存価額¥100,000 の機械について，①定額法と②定率法（償却率0.369）によって行うと，各期の減価償却費，減価償却累計額および帳簿価額はいくらになりますか。なお，決算は年 1 回である。

解　答

① 定額法

　　第 1 期の減価償却費：$\dfrac{¥1,000,000 - ¥100,000}{5 \text{年}} = ¥180,000$

　　第 2 期の減価償却費：上に同じ

② 定率法

　　第 1 期の減価償却費：¥1,000,000×0.369＝¥369,000

　　第 2 期の減価償却費：（¥1,000,000 - ¥369,000）×0.369＝¥232,839

方法 / 期	定　額　法			定　率　法		
	減価償却費	減価償却累計額	帳簿価額	減価償却費	減価償却累計額	帳簿価額
1	¥180,000	¥180,000	¥820,000	¥369,000	¥369,000	¥631,000
2	180,000	360,000	640,000	232,839	601,839	398,161
3	180,000	540,000	460,000	146,921	748,760	251,240
4	180,000	720,000	280,000	92,707	841,467	158,533
5	180,000	900,000	100,000	58,533	900,000	100,000

　上の表にみるように，毎期の減価償却は，定額法では一定であるのに対して，定率法では逓減する。したがって，定率法を採るほうが，費用を早期に計上することになるので，保守主義の原則に適合している。

　（注）　平成19年度税制改正により，平成19年 4 月 1 日以降に取得した減価償却資産については，残存簿価 1 円までの償却が認められた。
　　　　　新たな定額法では，減価償却資産の取得価額に，その償却費が毎年同一となるように当該資産の耐用年数に応じた「定額法の償却率」を乗じて計算した金額を，各事業

年度の償却限度額として償却を行う。実質的には，残存価額をゼロとして前述の定額法による減価償却費の計算を行い，残存簿価1円まで償却すればよい。

　新たな定率法では，定額法の償却率の原則2.5倍（平成24年4月1日以降に取得した資産については，原則2.0倍）に設定された「定率法の償却率」が適用され，早い段階において多額の償却を行うことが可能となった。基本的には，定率法の償却費は，期首帳簿価額に「定率法の償却率」を乗じて求める。しかし，その額が，当該減価償却資産の取得価額に「保証率」を乗じて計算した金額である「償却保証額」に満たない場合（換言すると，残存簿価を定率法によって計算したよりも残存簿価を定額償却したほうが有利となる場合）は，原則として，当該事業年度の期首帳簿価額に，その償却費がその後毎年同一となるように当該資産の耐用年数に応じた「改定償却率」を乗じて計算した金額を，各事業年度の償却費とするものとされている。

　さらに，法人税法が改正され，平成24年4月1日以降に取得した減価償却資産については，定率法の償却率が定額法の償却率の原則2倍に設定されている。

　〔設例5-8〕の機械について，法人税法上の定率法を適用する場合，定率法の償却率は，$1 \div 5$年$\times 2.0 = 0.4$となる。

　　第1期の減価償却費：$¥1,000,000 \times 0.4 = ¥400,000$
　　第2期の減価償却費：$(¥1,000,000 - ¥400,000) \times 0.4 = ¥240,000$
　　第3期の減価償却費：$(¥1,000,000 - ¥400,000 - ¥240,000) \times 0.4 = ¥144,000$

　第4期の減価償却費を計算するに当たっては，期首帳簿価額¥216,000に定率法の償却率0.4を乗じた額¥86,400が償却保証額¥1,000,000$\times$0.108（保証率）＝¥108,000に満たないので，第4期以降の減価償却費は，改定償却率0.5を用いる。

　　第4期の減価償却費＝$¥216,000 \times 0.5 = ¥108,000$
　　第5期の減価償却費＝$¥216,000 - ¥108,000 - ¥1 = ¥107,999$

　なお，減価償却の記帳方法として，減価償却費を固定資産の取得原価から直接差し引く方法（**直接法**）と，減価償却費を直接差し引かないで，これを減価償却累計額勘定に記入する方法（**間接法**）がある。したがって，直接法では，貸借対照表上，取得原価が表示されないで，帳簿価額だけが表示されるのに対して，間接法では，取得原価，減価償却累計額および帳簿価額が表示されるので，固定資産の取得から現在までの経過が明示される。

設例5-10　〔設例5-9〕の機械を生産高比例法（作業時間比例法）で償却する。推定作業総時間を500,000時間，第1期と第2期の実際作業時間をそれぞれ30,000時間および40,000時間とすると，各期の減価償却費はいくらになりますか。

> 解　答

第 1 期の減価償却費：￥54,000

$$（￥1,000,000－￥100,000）×\frac{30,000時間}{500,000時間}＝￥54,000$$

第 2 期の減価償却費：￥72,000

$$（￥1,000,000－￥100,000）×\frac{40,000時間}{500,000時間}＝￥72,000$$

　今日の企業会計上，有形固定資産について減価償却が行われる理論的な根拠としては，すでに述べた費用配分の原則のほか，**費用収益対応の原則**もあげることができる。いいかえれば，有形固定資産を使用することによって得られる各期の収益と当該資産について生ずる各期の減価とを期間対応させることにより，期間損益計算を正しく行うためであり，またそのために費用配分の原則が適用されるのである。

　(**注**)　「原則」第三の五前文，「連続意見書第三」第一の二参照。

　以上の説明からも明らかなように，減価償却は，有形固定資産の交換価値や現在価値を評価することを目的としているものではない。いいかえれば，有形固定資産の期末評価額（貸借対照表価額）は，その取得原価から償却累計額を単純に差し引いた額にすぎない。このため，動態論にもとづいて作成される貸借対照表は，少なくとも有形固定資産のような費用性資産に関するかぎり，**残高表**にすぎないともいわれる。

　もっとも，減価償却は，その財務的効果として，有形固定資産に投下された資金の回収という効果をもっている。すなわち，当該資産の取得のために支出された資金の額は，減価償却を通じて商品や製品の売上原価や一般管理費に算入され，商品や製品が販売されることによって，当該固定資産への投下資金が回収される。この財務的効果を**固定資産の流動化**または**自己金融**という。

　(**注**)　この固定資産の流動化は，企業が減価償却費総額を含んだ費用総額以上の金額の収益（売上収入など）をあげないかぎり，実現しない。また，取得原価主義会計のもとでは，この流動化の総額は取得原価を超えることはないから（名目資本の回収維持），インフレ時などにおいて当該固定資産の取替原価が取得原価を上回っているときは，たとえ固定資産の流動化が行われてもその回収資金で同等の固定資産を再調達することはできない。そこで，このような再調達のための資金を回収することを目的とする場合には，取替原価を減価償却費の計算基礎とする方法（実体資本維持計算）が用いられる。

(b) 取替法・減耗償却・総合償却

　取替法は，鉄道業におけるレール，枕木，信号機などのように，同種の物品が多数集まって１つの全体を構成し，老朽部分の取替えを繰り返すことによって常に全体が維持されるような固定資産（このような資産を**取替資産**という）について，取替えのために要した費用を収益的支出（取替費）とする処理方法である。

　この方法は，減価償却方法の代用法として認められている（「注解」20）。

　減耗償却は，原油・石炭・鉱石などの天然資源（これを**涸渇性資産**という）を採掘した場合，その採掘量に見合う金額だけ全体の取得原価を減額する方法である。なお，この償却計算には，通常，生産高比例法が用いられる。

> **設例5-11▶** ある鉱山の取得原価が100億円，資源採掘後の土地の価額（残存価額）が５億円，推定埋蔵量が10億トン，第１年度の実際採掘量が6,000万トンとすると，減耗償却費はいくらになりますか。

解　答

第１年度減耗償却費：５億7,000万円

$$（100億円－５億円）\times\frac{0.6億トン}{10億トン}＝5.7億円$$

　なお，上例について，減耗償却費５億7,000万円のうち４億円分が第１年度中に４億5,000万円で売却されたとすると，第１年度の損益計算は，売上高４億5,000万円，売上原価４億円，売上総利益5,000万円となり，１億7,000万円が期末棚卸高となる。

　次に，鉄道業における駅設備・トンネル・橋などや化学工業における精製装置などのように，共通的な用途に用いられるが耐用年数の異なる異種の有形固定資産群または耐用年数が等しい同種の有形固定資産群などについては，それらを一括して償却する方法（**総合償却法**）が用いられる（「連続意見書第三」第一の十参照）。この総合償却に対して，個々の資産ごとに行う減価償却（通常の減価償却）を**個別償却**という。

(c)　耐用年数・残存価額の見積りの修正

　すでに述べたように，減価償却は，固定資産の取得原価から残存価額を控除した額を耐用年数にわたって費用として期間配分する手続である。この手続に当たっては，残存価額と耐用年数をあらかじめ見積もっておく必要がある。

　しかし，その後の期間において，当初に見積もっていた残存価額や耐用年数に変化が生じ，これらを修正しなければならないことがある。このような場合には，見積りを修正する時点における帳簿価額を，修正後の残存価額と耐用年数に基づいて，その後の期間に配分する（企業会計基準第24号第17項参照）。

設例5-12　第1年度期首に¥900,000で取得した機械について，残存価額ゼロ，耐用年数10年と見積もって定額法によって減価償却を行ってきた。第3年度期首において，残存耐用年数を5年とするよう見積りを修正した。第3年度における機械の減価償却費はいくらになりますか。

[解答]

　第3年度の減価償却費　¥144,000

　第1年度と第2年度においては，それぞれ¥90,000（＝¥900,000÷10年）の減価償却費を計上しているので，第3年度期首における帳簿価額は¥720,000（＝¥900,000－¥90,000×2年）である。残存価額はゼロのままであるので，この金額を残り5年で償却すればよいので，第3年度以降の各年度の減価償却費は¥144,000（＝¥720,000÷5年）となる。

(d)　減　損

　減損とは，固定資産の収益性が低下することによって生ずる固定資産の回収可能価額の下落をいう。減損会計については，平成14年8月に，企業会計審議会から「固定資産の減損に係る会計基準」が定められ，その具体的な計算の手続が明らかとされている。

　減損会計の手続は，①減損の兆候の把握，②減損損失の認識および③減損損失の測定，という3段階を経て行われる。まず，すべての固定資産について減

損が生じているかどうかの詳細な調査を行うことは事務負担などの観点から現実的でないので，次のような兆候があるかどうかを判断して減損が生じている可能性のある資産を選別しなければならない。

① 資産から生ずる営業利益や**キャッシュ・フロー**が継続してマイナスであるか，または継続してマイナスとなる見込みである場合
② 資産の使用範囲または使用方法について，キャッシュ・フローが著しく減少するような変化が生じたか，または生ずる見込みである場合
③ 資産を使用している事業の経営環境が著しく悪化したか，または悪化する見込みである場合
④ 資産の市場価格が著しく下落した場合

次に，減損の兆候が認められる固定資産については，減損損失を認識するかどうか，より具体的な判断を行う。この判断は，現在の固定資産の帳簿価額（減価償却累計額を控除した後の金額）と将来の固定資産の利用・処分によるキャッシュ・フロー総額とを比較することによって行う。帳簿価額をキャッシュ・フロー総額が下回ったとき，つまり帳簿価額を回収できないときには，固定資産の減損損失を認識しなければならない。

減損損失を認識することになった場合には，減損が生じた資産を回収可能価額で評価しなければならない。帳簿価額を回収可能価額が下回る額が，**減損損失**として測定され，損益計算書に計上される。ここで，回収可能価額とは，資産の**使用価値**（割引現在価値）と**正味売却価額**のいずれか大きいほうの金額をいう。これは，経営者は当該資産を継続使用するか売却するかという選択肢をもっているので，継続使用または売却から得られる最大の価値で評価するためである。

なお，使用価値の計算にあたっては，当該資産の継続的な使用と最終的な処分から得られる将来キャッシュ・フローを現時点まで一定の割引率で割り引かなければならない。また，正味売却価額は，現時点での当該資産の売却時価から，売却に要する諸費用を控除した金額である。

設例 5-13 ある機械装置（取得原価￥10,000,000，残存価額￥1,000,000，耐用年数5年，定額法によって減価償却を行う）を2年間使用してきた。3年目以降のキャッシュ・フロー（期末に発生するものとする）の見積りに関する資料は，次のとおりである。2年経過時点での減損損失の金額は，いくらになりますか。なお，当該資産の時価は￥2,500,000，売却費用は￥200,000と見積もられ，使用価値の計算に用いる割引率は年10％とする。

	現金売上	現金支出費用	資産処分収入
3年目	￥3,000,000	￥2,000,000	―
4年目	3,000,000	2,000,000	―
5年目	3,000,000	2,000,000	￥800,000

解答

減損損失　￥3,312,096

2年経過時点での機械装置の帳簿価額は，次のとおりである。

帳簿価額＝￥10,000,000－（￥10,000,000－￥1,000,000）× $\frac{2年}{5年}$ ＝￥6,400,000

2年経過時点での向こう3年の将来キャッシュ・フローは，次のようになる。

将来キャッシュ・フロー＝（￥3,000,000－￥2,000,000）＋（￥3,000,000－￥2,000,000）＋（￥3,000,000－￥2,000,000）＋￥800,000＝￥3,800,000

よって，「帳簿価額＞将来キャッシュ・フロー」となるから，減損損失を認識しなければならない。

次いで，使用価値と正味売却価額は，次のように計算される。

使用価値＝ $\frac{￥1,000,000}{1+0.1} + \frac{￥1,000,000}{(1+0.1)^2} + \frac{￥1,000,000+￥800,000}{(1+0.1)^3}$ ＝￥3,087,904

正味売却可能価額＝￥2,500,000－￥200,000＝￥2,300,000

よって，回収可能価額は￥3,087,904となり，減損損失は￥3,312,096（＝￥6,400,000－￥3,087,904）となる。

（3）　売却・処分時の会計

有形固定資産を売却したときは，その売却収入額と簿価との差額が固定資産売却損益として計上される。売却収入がなく，単に除却・廃棄したときは，その簿価が固定資産除却損となる。

設例5-14　機械（取得原価¥3,000,000, 減価償却累計額¥1,620,000）を¥1,000,000で売却した。なお，代金は未収とする。売却時の仕訳を示しなさい。

解　答

（借）　未　　収　　金　1,000,000　　　（貸）　機　　　　　械　3,000,000
　　　減価償却累計額　1,620,000
　　　機 械 売 却 損　　380,000

（4）　表　　　示

有形固定資産は，原則として，各資産ごとに，取得原価から減価償却累計額を控除する形で表示する（A法）。このほか，BおよびCの表示方法もある（「注解」17）。減損損失累計額も，同様に扱われる（取得原価から減損損失を直接控除する方法もある）。これらは，すでに説明した金銭債権に対する貸倒引当金の表示方法と同様である。

減価償却累計額の表示方法

(A)

貸借対照表		
機　　　　　械	7,000	
減価償却累計額	3,150	3,850
車 両 運 搬 具	3,000	
減価償却累計額	1,350	1,650
有形固定資産合計		5,500

(B)

貸借対照表		
機　　　　　械	7,000	
車 両 運 搬 具	3,000	
	10,000	
減価償却累計額	4,500	
有形固定資産合計		5,500

(C)

貸借対照表	
機　　　　　械	3,850
車 両 運 搬 具	1,650
有形固定資産合計	5,500
⋮	
(注)減価償却累計額	4,500

2　無形固定資産

　無形固定資産は，法律上の権利を表す資産（法的資産）と経済上の優位性（同業他社と比べてその超過収益力を評価した額）を表す資産（非法的資産）に分けられる。

　前者の法的資産には，特許権，商標権，意匠権（いしょう），著作権，借地権（しゃくち），鉱業権（こうぎょう），ソフトウェア，専用側線利用権，電気ガス施設利用権などがある。後者の非法的資産は**のれん**（従来「営業権」と呼ばれてきた項目の一部を含む）と呼ばれる。

　無形固定資産は，その経済的便益の減少に応じて，その取得原価の償却が行われる。

（1）　取得原価

　無形固定資産を取得した場合は，有形固定資産の場合と同じく，その代価および直接付随費用の合計額をもって取得原価とする。

　のれんは，吸収合併，吸収分割，株式交換，新設合併，新設分割，株式移転，事業の譲受けといった組織再編行為によって取得した場合に限って，資産性が

認められる（会社計算規則第11条）。のれんの多くは，企業結合取引（第 7 章で詳述する）をパーチェス法によって会計処理した場合に生じる，取得対価が被取得企業の純資産額を超過する部分である（企業会計基準第21号第31項）。

　法的資産を表す無形固定資産を無償で取得した場合には，公正な評価額をもって取得原価とする（「原則」第三の五の F ）。

　ソフトウェアを取得した場合，その制作に要した費用のうち**研究開発費**に該当する以外の部分がその取得原価を構成する。例えば，ソフトウェアを市場販売目的で制作した場合，最初の製品マスターの制作に要した費用は研究開発費に該当するので，資産として計上することはできない。また，ソフトウェアを自社利用目的で制作したときは，当該ソフトウェアが将来の収益獲得（または費用削減）に結びつくことが確実であれば（ソフトウェアを利用して外部へサービスを提供する契約がある場合，社内利用によって収益獲得・費用削減効果が確実に見込まれる場合など），ソフトウェアの制作費は無形固定資産として計上される（「研究開発費等に係る会計基準」四の 4 ）。

（2）　償　　却

　無形固定資産のうち法的資産については，一般に，それぞれの法律が定めている有効期間または税法上の償却期間を上限として償却する。例えば，特許権は20年（ 8 年），商標権は10年（10年），意匠権は15年（ 7 年）である（なお，（　）内は税法上の耐用年数である）。償却方法としては，一般に定額法が用いられ，残存価額はゼロとされる。なお，償却額の記帳には，直接法が用いられ，取得原価から直接控除される。

　他方，のれんについては，20年以内のその効果の及ぶ期間にわたって，定額法その他の合理的な方法により，償却するものとされている（企業会計基準第21号第32項）。なお，のれんは法的な根拠をもたない無形資産で，かつ金額もしばしば多額になることから，会社法では一定の場合にのれんの一部を配当の財源となる処分可能額から控除することとしている（第 7 章Ⅵの 3 で詳しく述べる）。

　無形固定資産に計上されたソフトウェアの償却は，当該ソフトウェアの性格に応じて，見込販売数量に基づく償却方法（生産高比例法）などの合理的な方

法により償却する（「研究開発費等に係る会計基準」四の 5 ）。

　なお，無形固定資産は，有形固定資産の場合と同様，減損会計の適用があるので，収益性の低下に伴う回収可能価額の下落が生じれば，減損損失を計上しなければならない。また，ソフトウェアについては，毎期見込販売数量等の見直しを行い，その結果を将来の償却計算に反映しなければならない（「研究開発費等に係る会計基準注解」注 5 ，企業会計基準第24号参照）。

（3）　表　　示

　無形固定資産は，一般に，直接法で表示されるため，その簿価だけが貸借対照表に記載される。

> **設例 5-15** ある試験研究が成功し，特許権を取得した。この特許申請のための諸費用は￥550,000であった。なお，当期に税法上の耐用年数（ 8 年）により 1 年分の償却（均等償却）を行った。よって，この結果を貸借対照表に表示しなさい。

解　答

```
          貸 借 対 照 表
  無 形 固 定 資 産
      特 　 許 　 権          481,250
```

$$特許権 = ￥550,000 \times \frac{7 年}{8 年} = ￥481,250$$

3　投資その他の資産

　固定資産の第 3 番目の分類項目である**投資その他の資産**は，①企業が，他の企業の経営支配・長期的な取引関係の維持・長期的な利殖などのために保有する財務的・金融的な資産，および②長期前払費用から成り立っている。

　なお，①に属する資産としては，投資有価証券（満期保有目的債券，その他有価証券など。本章Ⅳの 1 参照），関係会社株式・社債（子会社，関連会社などが発行した株式・社債），出資金，関係会社出資金，長期貸付金などが，また②に属

する資産としては，長期前払保険料，長期前払利息などがある。

　投資有価証券に含まれるもののうち，満期保有目的債券は，原則として取得原価で評価するが，取得原価が券面額と異なり，かつ，その差額が金利の調整と認められる場合には，**償却原価法**を適用する（企業会計基準第10号第16項）。例えば，券面額￥500,000の社債（期間5年）を￥495,000で買ったときは，毎期￥1,000ずつその取得原価を増額する（したがって，第1年度末の評価額は，￥496,000，第2年度末は￥497,000になる。このように償却期限まで毎期一定額を加減する**定額法**のほか，毎期の実質利回りを一定にする**利息法**がある）。これは，取得原価と券面額の差額を償還期だけの利益（または損失）としないで，それを当該債券の運用期間に配分し，各期間別の損益計算を合理的に行うためである。

　いわゆる**持合株式**（例えば，A社とB社が相互に株式を持ち合う場合にそれぞれの会社が有する相手会社の株式をいう）などは，他の企業との長期的な取引関係を維持することなどを目的とする投資である。これは，評価目的上は「その他有価証券」として分類されるが，表示目的上は「投資有価証券」に含まれる（財務諸表等規則第32条）。その他有価証券は，貸借対照表上は時価で評価されるが，その評価差額は，当期の損益とはされず，貸借対照表の純資産の部にその他有価証券評価差額金として表示される（この会計処理方法を**純資産直入法**という。なお，評価益は純資産の部に表示するが，評価損は損益計算書に計上する方法も認められている。この方法を**部分純資産直入法**といい，これに対して評価益と評価損のいずれも純資産の部に表示する方法を**全部純資産直入法**という。企業会計基準第10号第18項。財務諸表等規則第67条。なお，会社計算規則第53条第1号参照）。

　次に，子会社株式および関連会社株式は，取得原価で評価される（企業会計基準第10号第17項）。

　さらに，市場価格のない株式等については，取得原価をもって貸借対照表価額とされる（第19項）。

　なお，満期保有目的債券，子会社株式および関連会社株式ならびにその他有価証券のうち，市場価格のない株式等以外のものについて時価が著しく下落した場合には，時価まで強制評価減が行われる（第20項）。また，市場価格のない株式等についてはその実質価額が著しく下落した場合には相当の減額が行われる（第21項）。

Ⅵ　繰延資産

1　意　　義

　繰延資産とは，すでに消費した財貨・用役の対価として支払ったが，これを支出時の費用とはしないで，将来の期間の費用として配分するために計上される資産項目である。

　繰延資産が，経済的資源であることが疑わしいにもかかわらず今日の企業会計において資産性を認められているのは，その支出の効果が次期以降に及ぶと認められるためである。したがって繰延資産項目に対する支出をその支出時の費用としないで，資産として繰り延べるほうが費用の期間配分が合理的になり，正しい期間損益計算に役立つ。

　(注)「連続意見書第五」第一の一および二参照。

　しかし，繰延資産は，流動資産および固定資産と異なり，換金価値性・譲渡価値性をもっていない。したがって，繰延資産は，債権者に対する債務の弁済手段として利用できない。このため，前述したように，債権者保護を重視する会計思考（伝統的な株式会社法の基本的な会計思考）からすれば，繰延資産は，現金預金・有価証券・商品・土地・建物・特許権などのような**真性資産**ではなく，**擬制資産**であるといわれ，またこのような擬制資産に資産性（貸借対照表能力）を認めることは，当然否定される。しかしながら，その反面，正しい期間損益計算の考え方（動態的な会計思考）を無視するわけにもいかず，現在ではこの考え方を採り入れて，各種の繰延資産項目の資産性を認めている。ただし，その代わりに繰延資産については，これを所定の期間内に早期に償却する（実務対応報告第19号参照）とか，一定の場合に配当財源としないなどの規制が加えられている（会社計算規則第158条参照）。

2　内　　容

　繰延資産として計上することができる項目は，創立費，開業費，開発費，株式交付費および社債発行費等に限定されている（会社計算規則第74条第3項第5

号参照）。もちろん，会計理論上は，これ以外にも繰延資産として計上すべきものがあるが，改正前商法（改正前商法施行規則）に列挙されていた項目を参考に，上記のような限定的な取扱いとなっている（実務対応報告第19号参照。ちなみに，法人税法上は，これら以外の繰延項目が定められている）。

（1）　創 立 費

これは，会社の負担に帰すべき設立費用および発起人（ほっきにん）の報酬として支出した額および設立登記のために支出した総額である。その主な支出項目としては，定款作成のための費用，株式募集のための広告費，株券等の印刷費，設立事務の使用人の給料手当，創立総会に関する費用，発起人が受ける報酬，設立登記の登録税などがある。これらの創立費は，会社の成立およびその後の発展のために効果をもつとみられるから，繰延資産たる性格をもつ。

なお，この創立費は，原則として支出時に費用として処理され，損益計算書には営業外費用として記載される。これを繰延資産として貸借対照表に計上する場合には，会社の成立後５年以内のその効果が及ぶ期間にわたって，定額法により償却しなければならない。なお，会社の成立から最初の決算日までの期間が１年未満の場合，当期に償却すべき額は合理的に配分する（通常は月割（つきわり）計算による。以下の繰延資産項目も同様）。

また支出の効果が期待されなくなった場合には，未償却残高を一時に償却しなければならない（以下の項目も同様）。

　(注)　償却期間の上限としての５年には，理論的根拠があるわけではない。改正前商法が定めていた年数を現在でも引き継いでいるにすぎない。開業費，開発費，株式交付費の償却期間についても同様である。

（2）　開 業 費

これは，会社成立後営業開始までに支出した開業準備のための費用である。その内容は，土地・建物などの賃借料，広告宣伝費，通信交通費，事務用消耗品費，支払利子，使用人の給料，保険料，電気・ガス・水道料などである。これも会社の開業およびその後の発展のための支出の効果が現れるとみられるから，繰延資産たる性格をもつ。

　なお，この開業費も，原則として支出時に費用（営業外費用または販売費及び一般管理費）として処理される。これを繰延資産とする場合には，開業後5年以内のその効果が及ぶ期間にわたって，定額法により償却しなければならない。

（3）　開　発　費

　これらは，新技術または新経営組織の採用，資源の開発，市場の開拓などのために支出した費用である。開発費には，経常費的な性格をもつもの，例えば，企業が現に生産している製品または採用している製造技術の改良のために常時行う研究のための費用は含まれない。開発費も，原則として支出時に費用（売上原価または販売費及び一般管理費）として処理される。これを繰延資産とする場合は，支出時から5年以内のその効果が及ぶ期間にわたって定額法などの方法（その他の合理的な方法を含む）により規則的に償却することとされる。

　このような開発費の取扱いに対し，企業会計審議会は，平成10年3月に「研究開発費等に係る会計基準」を設定し，**研究開発費**の定義を満たす支出はすべて支出時の費用として処理するものとしている。この処理は，研究開発を行う企業間の比較可能性を高めること，研究開発の成功する可能性があまり高くないため繰延処理は回収見込のない資産を計上することになりかねないことなどを理由としている。前述した繰延資産とすることが認められる開発費は，このような研究開発費の定義を満たすものであってはならない。

（4）　株式交付費

　これは，会社成立後における新株の発行および自己株式の処分のために直接支出した費用である。その内容は，株式募集のための広告費，金融機関・証券会社の取扱手数料，株式申込証・目論見書・株券等の印刷費，変更登記の登録税などであり，これも支出後の期間において資金調達のために行った支出の効果が現れるとみられるから，繰延資産たる性格をもつ。

　（**注**）　会社法では，新株の発行と自己株式の処分が同様に取り扱われていることから，改正前商法施行規則上の「新株発行費」は「株式交付費」と呼ばれることとなった。

　なお，この株式交付費は，原則として支出時に費用（営業外費用）として処

理するが，資金調達の目的で行うものについては繰延資産とすることが認められる。この場合，株式交付時から3年以内のその効果が及ぶ期間にわたって定額法により償却しなければならない。

（5） 社債発行費等

社債発行費は，社債の発行のために直接支出した費用をいい，その内容は，社債募集のための広告費，金融機関・証券会社の取扱手数料，社債申込証・目論見書・社債券等の印刷費，社債登記の登録税などであり，これが繰延資産たる性格をもつことは株式交付費の場合と同じである。

なお，この社債発行費も，原則として支出時に費用（営業外費用）とするが，繰延資産とすることが認められる。この場合，償却は，社債の償還期間にわたって利息法（定額法も認められる）により行う。なお，新株予約権（156ページ参照）の発行費も，社債発行費と同様，繰延資産とすることが認められるが，このときは，新株予約権の発行時から3年以内のその効果が及ぶ期間にわたって定額法によって償却しなければならない。

3　表　　示

以上の繰延資産は，貸借対照表上，資産の部の第3の分類項目として創立費，株式交付費などの科目別にその簿価で記載される。

繰延資産の償却費は，それぞれの科目別に創立費償却，株式交付費償却，社債発行費償却などとして損益計算書に記載される。

> **(注)**　企業が，天災等によって臨時に巨額の損失をこうむったとき，これを全額その期の損失としないで，繰延処理（いったん資産に計上して次期以降に償却）を行うことが，会計政策（巨額の損失が生じても配当ができるようにするとか，株価が急落しないようにするための政策）として主張されることがある。
> 　「注解」15は，「特に法令をもって認められた場合」にだけこの処理を認めている。例えば，鉄道事業法（第20条第2項）では鉄道に係る災害損失などを「災害損失等繰延額」として繰延資産に計上することが認められている。

◆ **研究問題** ◆

5-1　取得原価主義の意味およびその特徴について述べなさい。あわせて費用配分の原則について説明しなさい。
　▶第 2 章Ⅲ，第 3 章Ⅱの 4 ，第 5 章Ⅲの 3 などを復習する。

5-2　本章Ⅳの 2 の〔設例 5 - 2 〕について最終仕入原価法で計算すると，売上原価，期末棚卸高および売上総利益は，それぞれいくらになりますか。
　▶期末商品棚卸高￥2,800（＝＠￥14×200個）

5-3　次の資料にもとづいて，棚卸減耗損と棚卸評価損を計算しなさい。
　　(1)　期末商品の帳簿棚卸数量1,000個，単価（取得原価）￥10
　　(2)　期末商品の実地棚卸数量900個，単価（正味売却価額）￥8
　▶棚卸減耗分は100個

5-4　本章Ⅳの 2 の〔設例 5 - 4 〕にもとづいて，先入先出法で計算すると，期末商品棚卸高，棚卸減耗損および棚卸評価損は，それぞれいくらになりますか。
　▶期末数量200個は， 5 月10日と 5 月30日に仕入れた分が残っているとみなし，棚卸減耗の10個分は，先に仕入れた分（単価￥15）がなくなったと考える。

5-5　 1 月10日に短期的に売買する目的で市場価格のある甲株式会社の株式10,000株を 1 株￥200で購入し， 2 月20日に3,000株を￥250で売却した。 3 月31日の決算日現在の時価が￥260であったとすると，この手持ちの株式の貸借対照表価額は総額でいくらになりますか。
　▶売買目的有価証券の評価方法について調べてみる。

5-6　次の文章につき，正しいものには○印を，正しくないものには×印をつけなさい。また，その理由を説明しなさい。
　　(1)　物価の上昇時においては後入先出法を用いるほうが，先入先出法を用いる場合よりは棚卸資産の期末残高が少なくなる。
　　(2)　固定資産について当期に支払った修繕費を資本的支出とすると，これを収益的支出とする場合と比べてその後の耐用期間中における企業利益は少なく計上される。
　　(3)　A 社が B 社の株式を，その発行済株式総数の80％所有し，さらに A 社と B 社が C 社の株式をそれぞれ30％ずつ所有している場合において，C 社の株式につき取引所の相場があれば，A 社は C 社の株式を時価法で評価してもよい。
　　(4)　棚卸資産の実地棚卸をした結果，品質が悪化し売却不能となったものが発見されたときは，その部分について評価減をすることが認められる。

▶(2)については，支出した期とその後の期間に計上される費用の合計額が，資本的支出とする場合と収益的支出とする場合とで同じになることに注意する。

(3)については，子会社株式であることに注意する（本章Ⅴの3参照）。

(4)は，棚卸減耗損と評価損のちがいを調べてみる。

5-7　次の会計用語について説明しなさい。

(1)　償却原価　　　　　(2)　間接法　　　　　　(3)　自己金融

(4)　取替法　　　　　　(5)　実体資本維持　　　(6)　繰延資産

(7)　洗い替え方式　　　(8)　総合償却

▶本章の中ですべて説明されているから，各関係箇所を復習する。

5-8　次の文章につき，正しいものには○印を，正しくないものには×印をつけなさい。また，その理由を説明しなさい。

(1)　使用目的の定まっていない遊休資産として保有する土地は，その使用価値がゼロであるから，貸借対照表に記載してはならない。

(2)　物理的に使用可能な年数が10年の機械について，将来の技術革新による陳腐化を見込んで耐用年数を短く見積もることは認められない。

(3)　同種の固定資産を複数まとめて減価償却を行うことは認められるが，異種の固定資産を複数まとめて減価償却を行うことは認められない。

(4)　減損の兆候がある固定資産について，帳簿価額が割引後将来キャッシュ・フロー総額を上回っている場合であっても，割引前将来キャッシュ・フロー総額を下回っている場合には，減損損失の認識を行う必要はない。

▶(1)については，正味売却価額について考慮する必要がある。

(4)でいう割引後将来キャッシュ・フロー総額は，使用価値を意味している。

5-9　当期首において，D社の発行する社債（額面¥6,000,000，年利率3％，利払日年2回，期間残り8年）を¥5,940,000で取得した。当期末におけるこの社債の時価は，¥5,950,000であった。この社債を①売買目的有価証券として保有する場合と，②満期保有目的債券として保有する場合とに分けて，当期末における貸借対照表価額と損益計算書に計上される収益の額（利息と評価益の合計額）を求めなさい。なお，満期保有目的債券として保有する場合には，償却原価法（定額法）を適用すること。

▶①売買目的有価証券には時価法が適用される。損益計算書には，当期に受け取る利息と期末評価に伴う評価益が計上される。

②満期保有目的債券は，時価評価されないので評価益は計上されない。償却原価法の適用によって利息が増えることに注意する。

5-10　ソフトウェアの制作を行う E 社は，当期に支払ったソフトウェア制作費のすべてを費用に計上した。この E 社が行った会計処理が妥当であるか論じなさい。

　▶ソフトウェア制作費の一部を資産として計上する余地がないか調べてみる。

負債会計

 負債と負債会計の意義

1 負債の意義

負債とは，企業が負っている将来の経済的負担であり，貨幣額によって合理的に測定できるものをいう。ここに，企業の経済的負担というのは，将来における経済的資源の減少であって，それは確定しているものだけではなく，その可能性が高いものも含んでいる。

貸 借 対 照 表

資　　　　産 （第　5　章）	**負　　　　債** **（この章で学ぶ）**
	資　　　　本 （第　7　章）

　会計上の負債（企業の経済的負担）の大部分は，法律上の債務である。この債務は，金銭債務（金銭を返済しなければならない債務），物品引渡債務，および役務提供債務の3つに分けられる。例えば，買掛金・借入金などは金銭債務であり，前受金（商品の売り渡しを約束したとき買手から受け取った手付金）は物品引渡債務，前受家賃（建物の賃貸料の前受分）は役務提供債務である。

　次に，負債ではあるけれども，債務ではないものがある。これはいわば純会

計的負債というべきものであって，もっぱら期間損益計算を合理的に行うために設定される負債項目である。その典型的な例は，修繕引当金である。

　後で詳しく述べるように，例えば数年間に1回の割合で修繕を必要とする機械を使っているとき，実際に修繕をした年度にその修繕費の全額を費用に計上すると，修繕をした年度と修繕をしなかった他の年度との間に各期間の損益計算上，修繕費の負担が不公平になるので，修繕をしない年度にもあらかじめ修繕費の見込額を企業の経済的負担として計上する必要がある。この見越計上のための貸方項目が修繕引当金である。つまり，これは，その企業にとっての経済的負担ではあるが，上述したような債務ではなく，もっぱら，期間損益計算目的上，後日生ずる修繕費を前もって見越計上するための負債項目である。これは，前章で述べた開発費などの繰延資産項目を期間損益計算目的上，繰延処理を行うのと同じ考え方に立っている。

2　負債会計の意義

　負債会計は，負債の発生と消滅に関して測定・記録・報告する会計である。

　すでに資産会計の意義のところで述べたように，負債会計は資産会計と密接に結びついている（例えば，現金の借入れは，資産会計の問題であると同時に負債会計の問題でもある）が，さらに資本会計や損益会計とも結びついている。例えば，会社がその借入金の支払いを免除された場合には，負債が減少するとともに資本が増加し，結局，会社の利益となる。

　なお，負債の大部分は債務であるから，負債会計は，主として債権者との法律関係を取り扱うことになる。また，すでに述べたように，負債会計と資本会計は，企業の資産に対する持分関係（資産額のうちどれだけが債権者に帰属し，またどれだけが株主または所有主に帰属するかという帰属関係）を取り扱う会計であるとの理由により，両者を**持分会計**と呼ぶこともある。また，負債を**債権者持分**，資本を**株主持分**ということがある。

　　（注）　負債と資本を持分という概念（用語）を用いて説明することについては，法律論としては問題があるが，ここでは，会計学の通説に従った。

II　負債の分類

1　流動・固定分類

　一般に，負債は，資産と同じく，**流動負債**と**固定負債**に分類される。この分類目的は，資産の流動・固定分類と合わせて企業の弁済能力（流動性）を明らかにするためである。

　流動・固定分類の基準としては，資産の場合と同じく，正常営業循環基準と1年基準の2つが用いられる。

　すなわち，企業の主目的たる営業活動の循環過程の中で発生する負債（買掛金・支払手形など）は，その弁済期限の長短にかかわらず流動負債とされる。その他の負債については，債務の履行期日（債務ではない負債項目についてはその経済的負担にかかわる支出の予定時期）が，決算日の翌日から起算して1年以内に到来するもの（短期借入金・修繕引当金など）は流動負債，1年を超えるもの（長期借入金・社債・特別修繕引当金など）は固定負債として分類される（「原則」第三の四の㈡A，B，「注解」16，会社計算規則第75条など参照）。

　流動負債と固定負債の主なものをあげると，次のとおりである。

> **負債の流動・固定分類**
>
> 負債 ┤
> 流動負債……支払手形・買掛金・電子記録債務・短期借入金・預り金・前受金・未払金・前受収益・未払費用・修繕引当金（短期）など
> 固定負債……長期借入金・社債・退職給付引当金・製品保証引当金・特別修繕引当金など

2　属性分類

　負債は，その属性（債務性）からみて，**債務たる負債**と**債務でない負債**に分けられる。

　前者の債務たる負債は，さらに**確定債務**（かくてい）と**条件付債務**（じょうけんつき）（停止条件付債務）に細分される。確定債務は，債務の履行義務がすでに確定しているものであり，

条件付債務は，所定の契約条件が生じたときに債務の履行義務が確定するものである（例えば，後述するように，会社がその製品を無償修理・新品交換などの保証付きで販売した場合，もしもその製品に欠陥があったり，不良品であることが判ったときその保証義務が生ずる）。

後者の債務でない負債は，Ⅰで述べたように，もっぱら期間損益計算目的のために設定される負債項目（例えば修繕引当金）である。この負債項目と上記の条件付債務を合わせて負債の部に計上される引当金または**負債性引当金**という。

(注) 他方，資産の部に計上される引当金は**評価性引当金**とも呼ばれ，その典型は貸倒引当金である。

以上をまとめると，次のようになる。

負債の属性（債務性）分類

```
                     支払手形・買掛金・借入金・預り金・
            確定債務……前受金・未払金・前受収益・未払費
  債務たる負債         用・社債など
負債                  製品保証引当金・退職給付引      負債性
            条件付債務……当金・役員賞与引当金など      引当金
  債務でない負債（純会計  ……修繕引当金など
              的負債）
```

(注) 企業が国・地方公共団体から受け取った補助金（国庫補助金），電気・ガス・通信事業などを営む会社が需要者から受け取った工事負担金なども繰延収益項目として負債に計上する考え方もあるが，これらの項目も債務でない負債である。

このほかに，会計理論上負債とは認められないが，特別の法令によって計上が強制されているために，貸借対照表の負債の部に記載される項目もある（例えば，金融商品取引法（第46条）にもとづく金融商品取引責任準備金）。

(注) 債務たる負債であっても，その債務の発生が未確定の状態にある場合には貸借対照表上負債として計上されない。例えば，他人のためにその債務の支払保証人になっている場合（これを**債務保証**という）には，その保証責任が確定するかまたはかなりその確率が高くなっている場合を除いて，貸借対照表上，**注記**（第9章Ⅴの6参照）される程度にとどまり，その本体に正規の科目として記載されない（このような項目を**オフバランス項目**という）。

　負債性引当金

　上述のように，負債性引当金は，条件付債務と純会計的負債から成り立っている。条件付債務については，その債務額を合理的に見積もって，これを貸借対照表の負債の部に記載しなければならない。例えば，上述のように会社が，製品を無償修理の保証書付きで販売した後，決算日が到来した場合，次期に起こるかもしれない無償修理の請求額を当期末に条件付債務として見越計上し，これを貸借対照表に**製品保証引当金**として記載する。このように条件付債務を見越計上した場合の引当金は，明らかに債務性をもっているものであり，したがってしばしば**債務たる引当金**と呼ばれる。しかし，この種の引当金の設定は，単に債務（上例の場合では無償修理義務）を認識するためだけではなく，その期間に属する費用（上例では無償修理費用）を見越計上して，正しい期間別損益計算を行うためである。

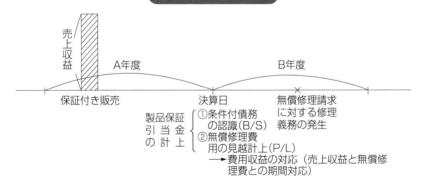

製品保証引当金の計上

　他方，純会計的負債，つまり修繕引当金のように債務でない負債は，Ⅰで説明したように，債務を認識するための引当金ではないけれども，当期の負担とすべき修繕費用を見越計上するためのものである。つまり，これは費用性のみの引当金であり，**債務でない引当金**または純費用性引当金である。

　上述したところから明らかなように，負債性引当金は，債務たる引当金も債務でない引当金も，すべて当期の費用性という共通点をもっている。なお，**引**

当金には，このような負債性引当金のほか貸倒引当金のような評価性引当金（現に保有している資産の減少額を見積もった引当金）があるが，もともと引当金とは，将来の資産の減少に備えてその減少見込額を当期の費用として計上するための項目である。そして，引当金を設定する目的は，①当期の負担すべき費用を正しく計上するという損益計算書目的と，②企業が所有している資産の正しい価額（貸倒引当金のような評価性引当金の場合）で記載するまたは企業が負っている経済的負担を期末現在で正しく認識するという貸借対照表目的の2つである。

　このような目的のために引当金を計上しうるための要件は，次の4つである（「注解」18参照）。

① 費用または損失が特定していること（費用・損失の特定性）
② 費用または損失の発生原因が当期またはそれ以前にあること（費用・損失原因の当期以前性）
③ 費用または損失の発生の可能性が高いこと（費用・損失の高い発生可能性）
④ 費用または損失の金額を合理的に見積もることができること（費用・損失の金額見積りの合理性）

　次に負債性引当金の例としては，下記のように退職給付引当金，製品保証引当金，工事補償引当金，景品費引当金，賞与引当金，修繕引当金などがあるが，以上述べたことをまとめると，次の表のようになる。

引当金の分類

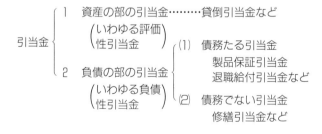

（1）　退職給付引当金

　これは，企業が労働協約，就業規則などにもとづいて，従業員に対して退職一時金や年金（合わせて**退職給付**という）を支払うことを約束している場合，各

会計年度末に，すでに発生した従業員に対する退職給付債務の金額（割引現在価値で評価する）を見積もり，これから外部に積み立てた年金資産の金額（時価で評価する）を控除したものである（逆に年金資産の額が退職給付債務の額を上回る場合には，前払年金費用が計上される）。毎期の退職給付費用は，従業員による労働サービスの対価である勤務費用，退職給付債務から発生する利息費用，年金資産に生じた運用収益などからなる。したがって，退職給付引当金を設定することは，①各会計年度末における既発生の退職給付の正味の支払義務（条件付債務）を認識すること，②当該期間中に（従業員の労働提供を原因として）発生した退職給付費用を見積計上することの二面性をもっている。

(注) 連結財務諸表上は，「退職給付に係る負債」または「退職給付に係る資産」として表示する（企業会計基準第26号）。

設例6-1 ▶ 入社から退職までに30年の勤務期間がある従業員が，当期（20X1年度）末現在，入社後10年経過した。退職時の退職給付見込額は3,000万円，退職給付債務を計算するうえでの割引率を3％とする。また，従業員の退職給付の支払いに備えて年金資金を積み立てており，その当期末現在の時価は300万円であった。当期末現在の退職給付引当金の額は，いくらになりますか。

解答 ▶

退職給付見込額のうちすでに発生した部分は，見込額のうち，全勤務年数30年に対する既勤務年数10年の割合 $\left(\dfrac{10年}{30年}\right)$ となる。これを年3％の割引率で現在価値に割り引くことによって，退職給付債務を求めると次のようになる。

$$退職給付債務 = 3,000万円 \times \frac{10年}{30年} \times \frac{1}{(1+0.03)^{20}} = 554万円$$

したがって，退職給付引当金は，254万円（＝554万円−300万円）となる。

設例6-2 ▶ 〔設例6-1〕に続いて，翌20X2年度の状況について考える。20X2年度における退職給付費用は，いくらになりますか。なお，年金資産の期待運用収益率は4％であり，当期中に支払った拠出額（掛金）はなか

った。

解　答

勤務費用＝3,000万円×$\dfrac{1年}{30年}$×$\dfrac{1}{(1+0.03)^{19}}$＝57万円

利息費用＝554万円×0.03＝17万円

期待運用収益＝300万円×0.04＝12万円

退職給付費用＝57万円＋17万円－12万円＝62万円

（2）　製品保証引当金

　これは，前述したように企業がその製品の販売にあたって，当該製品について欠陥があったときは一定条件のもとに無償で補修に応ずるなどの約束をしている場合に，その補修や無償取替えの費用およびそのような保証責任をあらかじめ認識するための引当金である。つまり，この引当金は，後日行われる補修などの支出を当該製品の販売時に（実際の処理としては年度末に）費用として計上するとともに，顧客に対する製品保証責任（条件付債務）を認識するための負債性引当金である。

　　（注）　製品保証サービスを提供する義務が製品の提供とは別の履行義務として識別される場合には，製品保証引当金ではなく，履行義務が認識される（詳しくは，第8章Ⅳの2で述べる）。

（3）　工事補償引当金

　これは，建設業者がその建築物の売却にあたって一定条件のもとで補償補修などの約束をしている場合に，当該補修費用および保証責任を示すための負債性引当金であり，上記（2）の引当金と同種のものである。したがって両者を合わせて，しばしば，**製品保証等引当金**という。

（4）　景品費引当金

　これは，企業が顧客に対して一定条件のもとで景品を引き渡す約束で商・製品を販売した場合に，その景品費用および景品引渡義務を認識するための負債性引当金である。

　　（注）　最近では，顧客に対して，商・製品を販売した際にポイントやマイレージという特

典を与える企業が多い。これらの企業は，将来顧客に対して提供するサービス（商・製品の無償提供など）の金額を見積もって，「ポイント引当金」などを計上している。なお，このようなポイントに係る義務も，商・製品の販売に関連する別個の履行義務として識別される場合もある。

（5）　賞与引当金

これは企業が，従業員などに対して支給する賞与（未払賞与ではない）をあらかじめ見積計上した場合に設定される引当金である。とくに，役員に対して支払われる賞与を，株主総会に先立ってあらかじめ見積計上した場合には，**役員賞与引当金**が設定される。

（6）　修繕引当金

これは，前述したように，企業が使用中の機械その他の固定資産について，その修繕を定期的に行うような場合，次期以降に行われる修繕のための費用をあらかじめ見積計上するための貸方項目である。この引当金は，上述した退職給付引当金や製品保証等引当金などとは異なって，債務性をもたない負債性引当金であって，当該固定資産から得られる各期間の収益に対して，修繕費を期間対応させるための期間損益計算思考のみから設定される引当金である。

なお，大型の船舶，溶鉱炉などの修繕のような大規模修繕のための引当金は，**特別修繕引当金**と呼ばれる。

IV　流動負債

流動負債には，主目的たる営業活動によって生じた金銭債務（支払手形，買掛金など）のほか，1年以内に弁済期限が到来するその他の負債（短期借入金・預り金・前受金・未払金・未払費用・前受収益・短期の負債性引当金など）が含まれる。金銭債務は，負債たるデリバティブ（時価で記載される）などを除き，原則として債務額で貸借対照表に記載される（企業会計基準第10号第26項）。

1 仕入債務

受取手形や売掛金のように主目的たる営業活動から生ずる金銭債権を売上債権または営業債権と呼ぶのに対して，支払手形（約束手形の振出しまたは為替手形の授受・引受けに伴って生ずる手形債務）・買掛金・電子記録債務のような主たる営業活動による金銭債務が仕入債務または営業債務である。

2 その他の流動負債

その他の流動負債には，短期借入金や預り金などのような金銭債務，前受金のような物品引渡債務および前受収益のような役務提供債務がある。なお，負債性引当金のうち短期のものもこれに属する。

（1）短期借入金

銀行などから，短期間（1年以内）に返済する約束で金銭を借りた場合，その金銭債務を示す科目である。

（2）預り金

従業員・役員などから現金を一時的に預った場合，その金銭債務を示す科目である。従業員に対して支払われる給与のうち，その所得税を差し引いて，これを会社側が従業員に代わって税務署に納付する（これを所得税の源泉徴収という）場合，会社側が一時的に預っている所得税もこの預り金として処理される。

（3）前受金

商品の売渡しを契約したとき，買手側から商品代金の一部を手付金として受け取った場合にその物品引渡債務を表す科目である。なお，手付金を支払った買手側は，これを前渡金または前払金として処理する。

(注) この手付金は，商慣習上，買手側が，後日，商品の買い取りを拒否したときは，売手側に没収され，逆に売手側が売り渡しを拒否したときは，その手付金額の2倍の金額を買手側に返済しなければならない。

（4）　未払金

物品や役務の購入など主たる営業活動以外によって生じた金銭債務を示す科目である。例えば，備品を購入し，その代金が未払いの場合に生じる債務である。

（5）　前受収益

　一定の契約にもとづいて役務（サービス）を継続的に提供している場合，決算日現在で未だ提供していない役務に対して対価を前受けしたときに用いられる勘定である。

　例えば，建物の賃貸契約にもとづいて建物を貸している場合，決算日現在で，次期の数か月分の家賃を前取りしているとき，その前受分を役務提供債務として負債に計上するための勘定である。したがって，損益計算的には，この分だけ，当期の受取家賃（収益）が減額され，次期の収益として繰り延べられる。前受収益と前受金は，いずれも債務であるけれども，前者は，継続中の役務提供契約について経過的に決算処理をするための勘定であるのに対して，後者は，売買契約の締結にもとづく手付金の授受という，すでに完了した取引を処理するための勘定である。なお，繰延収益は，非債務性の点で前受収益と異なる。

（6）　未払費用

　一定の契約にもとづいて役務（サービス）を継続的に受けている場合，決算日現在ですでに受けている役務に対して対価を支払っていないときに用いられる勘定である。

　例えば，土地の賃借契約にもとづいてすでに土地を賃借している場合，決算日現在で，その地代の全部または一部を支払っていないとき，その未払分を債務として負債に計上するための勘定である。したがって，損益計算上は，この分だけ，当期の支払地代（費用）が増額される（このため，次期に入ってから，地代を実際に支払っても次期の地代（費用）とはならない）。

　未払費用と未払金は，前者が継続中の役務契約について経過的に決算処理をするための勘定であるのに対して，後者は，すでに完了している財貨または役務取引から生じた債務を処理するための勘定である点で異なる。

　なお，第5章IVで述べた①未収収益と②前払費用および上述した③未払費用と④前受収益の4項目（経過勘定項目）をまとめると，次のようになる。

経過勘定項目

（種　　類）	（貸借対照表）	（損益の見越しと繰延べ）
①未 収 収 益 （未収利息など）	資 産 の 部	収益の見越し（未収利息などを当期の収益として計上する）
②前 払 費 用 （前払保険料など）	〃	費用の繰延べ（前払保険料などを当期の費用から控除して次期に繰り延べる）
③未 払 費 用 （未払地代など）	負 債 の 部	費用の見越し（未払地代などを当期の費用として計上する）
④前 受 収 益 （前受家賃など）	〃	収益の繰延べ（前受家賃などを当期の収益から控除して次期に繰り延べる）

V　固定負債

　固定負債の主なものは，長期借入金，社債および長期の負債性引当金である。以下，前2者について説明する。

1　長期借入金

　返済期限が1年を超える借入金である。このうち，返済期限が1年以内になったものは流動負債として表示する。

2　社　　　債

　会社が**社債**を発行してひろく一般の人達から資金を借り入れた場合，その債務を表すための科目である（逆に，他の会社が発行した社債を購入した場合には，社債という科目は用いないで，有価証券などの科目で資産に計上する）。なお，この社債に**新株予約権**（この権利を行使したときに一定の条件で会社から新株の発行を受けることができる）が付されたものを**新株予約権付社債**という。

　（注）　この新株予約権付社債は，平成13年商法改正により設けられたものであり，従来は

　転換社債と新株引受権付社債が存在していた。転換社債は，一定の条件によって株式に転換することができる社債であり，新株引受権付社債（ワラント債ともいう）は，新株引受権（ワラントともいう）を行使して，その社債を発行している会社の株式を取得することができる社債であった。この新株引受権を社債と切り離して売買することもできる新株引受権付社債を分離型といい，切り離して売買できないものを非分離型といっていた。

　平成13年商法改正では，転換社債と非分離型の新株引受権付社債が新株予約権付社債として法律構成されることとなり，分離型の新株引受権付社債は，社債と新株予約権が同時に発行されるものとされた。

　社債の発行は，取締役会の決議・目論見書の作成・社債申込証の作成・社債の発行価額相当額の払込金の受入れなどの順序で行われ，その後所定の期間（社債期間）を経て満期日に社債金額の返済が行われる（これを**満期償還**という）。なお，満期日までの途中で，随時，償還が行われる場合もある（これを**随時償還**という）。

　社債の発行方法には，券面額と同額で発行される**平価発行**（額面発行ともいう），券面額以下で発行される**割引発行**，および券面額以上で発行される**打歩発行**（割増発行ともいう）の3つがある。社債を平価発行した場合には，債務額を表す券面額をもって貸借対照表に記載すればよい。社債を割引発行した場合，券面額と発行価額との差額は社債利息を調整する額と考えられるため，社債を償却原価法を用いて評価し，その差額は社債の償還期間にわたって社債利息として配分する。すなわち，社債はまず発行時の収入金額で計上し，その後は時の経過に伴って帳簿価額を増加させていき，償還時には帳簿価額と券面額とが同額になる。社債を打歩発行した場合には，社債を（券面を超える）収入金額で計上し，券面額まで徐々に減額していくことになる。なお，償却原価法による帳簿価額の修正額に相当する金額は，社債利息に加減して損益計算書に計上する。

設例6-3　当期首において額面総額¥10,000,000の社債を期間5年，利率年2％の条件で，額面¥100につき¥97で発行した。1年後の社債の帳簿価額と1年目の社債利息の額はいくらになりますか。

解 答

　社債　￥9,760,000　　社債利息　￥260,000

　この社債は，発行時に￥9,700,000で記帳され，額面との差額は償還期間5年で配分される。定額法を用いると，￥300,000÷5年＝￥60,000が1年分の配分額となる。よって，1年後の社債は￥9,700,000＋￥60,000＝￥9,760,000となり，社債利息は￥10,000,000×0.02＋￥60,000＝￥260,000となる。なお，毎期の利息の配分額を社債の帳簿価額に対する利回りが一定になるように計算する場合（利息法），その利回りは次の式を満たすrとして求められる。

$$¥9,700,000 = \frac{¥200,000}{1+r} + \frac{¥200,000}{(1+r)^2} + \cdots + \frac{¥10,200,000}{(1+r)^5}$$

　r＝0.026485…（つまり，2.6485%）

　利息法を用いて解答する場合，1年後の社債は￥9,700,000×（1＋0.026485）－￥200,000＝￥9,756,905となり，社債利息は￥9,700,000×0.026485＝￥256,905となる。

　なお，新株予約権付社債については，いわゆる**区分法**によって，社債と新株予約権に分けて会計処理を行い，区分処理された新株予約権は，いったん純資産の一項目として表示され，権利行使時に資本金（または資本金および資本準備金）に振り替えるものとされている。なお，新株予約権の権利行使に際して社債部分による新株の代用払込の請求があったとみなされる新株予約権付社債で，従来の転換社債と経済的実質が同一であるものについては，いわゆる**一括法**と区分法を選択適用することが認められる。一括法を採用した場合には，新株予約権付社債が負債の部に一括して計上されることになる。

　設例6-4　額面総額￥5,000,000の新株予約権付社債を額面発行した。なお，発行価額￥100当たりの社債の対価は￥90であり，残りの￥10は新株予約権の対価である。貸借対照表の表示は，どうなりますか。

解　答

貸 借 対 照 表

社　　　　債	4,500,000
新株予約権	500,000

　額面総額￥5,000,000のうち，社債の対価は￥4,500,000，新株予約権の対価は￥500,000となる。なお，この新株予約権付社債が転換社債型の場合，上記の区分法に代えて一括法によることもできる。このときの表示は次のようになる。

貸 借 対 照 表

新株予約権付社債	5,000,000

3　リース債務

　リース取引は，特定の物件（例えば機械）の所有者（貸手）が，他の者（借手）に対して，当該物件（リース物件）を，一定の契約期間（リース期間）にわたり使用する権利を与え，借手が所定の対価（リース料）を貸手に支払う取引である。

　リース取引は，**ファイナンス・リース取引**と**オペレーティング・リース取引**に分かれる。前者は，法律・形式的には賃貸借取引であるけれども，①借手は，リース期間中に途中解約ができない，②リース物件に関するコスト（取得原価相当額，維持管理費など）を実質的にすべて負担するなどの契約にもとづくリース取引であるから，経済的・実質的には，リース物件の売買取引であるとみなされる。したがって，借手は，原則として，将来のリース料を一定の割引率（追加借入利子率など）で現在価値に割り引き，リース物件をリース資産として資産の部に計上するとともに，同額をリース債務として負債の部に計上しなければならない。

　(注)　より具体的には，ファイナンス・リース取引は，所有権移転ファイナンス・リース取引と所有権移転外ファイナンス・リース取引に分けて，会計処理が定められている。
　　　所有権移転ファイナンス・リース取引については，リース資産の取得原価は，貸手の購入価額が明らかな場合には当該価額によるが，明らかでない場合には，リース料総額の現在価値と見積現金購入価額のいずれか低い額による。その後の減価償却は，

通常の固定資産と同様の方法による。

　一方，所有権移転外ファイナンス・リース取引については，リース資産の取得原価は，貸手の購入価額が明らかな場合には，リース料総額の現在価値と貸手の購入価額のいずれか低い額により，明らかでない場合には，リース料総額の現在価値と借手の見積現金購入価額のいずれか低い額による。その後の減価償却にあたっては，残存価額はゼロとし，耐用年数はリース期間とする。

　なお，オペレーティング・リース取引は，通常の賃貸借取引と同じように処理される。

設例6-5 当社は，ある機械を5年間のリース取引によって調達した。リース料は毎期末に￥300,000を後払いで支払うものとし，当該リース契約は実質的に解約不能である。当社は，当該リース取引をファイナンス・リース取引と判定し，リース資産とリース債務を貸借対照表に計上する会計処理を行うこととした。

（1）　当該リース取引によって調達した機械の取得原価は，いくらになりますか。なお，当社の追加借入利子率は，5％とする。

（2）　1年経過した期末時点でのリース債務の金額は，いくらになりますか。

（3）　2年目の支払利息の金額は，いくらになりますか。

（4）　2年目の機械の減価償却費は，いくらになりますか。なお，機械は定率法によって減価償却を行っており，償却率は年36.9％である。

解　答

（1）　機械の取得原価 $= \dfrac{￥300,000}{1+0.05} + \dfrac{￥300,000}{(1+0.05)^2} + \cdots + \dfrac{￥300,000}{(1+0.05)^5}$

$= ￥1,298,843$

（2）　1年経過時のリース債務 $= ￥1,298,843 \times (1+0.05) - ￥300,000$

$= ￥1,063,785$

（3）　2年目の支払利息 $=$ 2年目期首のリース債務￥1,063,785 $\times 0.05$

$= ￥53,189$

（4）　2年目の減価償却費 $= ￥1,298,843 \times (1-0.369) \times 0.369 = ￥302,421$

Ⅵ　負債の表示

負債は，貸借対照表上，流動負債と固定負債に分けて表示される（会社計算規則第75条参照）。

なお，債務保証による支払義務・手形の不渡りによる支払義務その他これらに準ずる債務で，その発生の可能性が未だ不確定のもの（これらは，しばしば**偶発債務**と呼ばれる）は，注記しなければならない（会社計算規則第103条第5号）。

◆ 研究問題 ◆

6-1　次の文章のうち，負債性引当金の設定条件となるものを選びなさい。
　1　当該引当金の設定要因となる費用の発生原因が将来の会計期間に帰属していること。
　2　当該引当金の設定要因となる費用の発生原因が当期に帰属していること。
　3　当該引当金の設定・繰入額は，見積りにもとづいて算定されるものであるが，その見積額が合理的であること。
　4　当該引当金の設定目的が債務の合理的な見越計上にあること。
　5　当該引当金の設定によって，社内に一定の利益が留保されること。
　▶本章Ⅲに掲げた引当金の設定条件および「注解」18を研究する。

6-2　修繕引当金と下記の項目との間に会計学的性格の相違点がありますか。その有無とその理由について述べなさい。
　1　金融商品取引責任準備金　　　2　製品保証引当金　　　3　貸倒引当金
　4　債務でない引当金
　▶修繕引当金は，引当金のうち，債務性のない負債性引当金であることに留意する。

6-3　次の用語について簡潔に説明しなさい。
　(1)退職給付債務　　(2)勤務費用　　(3)随時償還　　(4)リース債務
　▶本章において説明されている。また，企業会計基準なども調べてみる。

6-4　新株予約権付社債は，貸借対照表にどのように表示されますか。
　▶転換社債型に注意する。

資本会計

Ⅰ 資本と資本会計の意義

1 資本の意義

資本とは，会社の資産総額のうち，その所有主^{しょゆうぬし}（株主・社員）に帰属する額
をいう。

すでに学んだ資産－負債＝資本の会計等式が示すように，資本の金額は，資
産（積極財産，プラスの財産）の総額から負債（消極財産，マイナスの財産）の総
額を差し引くことによって求められる。したがって，資本は，しばしば**純資産**
または純財産とも呼ばれる。

（注） 現行の制度では，（株主）資本と純資産が異なる意味で用いられている。詳しくは，
本章Ⅲ以下で後述する。

貸 借 対 照 表

資　　産 （第 5 章）	負　　　　債 （第 6 章）
	資　　　本 （この章で学ぶ）

株式会社の設立時における資本は，株主の出資額を示している。例えば，甲，

乙，丙など10人がそれぞれ現金500万円を出資して株式会社を設立したとすると，このときの資本は5,000万円である（10人が株主となる）。さらに，この会社が銀行から2,000万円を借りた場合は，この会社の資産は7,000万円，負債は2,000万円，資本は5,000万円である。この5,000万円は，資産7,000万円から負債2,000万円を差し引いた額に等しい。

　このときの資産，負債および資本を貸借対照表で示すと，次のようになる。

貸借対照表

主として経済的状況 →	（資　産） 　現　　金　　7,000	（負　債） 　借　入　金　　2,000	←債務の状況	主として法律的状況
		（資　本） 　資　本　金　　5,000	←株主持分の 　状況	

　この表から明らかなように，貸借対照表の左側（借方）の「資産」は，主として企業の経済的状況を示しているのに対して，右側（貸方）の「負債」と「資本」は，「資産（額）」に対してどのような法律的関係（状況）にあるかを主として示している。例えば，この場合では，この会社の資産7,000万円に対して銀行（債権者）が2,000万円の債権額を有し，株主（所有主）が5,000万円の所有権額をもっていることを示している。このように，経済の状況と法律の状況とを対応させて表示しているところに，貸借対照表，さらには複式簿記の巧みさとその普遍性の一面があるといえよう。

　次に，会社の設立後における資本は，通常，企業の出資額と利益額から成り立っている。例えば，上記の会社が順調な営業活動を行い，1年後に現金が500万円増えたとすると，資産は7,500万円，負債は2,000万円，資本は5,500万円になる。この資本は，資産7,500万円のうち負債2,000万円を除いた額（つまり純資産）であり，その内訳は出資額5,000万円と利益額500万円の2つから成り立っている。いずれも，10人の株主に帰属する額である。

　この場合の貸借対照表は，次のようになる。

ところで資本と負債は，経済的にみると，いずれも利益の獲得を目的とする営業活動のための財源または資金源泉を示している。例えば，上例において，銀行からの借入金2,000万円も株主の出資額5,000万円および利益額500万円も，将来の営業活動のための財源であり資金源泉である。いいかえれば，銀行から借りた現金も，株主が出資しまた稼得した現金も，その経済的価値（利益を生み出すための財としての価値）に変わりはない。したがって，そのような経済的意味では，負債も資本も同じく資本（広義）である。しかし，負債は他人（所有主でない者）が出した資本（広義）であり，いずれ返さなければならない債務であるから，これを**他人資本**という。これに対して，資本は所有主が出した資本（広義）であり，債務ではないから，他人資本に対して**自己資本**という。

以上の説明から分るように，負債と資本が区別されるのは，主として法律的な性格（法律的関係）が違うからである。つまり，負債は，すでに述べたように，主として債務であって，会社が必ず返済し，または物品もしくは用役を提供しなければならない義務を表している（また，その他の負債（債務でない負債）も，継続企業の会計では，その企業にとっての経済的負担として企業資産の減少が見込まれている項目である）。これに対して，資本は，その会社が継続しているかぎり，このような義務その他の経済的負担はなく（なお，利益の配当が株主総会によって決定されたときはその配当の支払義務が生ずるが，このときは未払配当金として負債になる。また，会社が解散する場合には，株主に帰属する資本（**残余財産**という）はすべて株主に分配しなければならないから負債になる），たとえ会社の業績が悪化して出資額さえ減少するような場合でも，会社は何らその減少分を株

主に弁済する義務はない（例えば，前例で500万円の損失が生じたときは，資本は4,500万円になるが，会社はその損失分500万円を株主に弁済する義務はない）。

このように，負債と資本は法律上の性格が基本的に違うので，両者の会計は厳密に区別される。

2　資本会計の意義

資本会計は，資本の調達からその増減（増資や減資のほか，純損益の計上や剰余金の処分など）について記録・測定・報告する会計である。

資本は，上述したように資産と負債の差額概念であるから，資産と負債の増減に伴って資本が増減する。したがって，資本会計は，資産会計および負債会計と密接に結びついている。

また，出資や増資以外で資本の増減をもたらす原因が収益と費用であるから，その収益と費用を計算する損益計算（損益会計）とも結びついている。とくに，損益計算によって求められた純利益（または純損失）は，結局，資本の正味増加分（または減少分）として，期末貸借対照表上，資本に計上される。この純利益（つまり増加した会社の純資産）は，その一部が株主への配当などとして処分され（支払われ），残りが社内に留保される。

以上をまとめると，次の図のようになる。

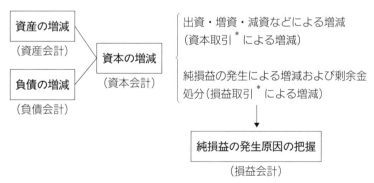

＊資本取引と損益取引の意味については，本章IIの2で述べる。

II　資本の分類

1　源泉別分類

資本は，その源泉の相違に応じて，次のように分類される。

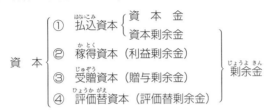

①の**払込資本**は，株主の出資額（払込額）である。なお，②以下の資本部分がこの①に振り替え（組み入れ）られる場合もある。前例（138ページ）によれば，5,000万円が払込資本である。

なお，資本金以外の資本を**剰余金**という。また，払込資本のうち，資本金以外の部分を**資本剰余金**という。

②の**稼得資本**は，会社が自ら稼いだ資本である。前例によれば，利益500万円が稼得資本である。ただし，利益はその全部が稼得資本になるのでなくて，その一部が利益配当などに充てられ，その残りが会社に留保される。この留保部分は，利益準備金・任意積立金および次期繰越利益に分けられるが，このように会社に留保された稼得資本は，**利益剰余金**または**留保利益**と呼ばれる。

③の**受贈資本**は，企業が他から財産の贈与または債務の免除を受けることによって生じた資本である。例えば，会社が国から技術研究のための補助金1,000万円の交付を受けた場合や債権者から債務300万円の返済を免除してもらった場合，1,000万円の補助金収入や300万円の債務免除による資本の増加分が受贈資本である。この受贈資本は，贈与剰余金とも呼ばれる。従来この受贈資本については，①の払込資本に準ずる資本剰余金とみる考え方と②の稼得資本と同様の利益剰余金とみる考え方が対立していた。現在では，会社法，税法などが受贈資本を処分可能な利益剰余金とみていること，株主との取引（拠出や配当）以外の原因で資本が増減するときはその増減（受贈資本を含む）を損益計

算書に含める考え方がとられていることなどから，受贈資本は利益剰余金とされている。

④の**評価替資本**は，著しい物価変動（インフレーション）期に，企業の資産（主として有形固定資産）を簿価以上に評価替えした場合，その評価増による資本の増加部分である。例えば，建物（取得原価5,000万円，減価償却累計額1,500万円）を8,000万円に評価替えした場合，4,500万円が評価替資本になる。しかし，このような資産の評価増は，今日の制度会計（継続企業の公準が適用される通常の企業会計）では，禁じられている。つまり，制度会計ではすでに述べたように取得原価主義会計が採られているので，評価替資本は，原則として生じない。

また，上例の建物について6,000万円の火災保険が付けられており，かつ，この建物が火災で全焼したため，6,000万円の保険金を受け取ったときは，その簿価との差額2,500万円（これを**保険差益**という）を評価替資本とみる考え方（実体資本維持の立場）もあったが，制度会計では取得原価主義会計の基本的立場（名目資本維持の立場）などに立って保険差益は②の稼得資本と同様の利益剰余金とされている。

2　処分の可否による分類

資本は，次のように，配当または課税目的上，処分不能なもの（配当や課税の対象としてはならない資本）と処分可能なもの（分配可能額または課税所得に含められる資本）に分けられる。

資　本 ｛ ㋑　処分不能資本
　　　　　 ㋺　処分可能資本

前述した払込資本は㋑の処分不能資本であり，稼得資本は㋺の処分可能資本である。つまり，払込資本は，会社法上，処分不能であり（後述するその他資本剰余金を除く），また税法上，非課税であるが，稼得資本は処分可能である（後述する利益準備金を除く）。ただし，現行の会社法は，後述するように，前掲①の払込資本を処分可能資本としたり，②の稼得資本を処分不能資本とする場合がある。このため，必ずしも①＝㋑，②＝㋺という関係にはない。

資本のうち，払込資本のような処分不能資本を増減させる取引を**資本取引**といい，稼得資本のような処分可能資本を増減させる取引を**損益取引**という。ま

た，剰余金のうち，資本取引によって生ずる剰余金を**資本剰余金**といい，損益取引によって生ずる剰余金を**利益剰余金**という。

(**注**)　これに対して，株主との直接的取引（資本の拠出や配当，自己株式の取得・消却・処分）を資本取引と呼ぶこともある。この場合には，利益剰余金が減少する株主への配当も資本取引に含まれることになる。

 ## 純資産と株主資本

　資本は，伝統的に資産から負債を控除した差額（純資産）という意味で用いられてきたが，近年の金融技術の発展により，負債と資本のいずれに属するかが不明確なものが増加してきた。例えば，配当が普通株式に優先して支払われる優先株式で，とくに償還が強制されるものは，経済的には株式というより社債の性格を強くもっている。また，新株予約権の保有者は将来株主となる権利を有するが，現時点では株主ではない。

　このような負債と資本の区分問題に対処するため，会社法と企業会計基準は，資産から負債を控除した額を純資産として定義し，貸借対照表は資産の部，負債の部および純資産の部に区分するものとしている（会社計算規則第73条，企業会計基準第 5 号）。

　そのうえで，純資産の部を次のように株主資本（株主に帰属する資本）と株主資本以外の各項目に区分されることとした（会社計算規則第76条）。

純資産の区分

```
                   ┌ 資 本 金
                   │           ┌ 資本準備金
       ┌ 株 主 資 本 ┤ 資本剰余金 ┤
       │           │           └ その他資本剰余金
       │           │           ┌ 利益準備金              ┌ 任意積立金
純資産 ┤           └ 利益剰余金 ┤                        ┤
       │                       └ その他利益剰余金         └ 繰越利益剰余金
       │ 評価・換算差額等
       └ 新 株 予 約 権
```

　資本金と資本剰余金は，株主からの払込資本であり，会社法に従い計上された資本金を除く払込資本が資本剰余金である。さらに，資本準備金と利益準備金も会社法に従い計上されるものであり（両者をあわせて，会社法上は「準備金」

という），資本準備金以外の資本剰余金を「その他資本剰余金」と，利益準備金以外の利益剰余金を「その他利益剰余金」と呼ぶ（両者をあわせて，会社法上は「剰余金」という）。さらに，その他利益剰余金は，株主総会によって特定または不特定の目的のために処分を留保した任意積立金とそのまま将来に繰り越した繰越利益剰余金に分けられる。

また，株主資本以外の項目には，前述した新株予約権が含まれる。これは，まだ株主資本ではないが，将来の金銭の支払義務などを表す負債でもないので，純資産中の株主資本以外の項目として表示される（ただし，前述の償還優先株式は株主資本に含まれている）。

評価・換算差額等には，有価証券や土地の評価差額金が含まれ，株主資本とは一線が画されている。これらの差額は未実現の利益であり，実現するまでは株主への帰属が明確ではないと考えられているためである。

Ⅳ　資　本　金

1　意　義

株式会社会計上，**資本金**とは，会社法の定めに従い計上される金額である。基本的に，資本金は株主からの払込資本の一部である。会社法では，株式を発行した場合，原則として，払込金額の全額を資本金に計上することとされる（会社法第445条）。ただし，その払込金額のうち2分の1を超えない額は資本金として計上しないことができる（同条第2項）。

> **設例7-1**　普通株式を1株¥1,200で1,000株発行し，その全額の払込みを受けた。資本金として計上する額を求めなさい。

解　答

この場合は，原則として¥1,200（総額120万円）を資本金としなければならないが，払込金額¥1,200の2分の1以内つまり¥600（総額60万円）までは資本金としないことができる。

2　資本金の増加

　資本金は，まず会社の設立にあたって，金銭の出資（金銭出資）または現物の出資（現物出資）があったとき計上されるが，その後の追加出資（いわゆる**有償増資**）によって増加する。また，準備金または剰余金の減少による資本金の増加（いわゆる**無償増資**）などによっても増加する（会社法第448条および第450条その他）。

　なお，取締役会は，会社が将来発行することのできる株式の総数（これを**授権株式数**または**発行可能株式総数**という）の枠内で株式を発行することができる。新株発行に当たっては，まず，株式の申込があった際に申込証拠金を受け取る。当該申込に対して，会社は，新株の割当を行い，新株の引受人は払込期日までに払込金の払込を行い，払込期日に，新株発行の効力が生ずる。このような新株発行の手続の途中で生ずる，申込期日経過後の**新株式申込証拠金**は，資本金の次に表示される（会社計算規則第76条第2項および財務諸表等規則第62条）。

　また，吸収合併などの組織再編行為によっても資本金が増加する（本章Vの3で詳述する）。

3　資本金の減少

　資本金の減少（減資）は，通常，配当財源を増加させるため，欠損を塡補するためなどの目的のために行われる。

　資本金の減少は，株主総会の決議をもって行うことができ，減少した額は資本準備金またはその他資本剰余金に振り替える（会社法第447条，会社計算規則第26条第1項第1号，第27条第1項第1号）。また，欠損金（利益剰余金のマイナス）がある場合には，減少した資本金の額をその他資本剰余金に振り替え，そのうえで欠損金を塡補する（企業会計基準第1号）。

> **設例7-2** 資本金を500万円減少し，うち200万円は資本準備金とした。この取引の仕訳をしなさい。

解　答

（借）資　本　金　5,000,000　　（貸）資本準備金　2,000,000
　　　　　　　　　　　　　　　　　　　その他資本剰余金　3,000,000

設例7-3　　次のような財政状態（普通株式16,000株発行）の会社が欠損金（300万円）を塡補するため，資本金を半分に減少し，欠損金を塡補した。

貸 借 対 照 表
（単位：万円）

資　　産	700	負　　　債	200
		資　本　金	800
		その他利益剰余金	△ 300
	700		700

よって，この取引の後の貸借対照表を作成しなさい。

解　答

この場合の欠損塡補後のその他資本剰余金は，次の計算から100万円である。

減少資本金額－払戻額－欠損塡補額＝その他資本剰余金
（400万円）　（ゼロ）　（300万円）　　（100万円）

なお，この資本金の減少による欠損塡補後の貸借対照表は，次のようになる。

貸 借 対 照 表
（単位：万円）

資　　産	700	負　　　債	200
		資　本　金	400
		その他資本剰余金	100
	700		700

Ⅴ　資本剰余金

資本剰余金は，株主からの払込資本のうち資本金以外のものをいう。資本剰余金は，①会社法によって積立てが強制されている資本準備金と②資本準備金

以外の資本剰余金であるその他資本剰余金に分かれる。

1　資本準備金

　資本準備金は，株主の払込資本のうち資本金以外の部分で，会社法の定めにより会社が計上した額である。

（1）　資本準備金の増加
　資本準備金は，株式の払込金額のうち資本金として計上しなかった部分（**株式払込剰余金**）である（会社法第445条第3項）。例えば前掲の本章Ⅳの〔設例7-1〕で1株当り￥800を資本金として計上したとすると，資本金は80万円，資本準備金は40万円になる。

　また，会社法では，その他資本剰余金からの配当を行う場合，その額の10分の1に相当する額を資本準備金として計上しなければならない（同条第4項。詳しくは本章Ⅵで後述する）。さらに，組織再編行為によっても資本準備金が増加するが，これについては本章Ⅴの3で後述する。

　なお，すでに述べたように，資本金を減少して資本準備金を増加することができるほか，その他資本剰余金を減少して資本準備金を増加することもできる。このような計数の変更には株主総会の決議が必要である。

（2）　資本準備金の減少
　一方，会社法では，株主総会の決議をもって資本準備金の額を減少させることができる。この場合，同額を資本金またはその他資本剰余金としなければならない（会社法第448条，会社計算規則第25条第1項第1号，第26条第2項，第27条第1項第2号）。

2　その他資本剰余金

　その他資本剰余金とは，資本剰余金のうち会社法上の資本準備金以外のものをいう。これは，会社法上の分配可能額となるので，株主総会の決議をもって株主に配当することができる。

（1） その他資本剰余金の増加

その他資本剰余金は，まず，資本金または資本準備金の減少に伴って増加する。これらについては，すでに述べた。

これらのその他資本剰余金は，分配可能額となるが，払込資本の性格は失われていないので，資本剰余金の区分に表示される。

（2） その他資本剰余金の減少

会社法では，その他資本剰余金から配当等の処分が認められており，この場合にはその他資本剰余金が減少する。

また，その他資本剰余金を減少させて，資本金または資本準備金を増加させることができる。

さらに，利益剰余金がマイナスとなっている場合には，その他資本剰余金を減額してマイナスの額を塡補（欠損塡補）することができる（企業会計基準第1号）。

（3） 自己株式の処分と消却

会社法では，**自己株式**を取得してそのまま処分せずに保有することが認められている（いわゆる**金庫株**。詳しくは本章Ⅶで後述する）。自己株式の取得は，実質的には株主に対する剰余金の分配であると考えられる。また，取得後に再売却した場合，これは実質的に新株の発行による資本調達であると考えられる。

したがって，自己株式の再売却に伴って取得原価を超える額の代金を受け取った場合には，その差額（**自己株式処分差益**）は払込資本（資本剰余金）の性格を有すると考えられる（つまり，損益計算書には計上されない）。会社法上，この金額は，資本準備金とはされずに分配可能額に含まれるが，会計上の資本剰余金の性格を貸借対照表において明確にするため，その他資本剰余金の区分に表示する。

逆に再売却によって自己株式の取得原価未満の額の代金を受け取った場合には，その差額（**自己株式処分差損**）はその他資本剰余金から減額する。

また，会社は自己株式を消却（無効にすること）することができる。この場合には，自己株式の取得原価をその他資本剰余金から減額する（会社計算規則

第24条第 3 項)。なお，その他資本剰余金の残高がマイナスとなることも考えられるが，その場合は決算日においてその他利益剰余金の額を減少させることによって塡補する（企業会計基準第 1 号)。

3　組織再編行為

　会社法は，企業集団の再編のための法律的な手法を複数用意している。これらの手法は，組織再編行為と呼ばれ，①合併，②会社分割，③株式交換および株式移転などが含まれている。

　組織再編行為によって，一方の会社が他方の会社またはその株主に，自らの株式を交付することが普通である（ただし，金銭などを支払う場合もある）ので，それによって資本金や資本準備金などが増加するかが問題となる。

　組織再編行為によって株式を交付する場合，株式を交付した会社は，合併契約などの当事者間の取決めにもとづいて，資本金および資本準備金を計上する。資本金および資本準備金とされない額は，その他資本剰余金とする。

　組織再編行為の会計処理については，第11章で詳しく述べる。

　利益剰余金

　利益剰余金は，会社が稼得した利益の留保額であり，①会社法によって積立てが強制されている利益準備金と②利益準備金以外の利益剰余金であるその他利益剰余金に分かれる。さらに，後者のその他利益剰余金は，㋑株主総会の決議によって会社が任意に留保する任意積立金と㋺留保・処分などの使途が未定の状態にある繰越利益剰余金に分かれる。

1　利益準備金

　利益準備金は，企業の利益のうち会社法の定め（第445条第 4 項）によって，資本準備金と併せて，資本金の 4 分の 1 に達するまで積み立てた額（企業内に留保した額）である。

（1）　利益準備金の増加

　会社は，毎決算期に金銭等による剰余金の配当によって減少するその他利益剰余金の金額の10分の1をその他利益剰余金から利益準備金として積み立てなければならない。また会計期間が1年の会社が取締役会の決議により期中に金銭で剰余金の配当を行った場合（これを**中間配当**という）にも，その配当額の10分の1に相当する額を利益準備金として積み立てなければならない。

　なお，すでに述べたように，その他資本剰余金から配当を行った場合には，その額の10分の1に相当する額をその他資本剰余金から資本準備金として計上する。ただし，これらの資本準備金または利益準備金として計上しなければならないのは，資本準備金と利益準備金の合計額が資本金の4分の1（基準資本金額という）に達するまでである（会社計算規則第22条）。

> **設例7-4**　その他利益剰余金からの配当2,000万円を株主総会で決議した。配当後の利益準備金とその他利益剰余金はいくらになりますか。なお，直前の資本金，資本準備金，利益準備金，その他利益剰余金の残高は，それぞれ4,000万円，500万円，400万円，3,600万円であった。

解答

　利益準備金として計上すべき額は，通常の場合$2,000万円×\frac{1}{10}=200万円$であるが，準備金の限度額（基準資本金額）が$4,000万円×\frac{1}{4}=1,000万円$であるため，あと100万円（＝1,000万円－（500万円＋400万円））である。よって，利益準備金は500万円（＝400万円＋100万円），その他利益剰余金は1,500万円（＝3,600万円－2,000万円－100万円）となる。

（2）　利益準備金の減少

　会社は，株主総会の決議により，利益準備金を減少し，その他利益剰余金を増加させることができる（会社法第448条，会社計算規則第28条第2項）。これにより，その他利益剰余金のマイナスを塡補（欠損塡補）することができるほか，利益準備金を減少して資本金とすることもできる。

2　任意積立金

任意積立金は，株主総会の決議によって利益剰余金の留保目的が決められた
ものである。任意積立金の例としては，**事業拡張積立金**（建物の新築や機械設
備の新設などのために留保した利益剰余金），**配当平均積立金**（将来の剰余金の配
当を常に安定させるために留保した利益剰余金），**災害損失積立金**（将来における
不測の災害損失に備えるために留保した利益剰余金），**減債積立金**（すでに発行して
いる社債の償還に備えて留保した利益剰余金）などがある。ここに，利益剰余金
の留保というのは，その金額だけ，会社財産（特定の財産ではなく，財産額の意
味である）を社内に留保しておくことを指す。逆にいえば，その金額だけ，株
主への配当などの形で会社財産を社外に流出しないことを意味している。

3　繰越利益剰余金

当期純利益の額（直近の剰余金の処分後の残高があれば，これを加算した額）は，
通常，次の株主総会における処分の対象となる金額であり，**繰越利益剰余金**と
呼ばれる。

株主総会における剰余金処分決議などを通じて配当として処分できる金額の
限度額（**分配可能額**）については，会社法が厳格な定めをおいている（第461条
第 2 項，会社計算規則第156条ないし第158条）。すなわち，次のように計算される。

　　分配可能額＝剰余金額−（自己株式＋法第461条第 2 項第 6 号に
　　　　　　　　　　定めるその他減ずるべき額）

ここで剰余金額は，次のとおりである。

　　剰余金額＝資産額＋自己株式−（負債額＋資本金および準備金）
　　　　　　　−（評価・換算差額等＋新株予約権）

会社法第461条第 2 項第 6 号に定めるその他減ずるべき額は，会社計算規則
第158条で詳しく定められている。すなわち，のれんの額の 2 分の 1 と繰延資
産の部に計上した額の合計額が資本金と準備金の合計額を超えた額，その他有

価証券評価差額金（マイナスのもの）などについて，一定の場合分配可能額から控除すべきものとされている。

　また，会社は，その他利益剰余金を減少して資本金とすることができる。

> **(注)**　なお，役員賞与は，役員の労務の対価たる性格を有するから会計上は費用として処理すべきとされる。役員賞与の支払いに株主総会の決議を要する場合には，決算日に役員賞与引当金を計上して役員賞与を費用に計上するとともに，決議時に引当金を確定債務に振り替えることとなる（企業会計基準第4号）。

　会社の繰越利益剰余金を株主総会において処分し，配当を支払い，任意積立金などを積み立てるまでのプロセスを例示すると，次のとおりである。

設例7-5　(1)　20X2年3月31日（決算日，会計期間1年）

①当期（20X1年度）の収益および費用ならびに②期末の資産，負債および資本は，それぞれ次のとおりであった。

①	収益総額	800万円
	費用総額	700万円
	当期純利益	100万円
②	資　産	1,000万円
	負　債	350万円
	純資産（資本金）	540万円
	（資本準備金）	10万円
	（繰越利益剰余金）	100万円

(2)　20X2年6月25日

株主総会において，繰越利益剰余金100万円を次のように処分した。

①	利益準備金の積立て	4万円
②	金銭による配当	40万円
③	任意積立金の積立て	50万円

(3)　20X3年3月31日（決算日）

①当期の収益と費用ならびに②期末の資産，負債および純資産は，それぞれ次のとおりであった。

①	収益総額	900万円
	費用総額	780万円

```
        当期純利益              120万円
 ②  資       産         1,080万円
    負       債           350万円
    純  資  産（資本金）     540万円
              （資本準備金）    10万円
              （利益準備金）     4万円
              （任意積立金）    50万円
              （繰越利益剰余金） 126万円
```

〔解　答〕

上の例について，まず日程の流れを示すと，次のようになる。

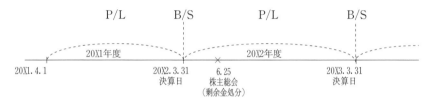

次に，両年度の財務諸表数値の流れを財務諸表上で示すと，下のようになる。

〔20X1年度〕

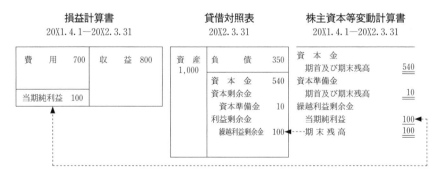

〔20X2年度〕

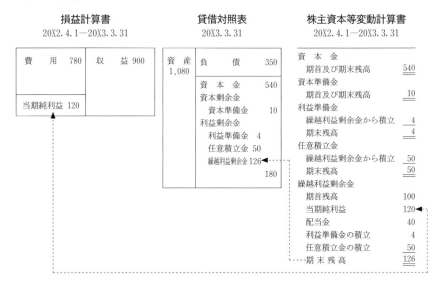

損益計算書
20X2.4.1—20X3.3.31

費　用　780	収　益　900
当期純利益 120	

貸借対照表
20X3.3.31

資　産
1,080

負　　債	350
資　本　金	540
資本剰余金	
資本準備金	10
利益剰余金	
利益準備金　4	
任意積立金 50	
繰越利益剰余金 126	
	180

株主資本等変動計算書
20X2.4.1—20X3.3.31

資　本　金
　期首及び期末残高　　540
資本準備金
　期首及び期末残高　　10
利益準備金
　繰越利益剰余金から積立　4
　期末残高　　4
任意積立金
　繰越利益剰余金から積立　50
　期末残高　　50
繰越利益剰余金
　期首残高　　100
　当期純利益　　120
　配当金　　40
　利益準備金の積立　　4
　任意積立金の積立　　50
　期末残高　　126

Ⅶ　自己株式

　会社がすでに発行した株式を取得し，保有している場合，その株式を**自己株式**という。

　現行会社法では，株式会社は，株主総会の決議により定められた枠内で，自己株式の取得をすることが認められている（会社法第155条・第156条）。ただし，取得価額の総額は，分配可能額を超えることはできない（第461条第1項第3号）。

　(注)　自己株式の取得は，従来（平成13年改正前），商法上，株式の消却，合併または他の会社の営業の一部を譲り受けるとき，会社の権利を実行するために必要なときなど，ごく例外的な場合を除いて禁止されてきた。

　このように取得した自己株式は，そのまま保有し続けることが認められる（いわゆる**金庫株**となる）。なお，自己株式の処分には，新株発行と同様の手続（取締役会の決議）を要し（第199条以下），消却する場合は，取締役会の決議をもってすることが認められる（第178条）。

　会社法は，自己株式の取得は剰余金の処分と同じで，自己株式の処分は新株の発行と同じであるとの考え方に立っている。このため，取得した自己株式の残高は，貸借対照表上，純資産の部の中の株主資本において独立の控除項目として表示することになる（会社計算規則第76条第 2 項および財務諸表等規則第66条）。

　なお，自己株式の処分により生じた差益（自己株式処分差益）については，実質的な新株発行による資本の追加払込とみて，その他資本剰余金として表示する（本章Ⅴの 2 参照）。また，自己株式の処分代金が法的な効力を有するまでは，新株式申込証拠金と同様，純資産の部に**自己株式申込証拠金**の科目を設けてこれを表示することになる（会社計算規則第76条第 2 項第 6 号および財務諸表等規則第66条の 2 ）。

 ## 評価・換算差額等

　現行制度会計では，資産・負債を時価評価することによって生ずる評価差額等を損益計算書に計上しないで，貸借対照表の純資産の部に直接計上する場合がある。総じて，これらの項目は，未実現損益と呼ばれるものであり，売却等によって確定するまでは株主に帰属する持分かどうかがいまだ明確でないとされる。

　このため，これらの評価差額等は，株主資本を構成しない純資産項目として取り扱われる（会社計算規則第76条第 2 項，企業会計基準第 5 号）。

　すでに述べたように，**その他有価証券**の時価評価に伴う評価差額は，純資産の部にその他有価証券評価差額金の科目をもって記載される。なお，評価差額がマイナスの場合（含み損がある場合）には，この評価差額金は純資産の部の金額を減少させることになる。評価・換算差額等に含まれるものには，①その他有価証券評価差額金，②繰延ヘッジ損益（デリバティブの時価評価差額をヘッジ会計を適用することにより繰り延べたもの），③土地再評価差額金（土地の再評価に関する法律（平成10年 3 月31日法律第34号，最終改正平成17年 7 月26日法律第87号）によって，時限的に認められた土地の再評価による評価差額）がある。

　（注）　評価・換算差額等の期中変動額は，すでに述べたように当期純利益の要素とはされ

ない。連結財務諸表では，純利益に加えて，この期中変動額をも含めた利益である**包括利益**の開示が求められているが，現在のところ個別財務諸表においては当面の間開示されないことと規定されている。包括利益は，株主資本に評価・換算差額等を含めた純資産の期中変動額（ただし資本取引から生じるものを除く）と定義される。包括利益は，さらに当期純利益とその他の包括利益に分解することも可能であり，**その他の包括利益累計額**は本節にいう評価・換算差額等に他ならない。

新株予約権

新株予約権は，その保有者が発行者である会社に対して行使することにより，あらかじめ定められた価額で株式の交付を受ける権利である。

発行者である会社の側からみれば，この権利の行使に際して株式を交付すれば足りるので，負債としての性格を有しているとはいいがたい。その一方で，新株予約権者は現在の株主ではないので，新株予約権を株主資本に含めることにも問題がある。このため，現行制度会計では，新株予約権は，負債ではないので純資産に含めるものの，株主資本とは区別される項目として記載される（会社計算規則第76条第1項，企業会計基準第5号）。

新株予約権は，資金調達の目的で単独で発行する場合もあれば，新株予約権付社債として社債と一体で発行する場合もある。後者の場合には，新株予約権の対価額と社債の対価額を区分し，新株予約権の発行により受け取る対価額をもって新株予約権を貸借対照表に計上することになる（なお，すでに述べたように，一定の新株予約権付社債（転換社債型）は，新株予約権を社債から分離せず一体として処理することができる）。

また，新株予約権を役員や従業員などに対する報酬の一部として支払う場合もある（いわゆる**ストック・オプション**）。この場合，新株予約権の発行の対価は，従業員等が会社に対して提供する労働用役等であるが，この用役等を直接に測定することは困難であることから，新株予約権自体の時価を推定することになる（市場価格を直接市場から得ることは難しいので，ブラック＝ショールズ・モデルなどのオプション評価モデルを利用するのが一般的である）。

一般に，ストック・オプションとして付与する新株予約権は，従業員等の権利確定までに一定の年数を要することから，新株予約権の付与時点での時価の

総額を権利確定までの期間にわたって配分し，その額を労務費等の費用（株式報酬費用）として計上することになる。権利確定後は，通常の新株予約権の会計処理に従い，新株予約権は，純資産の部における一項目として記載され，権利行使に伴って株式が交付されれば，増加する資本金または資本準備金の一部となる。逆に，権利が行使されない場合には，新株予約権戻入益（特別利益）として損益計算書に計上されることになる（企業会計基準第8号参照）。

> **設例7-6**　　当期首において従業員にストック・オプションとして，新株予約権300個（時価@¥5,000）を付与した。この新株予約権の権利行使までの期間は3年である。当期において計上すべき株式報酬費用の金額を求めなさい。

解答

株式報酬費用　　¥500,000

　交付した新株予約権の時価総額は，¥1,500,000（＝¥5,000×300個）である。これを権利行使期間の3年にわたって期間配分するので，1年あたりの配分額は¥500,000（＝¥1,500,000÷3年）となる。

（注）　2021年1月28日に実務対応報告第41号「取締役の報酬等として株式を無償交付する取引に関する取扱い」が公表され，純資産の部の株主資本以外の項目として「株式引受権」が加わることとされた。株式引受権は，取締役等に対する報酬等として一定の業績条件を充足することを要件に株式を交付する場合（事後交付型）において，株式報酬費用に見合って計上される，取締役等に対して将来株式を交付すべき義務である。ただし，新株引受権は，金銭的な支出等を要しないので，会計上は負債とはされず，貸借対照表（および株主資本等変動計算書）上は，純資産の部における評価・換算差額等と新株予約権の間に記載されることになる（208, 215, 216頁参照）。なお，連結貸借対照表（および連結株主資本等変動計算書）上は，純資産の部におけるその他の包括利益累計額と新株予約権の間に記載される（245, 255頁参照）。

◆ 研究問題 ◆

7-1 次の資料によって，①20X1年度首（20X1.4.1現在）の貸借対照表，②20X1年度
（20X1.4.1から20X2.3.31まで）と20X2年度（20X2.4.1から20X3.3.31まで）の各損
益計算書，③20X1年度末（20X2.3.31）と20X2年度末（20X3.3.31）の各貸借対照
表，および④20X1年度と20X2年度の株主資本等変動計算書を作成しなさい。

　資料（金額の単位は億円）:

20X1.4.1　　乙旅客鉄道株式会社は，次の財産をもって設立された。
　　　　　　資産200（現金50，土地50，車両等100），負債80（借入金80）
　　　　　　なお，純資産相当額のうち，100を資本金，20を資本準備金とした。

20X1.4.1〜20X2.3.31　20X1年度中の運賃収入等は，次のとおりであった。
　　　　　　運賃収入120（現金で収入），給料50および電力料20（いずれも現金
　　　　　　で支払い），車両等の減価償却費10

20X2.4.1〜20X3.3.31　20X2年度中の運賃収入等は，次のとおりであった。
　　　　　　運賃収入130（現金で収入），給料62および電力料10（いずれも現金
　　　　　　で支払い），車両等の減価償却費10

20X2.6.27　株主総会を開催し，20X1年度の純利益のうち，株主に対して配当金
　　　　　　20を支払うこと，および利益準備金を2，任意積立金を10，それぞ
　　　　　　れ積み立てることを決定した。なお，配当金は，20X2年9月末まで
　　　　　　に全額を現金で支払った。

▶

③　20X2.3.31　　　　　　　貸借対照表　　　　　　（単位：億円）

（資　産）			（負　債）	
現　　　　　金		100 (1)	借　入　金	80
			（純資産）	
土　　　　　地		50	資　本　金	100
車　両　等	100		資本剰余金	
減価償却累計額	10	90	資本準備金	20
			利益剰余金	
			繰越利益剰余金	40
資　産　合　計		240	負債及び純資産合計	240

(注) (1) 100＝50（20X1.4.1現在）＋120（運賃収入）−70（給料など）

20X3.3.31	貸 借 対 照 表	（単位：億円）		
（資　　産）		（負　　債）		
現　　　　金	138^(1)	借　入　金		80
		（純 資 産）		
土　　　　地	50	資　本　金		100
車　両　等	100	資 本 剰 余 金		
減価償却累計額	20　　80	資 本 準 備 金		20
		利 益 剰 余 金		
		利 益 準 備 金	2	
		任 意 積 立 金	10	
		繰越利益剰余金	56^(2)	68
資 産 合 計	268	負債及び純資産合計		268

（注） (1)　138＝100（20X2.3.31現在）－20（配当金）＋130－62－10

　　　 (2)　56の内訳は，剰余金処分後の繰越利益剰余金8と当期純利益48である。

7-2　企業会計上，元本たる資本と果実たる利益は明確に区別しなければならないという会計原則がありますが，この原則について説明しなさい。なお，このような区別の必要性についても言及しなさい。

　　▶第3章Ⅲの3の(3)と本章Ⅱの2を復習する。

7-3　次の項目のうち，貸借対照表の純資産の部に記載されるものを選び，その意味を述べなさい。

　　(イ)　新株発行費　　　(ロ)　退職給付引当金　　　(ハ)　その他資本剰余金

　　(ニ)　配当平均積立金　　　(ホ)　その他有価証券評価差額金　　　(ヘ)　利益準備金

　　▶関係項目について本章で説明してある。

7-4　純資産の部の表示方法について説明しなさい。

　　▶本章Ⅱの1およびⅢならびに巻末《付録》掲載の金融商品取引法にもとづく各貸借対照表を参照する。

7-5　次の用語について説明しなさい。

　　(1)　資本準備金　　　(2)　利益準備金　　　(3)　任意積立金　　　(4)　中間配当

　　(5)　資本準備金の減少　　　(6)　自己株式　　　(7)　分配可能額　　　(8)　合併

　　(9)　ストック・オプション

　　▶本章の各関係箇所を復習する。

損益会計

 損益会計の意義

　これまでに学んだ資産・負債および資本の会計につづく第 2 の企業会計の問題は，損益会計の問題である。本章では，この会計問題について学ぶ。

損益計算書

費　　　用	収　　　益
純　利　益	

1　損益会計の目的

　損益会計は，経営者による経営管理，外部の利害関係者に対する情報提供，企業主（出資者・株主）に対する配当のための処分可能額の算定，国・地方公共団体に対する法人税などの納付のための課税所得の計算，公益事業を営む企業の料金決定などの目的に役立つよう，企業の経営成績を正しく測定・記録・報告するための理論や方法を学ぶ会計領域である。

　企業の経営成績の把握とは，第 2 章でも述べたように企業主が出資した資本（払込資本）その他期首の純資産の額が，企業活動の結果，どのような原因によ

って，どれだけ増加したか（または減少したか）を明らかにすることである。

(注) 企業主による追加出資や企業主への資本の払い戻しなどのような資本取引による純資産額の増減は，企業の経営成績とは無関係である。したがって，これらは，損益会計の問題ではなく，資本会計の問題である。

企業の経営成績は，最終的には，当期の純利益（または純損失）の額によって示されるが，企業活動の良否などを細かく分析するためにはその純利益（または純損失）の発生原因を明らかにしなければならない。この原因を示すものがすでに述べたように，**収益**と**費用**である。

収益と費用について，改めて定義をすると，収益とは「増資その他の資本取引以外による純資産の増加原因」を指し，費用とは「減資その他の資本取引（および配当などの剰余金処分）以外による純資産の減少原因」をいう。

純利益（または純損失）は，すでに第2章で述べたように，財産法と損益法のいずれによっても求められるが，損益会計は，損益法の原理にもとづいて，収益と費用を把握し，純利益（または純損失）の発生原因を明らかにするものである。この損益会計の結果は，損益計算書によって表示される。

(注) 収益と費用をまとめて呼ぶ場合，しばしば**損益**という言葉が用いられる（例えば，損益計算書のように）。なお，**利益**または**損失**という言葉は，一般に，ある収益の額からある費用の額を差し引いた差額を指す場合に用いられる（例えば，売上総利益または売上総損失，営業利益または営業損失，当期純利益または当期純損失のように）。また，損失は，費用と区別して，収益（反対給付）をもたらさない純資産の減少原因を指す言葉として用いられることもある（例えば，火災損失，風水害損失のように）。

2　損益会計と資本会計との関係

前章の「資本会計」で述べたように，企業の資本（純資産）は，源泉別に4つに分類される。このうち，稼得資本（利益剰余金）を増減させる取引が損益取引であり，この損益取引についての諸問題を取り扱う会計領域が損益会計である。なお，受贈資本（贈与剰余金）を増減させる取引も前述したように制度会計上はすべて資本取引ではなく損益取引と解されるので，この増減取引も損益会計の問題とされる。また，評価替資本は，前にも述べたように，制度会計上，評価・換算差額等として株主資本の外の純資産の一項目として計上される場合もあるが，保険差益が生じた場合には，これも会社法および税法上，損益取引として処理される。

　損益会計は，このように損益取引にもとづく企業資本の増減（収益および費用の発生・消滅）を取り扱う会計領域であるから，資本取引にもとづく企業資本の増減を取り扱う会計領域とは，無関係であり，むしろこの領域とは峻別されなければならない。

　損益会計と資本会計との関係を，財務諸表の形式で図示すると，次図のようになる。例えば，前章VIの〔設例7‐5〕で例示した20X2年3月31日（決算日）の数字を用いると，当期（20X1年度）の損益取引の結果は，収益が800，費用が700であり，この収益と費用の各項目を正しく把握して，企業の経営成績を明らかにする会計が損益会計である。

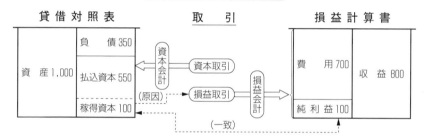

3　損益会計と資産会計および負債会計との関係

　上述したように，損益会計は，資本取引（および剰余金処分）以外による純資産の増減を取り扱うものであり，この純資産の増減は，資産または負債の増減によって生ずるものであるから，損益会計と資産・負債会計は密接に結びついている。この関係を図示すると，次のようになる。

損益会計と資産・負債会計の関係

損益会計	資産・負債会計　（例）
収益の発生──	┌ 資 産 の 増 加（家賃の収入） └ 負 債 の 減 少（債務の免除）
費用の発生──	┌ 資 産 の 減 少（給料の支払） └ 負 債 の 増 加（利息の未払）

　この図から明らかなように，損益会計は，資産・負債の増減の「事実」を純資産の増減の「原因」としてとらえるものである。すなわち「家賃の収入」は，「現金の増加」という「事実」として資産会計上とらえられるとともに，「純資産の増加つまり収益の発生」という「原因」として損益会計上もとらえられる。また，「給料の支払」は，「現金の減少」という「事実」として資産会計上とらえられるとともに，「純資産の減少つまり費用の発生」という「原因」として損益会計上もとらえられる。このように，損益会計は，資産・負債会計と密接に結びついている。

　また，以上の説明から明らかなように，損益会計を構成する収益と費用という概念は，純資産の増減の原因を示す抽象的・名目的な概念であり，他面，こうした純資産の増減の事実を具体的に表わす概念が資産および負債概念である。この点から，収益・費用を示す損益計算書勘定を**名目勘定**，資産・負債・資本を示す貸借対照表勘定を**実在勘定**と呼ぶことがある。

II　損益項目の分類

　費用・収益の項目は，①毎期，経常的・循環的に発生する項目であるか否かによって，**経常損益項目**と**特別損益項目**に大別され，さらに，②経常損益項目は，主目的たる営業活動と結びついて発生する項目であるか否かによって営業損益項目と営業外損益項目に細分される。

　①の分類は，主として企業の経常的な経営成績（収益力・収益性）を明らかにするための分類であり，②の分類は，経常的な経営成績のうち，主目的たる営業活動にもとづく経営成績とそれ以外の経営成績を分解してとらえるための分類である。以上の分類を，収益と費用に分けて示すと，次ページ上の図のようになる。

　また，これらの損益項目を損益計算書の配列順序で区分表示すると，次ページ下の図のようになる（カッコ内の科目は差額を表す科目である。なお，正の差額のみを示した。負の場合は，それぞれ「利益」が「損失」になる）。

損益項目の分類

$$
\text{収益}\begin{cases}
\text{経常収益}\begin{cases}
\text{営業収益（売上高または役務収益）} \\
\text{営業外収益（受取利息，受取配当金など）}
\end{cases} \\
\text{特別利益—臨時利益（固定資産売却益など）}
\end{cases}
$$

$$
\text{費用}\begin{cases}
\text{経常費用}\begin{cases}
\text{営業費用}\begin{cases}
\text{売上原価または役務原価} \\
\text{販売費及び一般管理費（給料，通信費など）}
\end{cases} \\
\text{営業外費用（支払利息など）}
\end{cases} \\
\text{特別損失—臨時損失（固定資産売却損，火災損失など）}
\end{cases}
$$

（注） 企業会計基準第24号により，誤謬の訂正は過去の財務諸表を修正再表示する方法によって処理する。

損益項目の区分表示

経 常 損 益	営 業 損 益	1 売 上 高 2（−）売 上 原 価 　　　　　　（売上総利益） 3（−）販売費及び一般管理費 　　　　　　（営業利益）
	営 業 外 損 益	4（＋）営 業 外 収 益 5（−）営 業 外 費 用 　　　　　　（経常利益）
特 別 損 益		6（＋）特 別 利 益 7（−）特 別 損 失 　　　　　　（当期純利益）

　このように，損益項目を区分表示するのは，企業の経営成績を正しく分析・理解できるようにするためである。例えば，甲会社のある期間の損益項目が次のようであったとする（単位：億円）。

　　売上高100，売上原価40，給料などの営業費（販売費および一般管理費）80，
　　受取利息15，支払利息25，土地売却益45

　もしもこの会社が，その損益計算書において，これらの損益項目を区分表示

損益計算書の㋑総括表示と㋺区分表示

㋑損益計算書	
収　益	160
費　用	145
当期純利益	15

㋺損益計算書	
売 上 高	100
売 上 原 価	40
売 上 総 利 益	60
販売費及び一般管理費	80
営 業 損 失	20
営 業 外 収 益	
受 取 利 息	15
営 業 外 費 用	
支 払 利 息	25
経 常 損 失	30
特 別 利 益	
土 地 売 却 益	45
当 期 純 利 益	15

しないで，総括表示すると，損益計算書は上記㋑のようになり，逆に区分表示すると，㋺のようになる。なお，ここでは，これまで用いてきた様式（費用項目と収益項目を左側と右側に分けて表示する様式。**勘定式**（かんじょうしき）という）でなく，縦に純損益を計算する様式（**報告式**という）を用いているが，この後者のほうが実務上一般的である。

　上記の㋑と㋺を比較すると，㋺のほうが，甲会社の経営成績を正しく分析し理解できるという点ではるかに優れている。つまり㋑では，この会社は総合的・結果的には利益をあげているので，経営成績は悪くない会社のようにみえるが，㋺の損益計算書をみると，この会社は営業費の負担に苦しみ，営業損失を出していること，利息の支払いが多いことなどが分かり，さらにそういった損失（赤字）を埋めるために，土地を売って利益を出していることが分かる。

 III　損益会計の諸原則

　前述したように，損益会計は，企業の経営成績を明らかにすることを目的と

している。また，今日の企業活動は，継続的・反復的に営まれ，したがって企業会計は継続企業の公準に立脚して期間別に行われる。このため，損益会計の目的とする経営成績の把握も期間別に行われ，いわゆる期間損益計算の方式が用いられる。したがって，今日の損益会計においては，①収益と費用をできるかぎり期間的に対応させるという考え方を基本として，②各期間に帰属する収益（期間収益）と費用（期間費用）をできるかぎり合理的に把握（認識・測定）する原則が必要になる。

　①の期間対応の考え方が**費用収益対応の原則**であり，②の期間帰属決定の原則が**費用収益の計上原則**（または認識・測定の原則）である。

1　費用収益対応の原則

　いうまでもなく，企業は，経済的合理性を追求する典型的な経済組織体であり，常に最小の経済的犠牲をもって最大の経済的効果をあげることを目的としている。

　損益会計における費用収益対応の原則とは，こうした企業の本質に即して，その経済的犠牲（純資産の減少）を費用項目で，その経済的効果（純資産の増加）を収益項目で把握し，両者を各期間ごとに対応させることによって，企業活動の純成果たる純利益を算定すべきことを指示している会計原則である（「原則」第二の一前文）。

　このように，費用収益対応の原則は企業の本質に根ざしたものである。

　（注）　実務では，先物，オプション，スワップなどのデリバティブを利用したヘッジ取引が広く行われている。このヘッジ取引は，ヘッジ対象たる資産・負債（または将来の予定取引）に係る時価やキャッシュ・フローの変動リスクと反対方向の動きをとるデリバティブをヘッジ手段として利用することによって行われる。会計上は，ヘッジ対象に係る損益とヘッジ手段に係る損益をその実態に合うように同一の期間に計上する会計処理（**ヘッジ会計**という）が課題となる。ヘッジ会計は，費用収益対応の原則の適用例の1つといえよう。

　なお，費用と収益の対応の形態または方法としては，本来，ある特定の生産物の生産・製造のために要した原価（費用）と当該生産物を販売することによって実現した収益を対応させる方法（例えば，船舶の建造やプラント設備の建設

の注文請負の場合のように，特定の生産対象にかかわるすべての費用と収益を対応させる方法。これを**個別的対応，プロダクト的対応**などという）があるが，継続企業の公準に立脚する今日の損益計算においては，毎期の経営成績を明らかにし，期間利益（配当や課税のための処分可能利益など）を算定する必要があるため，すべての費用と収益を期間的に対応させる方法（これを**期間的対応，ピリオド的対応**などという）は，欠くことができない。

次に述べる費用収益の計上原則は，こうした期間的対応のために，費用と収益の期間帰属をどのような基準にもとづいて行うべきかを指示している会計原則である。

2　費用収益の計上原則

（1）　現金主義

現金主義は，損益の計上を現金の収支という事実にもとづいて行うべしとする考え方である。すなわち，この現金主義と損益計算との関係は，次のようになる。

　　　現金の収入→収益の計上（例えば，売上代金の現金収入）
　　　現金の支出→費用の計上（例えば，給料の現金支払い）

（注）　これは，「現金の収入」があれば必ず「収益の計上」が行われ，「現金の支出」があれば必ず「費用の計上」が行われるということを意味しているものではない。例えば，現金の借入れや備品の現金購入は，それぞれ「現金の収入」，「現金の支出」ではあるけれども，純資産の増減つまり収益，費用は生じない。

したがって，このような現金主義を採る場合には，損益計算は，現金の収支という，きわめて明確な事実にもとづいて行われるので，損益の計上に個人的な判断や主観が介入することがなく，またいわゆる未実現の収益が計上される余地もまったく存在しない。しかしながら，例えば，前期中に商品を現金で仕入れ，これを直ちに販売したが，その代金は当期に受け取った場合，この現金主義では，すべて現金の収支にもとづいて損益を計上する結果，売上原価（費用）は前期に計上されるけれども売上収益は当期に計上されるという不合理な結果をまねく。すなわち，この場合，販売活動はすでに前期に行われたものであるから，その販売活動の成果を忠実に反映するためには，売上収益の計上を

販売代金の収入時期のいかんにかかわらず，前期に行うべきである。

　以上述べたように，現金主義は，損益計算の「確実性」や「確証性」という点ではすぐれているけれども，損益の合理的な期間帰属，いいかえれば近代会計の主眼である期間損益計算の「合理性」という点では欠陥をもっているといわざるをえない。したがって，この現金主義は，信用取引が行われずに現金取引のみが行われ，固定資産がほとんど存在しないような時代（またはそのような企業）においてのみ適用可能なものである。逆にいえば，今日のように信用取引が活発に行われ，また多くの固定資産が用いられている継続企業においては，この現金主義の適用可能性はきわめて少ない。

（2）　発生主義

　現金主義は，上述したようにその「不合理性」のために，今日一般には採用されていない。これに代わるものとして登場したのが**発生主義**の原則である。

　もっとも，現金主義は直ちに発生主義に移行したわけではなく，その過渡的な段階として**半発生主義**（**権利・義務確定主義，オブリゲーション・ベイシス**ともいう）が採用されたのである。

　半発生主義は，単に現金の収支をもって損益計上の基礎とするのではなく，これに加えて将来受け取るべき現金収入（売掛金や受取手形，未収入金のような債権の発生），および将来支払うべき現金支出（買掛金や支払手形，未払金のような債務の発生）も損益計上の基礎とする。

　　　現金収入および債権の発生　→　収益の計上（例えば，掛売上げ）
　　　現金支出および債務の発生　→　費用の計上（例えば，掛仕入れ）

　したがって，半発生主義は前述の現金主義よりも期間損益計算の「合理性」の点で一歩前進した計上基準であるが，この基準ではまだ固定資産に対する減価償却費の計上，貸倒引当金・修繕引当金などの設定，繰延資産の計上・償却といった期間損益計算上の処理が無視されている。したがって，この考え方は近代的な企業における適正な期間損益計算のためには未だ不十分な基準であるといわざるをえない。

　このような経緯を経て発生主義の原則が出現してきたわけであるが，これは，

当該会計期間において発生したと合理的に認識し測定できる損益は，これをすべて当該期間の損益として計上すべきであるとする考え方である。したがって，この発生主義によれば，未収収益，未払費用，前払費用，前受収益といった損益の見越や繰延はもちろん，減価償却費の計上ならびに貸倒引当金・修繕引当金などの設定が行われることとなり，さらには手持ちの有価証券や棚卸資産についての評価損益の計上も行われる。すなわち，その関係を簡単に示すと，次のようになる。

　　　　収益の発生事実　→　収益の計上
　　　　費用の発生事実　→　費用の計上

　こうして，発生主義は，期間損益計算のための最も「合理的」な基準と考えられ，とくに費用の計上基準としては，これが一般に認められた計上基準として今日ひろく採用されている。企業会計原則も「損益計算書は，企業の経営成績を明らかにするため，一会計期間に属するすべての収益とこれに対応するすべての費用とを記載し……当期純利益を表示しなければならない。」（損益計算書原則一）とし，また「すべての費用及び収益は，その支出及び収入に基づいて計上し，その発生した期間に正しく割当てられるように処理しなければならない。」（同原則一のA）と述べて，この発生主義を損益計上原則の基本としている。

（3）　実現主義

　上述したように，発生主義が最も「合理的」な計上基準として考えられるが，その反面，この原則は「確実性」，「確証性」などの点で難点をもっており，現金主義の場合と全く逆の長短をもつ。とくに，その最大の問題点は，発生主義の意味である。つまり，この発生主義は損益を発生の事実にもとづいて計上すべきであるとするものであるが，それではいったい「発生の事実」とはいかなる事実を指すのであろうか。

　いいかえれば，期間損益計算において損益を期間帰属させるための基本的指標として「発生の事実」をあげることは，上述したように現金主義や半発生主義と比べて，「合理的」ではあるけれども，「発生の事実」そのものの解釈はかなりむずかしく，またそこには主観や判断の介入する余地が多分にある。例え

ば，販売収益は，これを経済的な見地から解するならば，経営活動の全体を通じて徐々に発生（形成）していくものであり，ある特定の事実または時点において突然あらわれるものではない。すなわち，収益は，原材料その他の生産手段や労働力の購入→生産物の製造（または商品の仕入）→注文の引受→販売契約の締結→製品の引渡→販売代金の請求→その回収といった一連の経営活動を通じて徐々に創り出されるものである。

　そこで，発生主義の「発生」の意味や「発生の事実」の意味をこのように解釈するならば，販売収益は，会計上，商・製品やサービスの生産過程の進行に応じて計上すべきことにならざるをえない。しかし，このような計上方法は，理論的には考えられても，実際にはほとんど実行困難である。また，もしも，あえてそれを行おうとするならば，それを計算的に見積もっていくほかはなく，したがって，そこには主観や判断が多分に介入せざるをえない。さらにまた，このような発生主義に従うかぎり，商品の市場価格が上昇した場合には，当然その評価益（**保有利得**）を計上する必要（または逆に市場価格が下落した場合には，その評価損（**保有損失**）を計上する必要）があり，そのために資産の評価基準として時価主義が採用されることになる。また，まだ売却済とならない商品についても販売益を見積計上し，また同一企業の経営部門間における商品の移転において加算された内部利益（後述する）も計上されることになろう。

　このようにして，発生主義をそのまま収益の計上に適用しようとする場合には，その実行困難性の問題が起こるのみならず，計算的な見積りや未実現収益の計上が行われる。いいかえれば，客観的な証拠にもとづく確実な収益の計上が不可能になる。また，この発生主義にもとづく収益の計上は，第5章Ⅲで述べたように，原価主義の論拠である「検証可能性」，「実行可能性」，「保守主義性」（資金的な裏付けのない利益——評価益——の計上を禁ずる考え方）などの観点からも否定される。

　このようにして，発生主義は，収益の計上基準としては否定され，その代わりに**実現主義**が採用される。

　企業会計原則が「未実現収益は，原則として，当期の損益計算に計上してはならない。」（損益計算書原則一のA）とし，また「売上高は，実現主義の原則に従い，商品等の販売又は役務の給付によって実現したものに限る。」（同原則

三のB）と述べ，さらに「同一企業の各経営部門の間における商品等の移転によって発生した内部利益は，売上高及び売上原価を算定するに当たって除去しなければならない。」（同原則三のE）と定めているのは，このような実現主義を定めたものである。

もっとも，費用については，これを一般にその発生のとき，例えば現金の支出その他の対価の確定（例えば給料の支払いや商品の仕入れ）と同時もしくはそれ以後に認識するか（例えば，日常の収益的支出の計上あるいは固定資産の減価償却費の計上にみるように），またはその発生をほとんど確定的な基礎の上に立って認識する（例えば，期末における未払費用の計上にみるように）ので，上述した収益の計上にみるような難点はほとんどなく，したがって通常，費用の計上には発生主義が採られる。

ところで，この実現主義の原則にいう「実現」とは，いったいどのような事実を指すのであろうか。一般的にいえば，「実現」とは，企業が他の経済主体に対して財またはサービスの提供を行ったこと（取引の完結）を指すが，そのような取引を所定の契約にもとづいて履行中であること（取引契約の履行）をも実現とみる考え方もある。すなわち，このような取引の完結または履行によって，相手方に対して財貨または役務が提供され，その対価として貨幣資産の取得が可能となり，その結果，資金的な裏付けのある利益（処分可能利益）の計上が可能になるからである。したがって，実現主義の具体的な適用基準としては，上記の取引の完結をまって収益を計上する引渡基準，工事完成基準などのほか，上記の取引の履行中において収益を計上する工事進行基準などがある。

なお，「実現」という概念は，前述した権利確定主義のように厳密なものではなく，弾力性をもっている。

実現の概念は，処分可能利益の算定を中心とする会計目的と検証可能性，実行可能性などの制度的要件の2つの枠組みのなかで歴史的に形成されてきている。

（注）　以上述べた現金主義，半発生主義（権利・義務確定主義），発生主義，実現主義の各計上原則（または計上基準）を歴史的にみると，それらは経済社会の歴史的発展段階を反映していると考えられる（なお，現代社会においても商取引の形態の相違によってこれらの計上原則が適宜用いられている）。すなわち，信用経済が未成熟の段階（または現在でも現金取引のみが行われている企業）では現金主義が適用され，その

後信用経済が普及した段階（または現在ひろくみられるように信用取引が行われている企業）では半発生主義が適用されている。さらに、このような商業中心の時代から大規模機械生産の時代に入ってくると、固定資産の減価償却や修繕費の引き当てなどの問題が生じ、したがって発生主義による期間損益計算がますます重視されるようになってきた。しかし、収益の計上に関しては課税所得や分配可能額の算定という法制度上の必要性から、発生主義に対するブレーキとして実現主義がひろく採用されている。

Ⅳ　営業収益

1　意　　義

営業収益は、商品・製品の販売またはサービスの提供など、企業の主目的たる営業活動から生じた収益である。営業収益を示す科目としては、一般に**売上高**または**役務収益**が用いられる。

営業収益は、損益計算書におけるトップラインの金額であり、企業の営業活動の規模を表現するものである。

2　収益認識

（1）「収益認識に関する会計基準」の開発

営業収益を含め、収益を損益計算書にどのように計上するかという問題（**収益認識**）は、企業会計における最も重要な問題の1つである。

伝統的に、収益認識は、前述したように、実現主義の原則に従って行われてきた。実現主義の原則の具体的な適用については、「企業会計原則」における簡潔な規定が存在するのみであり、「工事契約に関する会計基準」や会計・監査に関する各種の実務指針等によって補完されてきたものの、その具体的な解釈は実務慣行に委ねられてきた。

また、国際会計基準審議会（IASB）が、米国財務会計基準審議会（FASB）と共同で、収益認識に関する会計基準の開発を行い、2014年5月にIFRS第15号「顧客との契約から生じる収益」を公表し、収益認識に関する国際的な合意が形成されるようになった。

このような状況を受けて，わが国では，企業会計基準委員会が収益認識に関する会計基準の開発を行い，2018年3月に企業会計基準第29号「収益認識に関する会計基準」を公表し，同基準は2021年4月1日以後開始する連結会計年度及び事業年度の期首からの適用が予定されているところである。なお，IFRSを任意適用する企業では，IFRS第15号がすでに2018年度から適用されており，新しい実務が積み重ねられつつある状況にある。

> **(注)** 2019年10月30日に企業会計基準公開草案第66号「収益認識に関する会計基準（案）」が公表され，主に収益認識の表示や注記開示に関する提案が行われている。

（2） 基本となる原則

「収益認識に関する会計基準」では，まず，基本となる原則として，約束した財またはサービスの顧客への移転を当該財またはサービスと交換に企業が権利を得ると見込む対価の額で描写するように，収益を認識することである（第16項）ことが示されている。

収益認識は，次の5つのステップを適用することにより行われる（第17項）。

> (1) 顧客との契約を識別する。
> (2) 契約における履行義務を識別する。
> (3) 取引価格を算定する。
> (4) 契約における履行義務に取引価格を配分する。
> (5) 履行義務を充足した時に又は充足するにつれて収益を認識する。

このように収益の認識は，約束した財またはサービスの顧客への移転による**履行義務**の充足に基づいて行われる。履行義務とは，契約の中に含まれている売手側の義務であり，この義務の充足の見返りに，売手に対価を受け取る権利が生じる。さらに具体的には，顧客の側が財またはサービスに対する**支配**を獲得することによって，財またはサービスに対する支配が売手から顧客に移転することが重視される。

また，収益の測定は，取引価格，すなわち財またはサービスの顧客への移転と交換に企業が権利を得ると見込む対価の額（第47項）によって行われる。このため，識別された契約に複数の履行義務が含まれる場合には，契約全体に係る取引価格を個々の履行義務に配分する必要がある。

　履行義務の充足は，商品を販売した場合のように，財またはサービスを顧客に移転した一時点において行われる場合もあれば，長期の工事契約の場合のように，財またはサービスを顧客に徐々に移転したと認められる場合もある。

　一時点において履行義務が充足される場合，その時点において収益を認識する。財またはサービスの顧客への移転は，資産に対する支配が移転されたか否かによって判断する。具体的には，顧客による法的所有権の保有，企業による物理的占有の移転，顧客による検収などを考慮に入れて決定される（第40項）。

（3）　会計処理の要点

(a)　変動対価

　変動対価とは，顧客と約束した対価のうち変動する可能性のある部分をいう（第50項）。顧客から受け取るべき対価に変動対価が含まれる場合，変動対価の額を「発生し得ると考えられる対価の額における最も可能性の高い単一の金額（最頻値）」または「発生し得ると考えられる対価の額を確率で加重平均した金額（期待値）」のいずれかによって見積る必要がある。

設例 8 - 1　　次の取引の仕訳を示しなさい。

① 　商品100個（原価@￥500）を返品権付きで@￥800で売り上げ，代金は掛けとした。返品権の行使率は15％と見積もった。

② 　返品期限内に返品権が行使され，上記商品のうち10個が返品され，代金は売掛金から控除した。

解　答

　返品権付き販売については，その対価を変動対価（顧客と約束した対価のうち変動する可能性のある部分）とみて会計処理を行うため，財またはサービスの顧客への移転と交換に企業が権利を得ることとなる対価の額を見積る必要がある（第50項）。このため，〔設例 8 - 1〕では，売上高を，変動対価を反映した額で測定することになる。さらに，この額は，将来における返品権の行使に関する見積りであるため，実際とは異なる可能性がある。生じた差額は，売上高を修正することによって処理する。

① 売上時

（借）売　掛　金	80,000	（貸）売　上　高	68,000
		返　金　負　債	12,000
（借）売　上　原　価	42,500	（貸）商　　　品	50,000
返　品　資　産	7,500		

　この場合，企業が商品の販売によって権利を得ると見込まない額（@¥800×100個×返品権行使率15％＝¥12,000）について，返金負債を認識する。同時に，商品の返品を受けるので，その額（@¥500×100個×返品権行使率15％＝¥7,500）を売上原価から控除し，返品資産として認識する。

② 返品時

（借）返　金　負　債	12,000	（貸）売　掛　金	8,000
		売　上　高	4,000
（借）商　　　品	5,000	（貸）返　品　資　産	7,500
売　上　原　価	2,500		

　返品権が行使されることによって，10個分の商品の返品を受けた場合，返金負債と売掛金を相殺し，両者の差額（変動対価の見積りの修正に伴って生じる差額）は収益（売上高）の額を調整して処理する。同時に，商品と返品資産を相殺し，両者の差額は売上原価の額の調整として処理する。

(b)　重要な金融要素

　顧客へ財またはサービスを移転し，その対価を一定期間後に受け取る場合，通常，対価の額には金利要素が反映されている。例えば，商品を販売して直ちに現金を受け取る場合に対価（現金販売価格）が¥10,000であるとき，１年後に対価を受け取る場合には対価の額には金利が含まれるから，¥10,000よりも大きな金額となるはずである。

　「収益認識に関する会計基準」では，顧客との契約に重要な金融要素が含まれる場合，取引価格の算定にあたっては，約束した対価の額に含まれる金利相当分の影響を調整するものとされる（第57項）。

> **設例 8 - 2** 次の取引の仕訳を示しなさい。
> ① 現金販売価格¥10,000の商品を¥10,500で1年後に代金を受け取る約束で掛け売りした。
> ② 1年後に売掛金を回収し，¥10,500が普通預金に入金された。

|解　答|

① **売上時**

（借）売　掛　金　　10,000　　　（貸）売　上　高　　10,000

② **売掛金回収時**

（借）普　通　預　金　　10,500　　　（貸）売　掛　金　　10,000

　　　　　　　　　　　　　　　　　　　　受　取　利　息　　　 500

(c)　**複数要素契約**

　すでに述べたように，顧客との契約に複数の履行義務が含まれている場合（このような契約を**複数要素契約**という）には，別個の財またはサービスに係る履行義務を識別し，取引価格を個々の履行義務に配分しなければならない。

　例えば，2年間のサービスを提供する契約において，当初にサービスの提供のために必要な機器を販売する場合，機器とサービスを別個の財またはサービスと認められるときは，機器の販売とサービスの提供はそれぞれ異なる履行義務として識別しなければならない。

> **設例 8 - 3** 次の取引の仕訳を示しなさい。
> ① 顧客に2年間の保守サービスを提供する契約を締結し，サービス提供のために必要な機器を顧客の事務所に備え付けた。契約全体の取引価格は¥360,000であり，現金で受け取った。なお，保守サービスと備付用の機器の現金販売価格は，それぞれ¥260,000と¥130,000であった。
> ② 半年後に決算日を迎えたので，半年分の保守サービスの提供に係る収益を認識した。

解　答

① 備付用機器の移転時

（借）現　　　　金　360,000　　　　（貸）売　上　高　120,000
　　　　　　　　　　　　　　　　　　　　契　約　負　債　240,000

　対価¥360,000を保守サービスと備付用の機器にそれぞれの独立販売価格に基づいて配分する。現金販売価格の合計¥390,000と対価¥360,000との差額¥30,000は，複数要素契約を行ったことに伴う値引きである。

$$保守サービスの対価＝¥360,000×\frac{¥260,000}{¥260,000＋¥130,000}＝¥240,000$$

$$備付用の機器の対価＝¥360,000×\frac{¥130,000}{¥260,000＋¥130,000}＝¥120,000$$

　顧客に移転した備付用の機器については収益（売上高）を認識し，まだ顧客に移転していない保守サービスについては契約負債（財またはサービスを顧客に移転する企業の義務に対して企業が顧客から対価を受け取ったもの）を認識する。

② 決算時

（借）契　約　負　債　60,000　　　　（貸）役　務　収　益　60,000

　対価として受け取っていた2年分の保守サービスのうち経過した半年分を収益（役務収益）として認識する。

　複数要素契約の中には，複数の履行義務を識別すべきかどうか不明確なものもある。典型的には，製品保証などの財またはサービスに対する保証が当てはまる。財またはサービスに対する保証は，引当金として処理されるものと契約に含まれる別個の履行義務として処理されるものに分けられる。

　財またはサービスに対する保証が，合意された仕様に従っているという保証のみである場合，複数の履行義務（製品の移転と製品保証サービスの提供）として会計処理を行うのではなく，当該保証については引当金（**製品保証引当金**）として処理することとされる（適用指針第34項）。

　これに対して，財またはサービスに対する保証が，合意された仕様に従っているという保証に加えて，顧客に追加的なサービスを提供する保証を含む場合

には，保証サービスは履行義務として取り扱うこととされる（適用指針第35項）。

設例 8 - 4 次の取引の仕訳を示しなさい。

　顧客に製品を¥9,000で掛販売した。当該製品には，別個の保証サービスが付されている。製品の独立販売価額が¥8,500，保証サービスの独立販売価額が¥1,500であった。

解　答

（借）売　掛　金　　　9,000　　　（貸）売　　上　　高　　　7,650
　　　　　　　　　　　　　　　　　　　履　行　義　務　　　1,350

保証サービス（履行義務）の対価＝¥9,000×$\dfrac{¥1,500}{¥8,500+¥1,500}$＝¥1,350

(d)　一時点で充足される履行義務に係る収益認識

　通常の商製品の販売活動については，一時点で充足される履行義務が識別されるので，当該履行義務が充足された時点で収益が認識される。通常の販売活動は，①商品の仕入→②保管→③受注→④販売契約の締結→⑤商品の発送（出荷）→⑥商品の引渡→⑦得意先による商品の検収→⑧販売代金の請求→⑨販売代金の回収といったプロセスを経て行われる。このようなプロセスのどの一時点をもって履行義務が充足され，収益認識を行うかが問題となる。

　「収益認識に関する会計基準」では，財またはサービスに対する支配を顧客に移転した時点をもって履行義務が充足された時点（すなわち，収益を認識すべき時点）とし，その判断に当たって考慮すべき指標として，次のようなものを示している（第40項）。

---

(1)　企業が顧客に提供した資産に関する対価を収受する現在の権利を有していること
(2)　顧客が資産に対する法的所有権を有していること
(3)　企業が資産の物理的占有を移転したこと
(4)　顧客が資産の所有に伴う重大なリスクを負い，経済価値を享受しているこ

と
(5) 顧客が資産を検収したこと

　一般には，商品の出荷をもって収益を認識する出荷基準は適切ではなく（出荷時から支配移転時までの間が通常の期間である場合，出荷時や着荷時に収益を認識することが認められる），商品の引渡しをもって収益を認識する**引渡基準**または顧客が商品の検収を行った時点で収益を認識する**検収基準**が適切と考えられる場合が多いであろう。

(e)　進捗度に基づく収益認識

　顧客に対する財またはサービスの移転が一定の期間にわたり行われ，一定の期間にわたり履行義務が充足される場合，履行義務の充足に係る進捗度を見積もって，当該進捗度に基づき収益を一定の期間にわたり認識することになる（第41項）。

　このような収益認識は，従前から，建設業や造船業などにおける請負工事契約の会計処理として行われてきたものである。工事契約の進捗度に基づいて比例的に収益を認識する基準は，**工事進行基準**とよばれている（これに対して，工事の完成時点において収益を認識する基準は工事完成基準という）。工事進行基準によって収益を認識する場合，工事契約から得られる成果をより適時に認識することができる。

　進捗度に基づく収益認識の基準としては，この他にも，時間の経過に基づいて収益を認識する**時間基準**もある。時間基準は，銀行などの金融業や不動産賃貸業などに適用される基準である。

　進捗度の見積りは，アウトプット法またはインプット法によって行われる。アウトプット法では，アウトプットを表す指標に基づいて，全体の財またはサービスに対する現在までに移転した財またはサービスの比率として進捗度を見積もる。時間基準で用いられる経過時間のほか，生産単位数，引渡単位数などがアウトプット法の指標として考えられる（適用指針第17項）。インプット法では，インプットを表す指標に基づいて，全体の財またはサービスに対する現在までに移転した財またはサービスの比率として進捗度を見積もる。インプット

の指標としては，消費した資源，発生した労働時間，発生したコスト（原価），経過期間，機械使用時間等が考えられる（適用指針第20項）。典型的な工事進行基準においては，発生したコスト（原価）を指標として進捗度が見積もられる（原価比例法）。

設例 8-5 次の資料にもとづいてA建設株式会社の長期の工事契約につき，進捗度に基づく収益認識を行う。20X1年度から20X3年度までの各年度（決算日は12月31日，会計期間は1年）の工事収益と工事利益を計算しなさい。

（資料）
1 工事請負価額（収益総額） ￥750,000
2 工事は，20X1年9月に着工し，20X3年3月末日までに完成の約束
3 20X1年度，20X2年度，20X3年度の工事原価実際発生額は，それぞれ，￥50,000，￥400,000，￥167,500
4 20X1年度末と20X2年度末における工事原価見積額（当該決算日の翌日から完成までに要する工事原価の見積額をいう）は，それぞれ，￥550,000，￥175,000

解 答

この例の場合，工事進行基準によると，各年度の工事収益と工事利益は，つぎのようになる。

① **20X1年度**

$$¥750,000 \times \frac{¥50,000}{¥50,000 + ¥550,000} = ¥62,500 \cdots\cdots 工事収益$$

$$¥62,500 - ¥50,000 = ¥12,500 \cdots\cdots 工事利益$$

② **20X2年度**

$$¥750,000 \times \frac{¥50,000 + ¥400,000}{¥50,000 + ¥400,000 + ¥175,000} - ¥62,500 = ¥477,500 \cdots\cdots 工事収益$$

$$¥477,500 - ¥400,000 = ¥77,500 \cdots\cdots 工事利益$$

③ **20X3年度**

$$¥750,000 - (¥62,500 + ¥477,500) = ¥210,000 \cdots\cdots 工事収益$$

$$¥210,000 - ¥167,500 = ¥42,500 \cdots\cdots 工事利益$$

工事原価の見積りの変更に伴って進捗度を修正する場合，会計上の見積りの

変更（第9章Vの5参照）として取り扱われる（第43項）。進捗度の修正が契約資産または契約負債に及ぼす影響は，当期に反映させるので，累積的影響額が当期の収益に含まれることになる。

　なお，履行義務の充足に係る進捗度を合理的に見積もることができないが，当該履行義務を充足する際に発生する原価を回収すること（顧客から得られる対価が原価を上回ること）が見込まれる場合，履行義務の充足に係る進捗度を合理的に見積もることができるときまで，**原価回収基準**を適用する（第45項）。原価回収基準では，発生した原価と同額の収益が認識され，多くの場合，（進捗度が判明した）完成・引渡しが行われた期間において残額の収益がすべて認識されることになる。

V　営業費用

1　意　　義

　営業費用は，営業収益をあげるために生じた費用であり，**売上原価**（または**役務原価**）と**販売費及び一般管理費**に分けられる。

2　売上原価

　売上原価（または役務原価）は，売上収益をあげるために販売された商・製品の原価（または役務サービスの原価）である。

　すでに述べたように，企業の経営成績は期間別に把握されるため，売上原価も期間別に算定される。一会計期間の売上高（または役務収益）から当該期間の売上原価を差引いた差額を**売上総利益**という。

　売上原価の計算は，次のように行われる。

　　　売上原価＝期首商品棚卸高＋当期仕入高－期末商品棚卸高

　期首商品棚卸高は，前期の期末商品棚卸高が当期に繰り越されたものである。期末商品棚卸高は，すでに述べたように（第5章IVの2），継続記録法を基礎とし，実地棚卸法を併用して求められる。その場合，期末棚卸商品について破

損・変質などの物的損傷や盗難その他の理由による数量的減少が生じていると
きは，その減少分を棚卸減耗費（または棚卸減耗損）として処理する。他方，
期末棚卸商品の価格的減少については，正味売却価額が帳簿価額よりも下落し
た場合には，当該価額まで切り下げなければならない。この評価切り下げによ
る損失は，棚卸評価損として処理する。

　棚卸評価損は，損益計算書上，収益性の低下による場合は売上原価として表
示し，製造の過程で不可避的に発生する場合は製造原価に含める。なお，重要
な事業部門の廃止，災害の発生などの臨時的な要因による場合で，その金額が
多額である場合には，特別損失に計上される（企業会計基準第9号参照）。棚卸
減耗損も，資産をゼロ評価したときの評価損と解されるので，上記と同様に取
り扱われるべきであろう。

設例8-6 次の資料にもとづいて，棚卸減耗費および棚卸評価損を計
算し，売上原価の内訳科目として記載する方法で損益計算書を作成しなさ
い。

　　期首商品棚卸高　¥ 25,000

　　当期仕入高　　　¥150,000　　仕入戻し高　　¥ 10,000

　　当期売上高　　　¥200,000　　売上値引高　　¥ 2,000

　期末商品棚卸高（帳簿棚卸数量2,500個，実地棚卸数量2,250個，取得原価
@¥12，正味売却価額@¥10）

解答

期末帳簿棚卸高　@¥12×2,500個＝¥30,000　┐
（取得原価）　　　　　　　　　　　　　　　├ 棚卸減耗費　¥3,000
　　　　　　　　　　　　　　　　　　　　　│　（＝@¥12×250個）
期末実地棚卸高　@¥12×2,250個＝¥27,000　┤
（取得原価）　　　　　　　　　　　　　　　├ 棚卸評価損　¥4,500
　　　　　　　　　　　　　　　　　　　　　│　（＝@¥2×2,250個）
期末実地棚卸高　@¥10×2,250個＝¥22,500　┘
（正味売却価額）

損 益 計 算 書			貸 借 対 照 表	
売　　上　　高		198,000	（資産の部）	
売　上　原　価			商　　　　品　　22,500	
期首商品棚卸高	25,000			
当 期 仕 入 高	140,000			
	165,000			
期末商品棚卸高	30,000			
	135,000			
棚 卸 減 耗 費	3,000			
棚 卸 評 価 損	4,500	142,500		
売 上 総 利 益		55,500		

3　販売費及び一般管理費

　販売費及び一般管理費は，企業の販売活動および一般管理活動のために生じた費用である。

　販売費の主なものとしては，販売手数料，荷造費（にづくり），運搬費，広告宣伝費，交際費，交通費，通信費，保管費，売上債権に対する貸倒損失（または貸倒引当金繰入額）などのほか，販売活動に従事する役員・従業員の給料手当および福利厚生費などがあげられる。他方，**一般管理費**の主なものとしては，一般管理部門の光熱費，交通費，通信費，消耗品費などのほか，一般管理活動に従事する役員・従業員の給料手当および福利厚生費などがあげられる。しかし，これらの販売費と一般管理費を明確に区分することは，実務上決して容易ではない。例えば，一般管理部門と販売部門の両方が同居している建物の減価償却費，修繕費，租税公課，火災保険料，不動産賃借料などの費用については，これを一般管理費と販売費に明確に分けることが困難である。

　このため，管理会計目的上はともかく，財務会計（損益計算書）目的上は，上に掲げた諸費用をすべて「販売費及び一般管理費」として一括表示する。

　これらのうち，主なものを説明すると，次のとおりである。

　販売費及び一般管理費に含まれる貸倒損失および貸倒引当金を設定したときの貸倒引当金繰入額（くりいれ）は，通常の売上債権（主目的たる営業活動から生じた受取手

形または売掛金）に対する貸倒発生額または貸倒見込額であるが，その他の金銭債権（貸付金など）に対するものは営業外費用とし，もしもその金額が異常な場合には，後で述べる特別損失とする。

　給料手当のうち，役員（取締役および監査役）に対するものは，従業員（使用人）としての職務に対して支給された報酬部分のほか，役員としての賞与（引当金を設定する場合には，役員賞与引当金繰入額）も含まれる（企業会計基準第4号参照）。また，退職一時金や退職年金の当期発生額を計上した退職給付費用も含まれる（第6章Ⅲを参照）。

　福利厚生費には，法定福利費（労働基準法，労働者災害補償法，健康保険法，厚生年金保険法などによる企業側の負担額），福利施設費用の負担額（従業員の慰安・休養などのための福利施設に関する費用），厚生費（従業員の医療・保険などのための費用）などが含まれる。

　広告宣伝費は，新聞・雑誌・放送などへの広告費，パンフレット・チラシなどの印刷費や配布費，展覧会や展示会への出品展示費，広告塔や看板などの作成・設置費，得意先の招待費などが含まれる。新しい知識の発見やその具体化（製品化）のために支出した研究開発費は，発生した期間の費用として処理される。なお，新製品の売り出しや新市場の開拓のために多額の広告宣伝費が特別に支出され，かつ，その効果が次期以降に及ぶと認められるときは，その支出額を開発費として5年間繰り延べることができる。

 ## 営業外損益

1　意　義

　営業外損益は，本来の営業活動以外の活動から生ずる損益で，経常的に発生するものである。これは，**営業外収益**と**営業外費用**に分けられるが，いずれもその主な項目は金融上の損益項目である（銀行・保険などの金融業を営む会社では，逆に，この種の金融上の損益項目は，営業収益および営業費用になる）。

2 営業外収益

営業外収益には，受取利息，有価証券利息，受取配当金，仕入割引^{しいれわりびき}その他の金融上の収益のほか，有価証券評価益，有価証券売却益，投資不動産賃貸料などが含まれる。

受取利息は，貸付金に対する利息を指し，有価証券利息は，企業が所有している社債や国債などの債券について生じた利息を指す。受取配当金は，企業が所有している株式や投資信託受益証券に対する利益配当金である。仕入割引は，仕入先に対する仕入代金について，これを一定の契約期間内に支払ったとき，先方がその代金の一部の免除（割引）をした場合の免除額である。この仕入割引の制度は，先方にとっては仕入代金を早く回収するために，また当方（買手側）にとっては，早期に代金支払いを行うことによって，代金の一部免除を受けるという金融（資金繰り）上の効果をあげるために用いられるものである。

（注）　仕入商品について瑕疵^{かし}があった場合や一定数量を超えて商品を購入した場合などの理由によって，売手がその商品代金の一部減額を認めたときは，買手は，その減額分を仕入値引^{しいれねびき}や仕入割戻^{わりもど}しとして処理する。これは，営業外収益ではなく，仕入高から控除される。これは，上記の仕入割引のような金融上の収益ではなく，仕入商品原価の訂正だからである。

有価証券評価益は，所有有価証券を時価法によって時価まで引き上げたときに生ずる評価増（利益）である。また，有価証券売却益は，所有有価証券をその帳簿価額を超える価額で売却した場合の当該超過額である。もっとも，この営業外収益に含まれる有価証券売却益は，流動資産たる有価証券を売却した場合の売却益であって，関係会社有価証券や投資有価証券のような固定資産たる有価証券を売却した場合の売却益は，特別利益に含められる。

3 営業外費用

次に，営業外費用には，支払利息，社債利息，社債発行費償却，株式交付費償却，創立費償却，開業費償却，売上割引，手形売却損，有価証券評価損，有価証券売却損などが含まれる。

これらの費用のうち，社債発行費償却，株式交付費償却，創立費償却および開業費償却は，すでに述べたように（第5章Ⅵ），繰延資産項目の当期費用化分

である。売上割引は，仕入割引の逆であって，一定期間内に代金支払いを行った買手に対して，売手が認めた売上代金の免除額である。なお，前述の仕入値引は，売手側にとっては売上値引として処理される。これは営業外費用でなく，売上高からの控除科目とされる。有価証券評価損は，株式・社債などの有価証券を時価法または強制評価減（第5章Ⅳ参照）によって時価まで引き下げた場合の評価減である。手形売却損は，受取手形を銀行割引などの方法で，額面より低い価額で売却したときに生ずる損失である。有価証券売却損は，有価証券売却益の場合と同じく，流動資産たる有価証券を売却した場合に生じた損失（帳簿価額より売却価額が下回った場合の差額）である。

(注)　すでに本章Ⅳの2において述べたように，販売に係る取引価格から重要な金利要素は控除される。しかし，短期的で重要でない金利要素は取引価格から控除されないことも考えられ，この場合は，上記の売上割引が生じる可能性がある。

4　為替差損益

企業が外国の取引先と取引を行う場合，その取引が外国通貨で表示されている場合がある。このような取引を**外貨建取引**といい，会計上は，本国通貨（財務諸表の作成に用いられる表示通貨）への**換算**の問題が生じる。

例えば，外国から100ドルの商品を掛で仕入れたとしよう。このときの為替相場が1ドル＝¥120であったとすると，¥12,000の商品と同額の買掛金が記録される。その後，為替相場が変動し，1ドル＝¥115になった時点で買掛金を現金で決済したとする。このときは，¥12,000で記録されていた買掛金を¥11,500で決済できるから，¥500の決済差益が生じることになる（逆の場合には決済差損が生じる）。

また，決算日現在において，外国通貨でその金額が表示されている現金預金，金銭債権債務，有価証券等を保有している場合には，決算日現在の為替相場に換算替えする必要が生じる。このとき，従前の為替相場によって換算されていた金額と新たに換算替えされた金額との間に差額が生じる。これを換算差益または換算差損という。例えば，500ドルの外貨預金が取得時の為替相場である¥120で換算されていたとする（すなわち，帳簿価額は¥60,000）。決算日の為替相場が¥112であったとすると，換算して，¥56,000となるから，¥4,000の換

算差損が生ずることとなる。

　決済差損益と換算差損益は，損益計算書においては通常区別されず，その純額が営業外収益または営業外費用において，**為替差益**または**為替差損**として表示される。

 # VII　特別損益

　特別損益は，経常的でない損益である。

　これまで述べた損益項目は，毎期経常的に発生するものであるから，これらの損益項目の最終差額は，損益計算書上，**経常利益**（または**経常損失**）として表示されるが，特別損益項目は，損益計算書上，この経常利益（または経常損失）に加算または減算され，その結果，当期の（税引前の）純利益（または純損失）が表示される。

　特別損益は，**臨時損益**から構成される。臨時損益の例としては，①固定資産売却損益，②転売以外の目的で取得した有価証券の売却損益，③災害による損失がある（「注解」12）。①は，土地・建物・機械・運搬具などの固定資産を売却した場合に生じた損益（帳簿価額および売却費用の合計額と売却価額の差額）である。もともと，固定資産は，転売を目的として取得したものではなく，長期間にわたって使用するために取得したものであるから，その売却は通常，数年間に１回程度である。したがって，その売却損益は経常的なものではない。なお，固定資産を除却した場合の除却損も当然，臨時損失に含まれる。②は，すでに述べた「投資その他の資産」に属する有価証券（第５章Ｖ）を売却した場合に生じた損益である。なお，転売の目的で取得した有価証券の売却損益は，前述したように営業外損益に含められる。③は，火災・風水害などによる損失（商品や建物などの焼失・損傷）である。なお，以上の例のほか，支出の効果が期待されなくなった繰延資産の一時的な償却額なども特別損失に含まれる。

　なお，すでに述べた減損会計（第５章Ｖ）の適用によって計上される固定資産減損損失は，収益性の低下に伴う臨時損失の性格を有しているので，特別損失として表示される。

　（注）　特別損益には，従来，臨時損益の他に，**前期損益修正損益**が含まれていた。企業会

計基準第24号により，過去の見積りの誤りが判明した場合には，このような修正差額は過去の誤謬に該当するため，過年度の財務諸表を修正再表示することとされた。過去の見積りを当期の状況の変化によって変更する場合に生じた差額や見積りと実績との差額は，その性質に応じて営業損益または営業外損益として認識される。

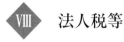

VIII 法人税等

　現行の区分式損益計算書においては，経常利益に特別利益または特別損失を加減した後，税引前当期純利益（または税引前当期純損失）が表示される。

　さらに，税引前当期純利益から，①法人税等（法人税，住民税及び事業税）および②法人税等調整額を加減して当期純利益(または当期純損失)が表示される。

　以上のような損益計算書の様式を示すと，次のとおりである。

損益計算書の様式

損 益 計 算 書		
売 上 高		×××
売上原価	−)	×××
売上総利益（損失）		×××
販売費及び一般管理費	−)	×××
営業利益（損失）		×××
営業外収益	+)	×××
営業外費用	−)	×××
経常利益（損失）		×××
特別利益	+)	×××
特別損失	−)	×××
税引前当期純利益（損失）		×××
法人税，住民税及び事業税	−) ×××	
法人税等調整額	±) ×××	−) ×××
当期純利益（損失）		×××

1　法人税等

　これは，当期に課税された法人税・住民税（都道府県民税・市町村民税）・事業税（所得割のものに限る）であり，所得を課税標準とする税金である。法人税等は，利益の額から控除されるべき費用であるが，経常損益と特別損益の全

体に関連する費用であるので，これらの結果として計算される税引前当期純利益から一括して控除することとされている。

　また，税効果会計の適用による法人税等調整額も，当期の法人税等と同様，税引前当期純利益から減算（または加算）して表示する。

　なお，法人税等について，税務署による更正，決定などのために税金の追徴<ruby>（または還付）が行われたときは，その追徴税額（または還付税額）を税引前当期純利益から減算（または加算）して表示する。

2　法人税等調整額

　これは，**税効果会計**の適用により当期に課税された法人税等に加減される調整額である。法人税などの利益に関連する金額を課税標準とする税金は，課税所得に基づいて計算されるものであり，税引前当期純利益に必ずしも対応していない。例えば，課税所得と税引前当期純利益が次のような関係にあったとする（税率は40％とする）。このままでは，各期とも同じ¥1,000の税引前当期純利益を計上していながら，税引後当期純利益は，まったく異なった金額となり，企業の収益力を適正に表示しないことになる。

	第1期	第2期	第3期	合計
課税所得	1,000	2,000	0	3,000
税引前当期純利益	1,000	1,000	1,000	3,000
法人税等	400	800	0	1,200
税引後当期純利益	600	200	1,000	1,800

　このような課税所得と会計上の利益とのズレから生ずる税金の期間負担の歪みを調整するため，税金の額を期間配分する会計処理を税効果会計という。税効果会計を適用すれば，次の表のように，第2期には法人税等を¥400減額（同時に繰延税金資産¥400を追加計上）し，第3期の法人税等は¥400だけ増加する（繰延税金資産を¥400だけ取り崩す）。

	第1期	第2期	第3期	合計
課税所得	1,000	2,000	0	3,000
税引前当期純利益	1,000	1,000	1,000	3,000
法人税等	400	400	400	1,200

税引後当期純利益	600	600	600	1,800

　税効果会計が適用されるものは，課税所得と会計上の利益との差異のうち，**一時差異**と呼ばれるものである（逆に，受取配当金の益金不算入額や交際費・寄付金の損金不算入額のように永久に解消されないものを**永久差異**という）。この一時差異は，貸借対照表に計上されている資産・負債の金額と課税所得の計算の結果算定された資産・負債の金額との差額である。この定義は，いわゆる**資産負債法**の考え方に従っている（逆に会計上の収益・費用と税務上の益金・損金との差異に着目して期間差異を求める方法を**繰延法**という）。一時差異には，将来の課税所得を減算する効果をもつ将来減算一時差異（貸倒引当金や減価償却費の損金算入限度額超過額の累積額など）と，将来の課税所得を加算する効果をもつ将来加算一時差異がある。また，将来の課税所得と相殺可能な繰越欠損金等については，将来減算一時差異と同様に取り扱う。

　この一時差異に予定税率（回収または支払が行われると見込まれる期の税率）を乗じて**繰延税金資産**（将来減算一時差異が生じる場合）または**繰延税金負債**（将来加算一時差異が生じる場合）が計算される。ただし，将来回収または支払が見込まれない税金は除かれ，とくに繰延税金資産については，その将来の回収可能性について毎期見直しをする必要がある。

　損益計算書に計上される法人税等調整額は，期末の繰延税金資産と繰延税金負債の純額から期首の繰延税金資産と繰延税金負債の純額を控除した差額である。ただし，純資産に直入される評価・換算差額等については，それが一時差異に該当する場合，税効果の額だけ直接控除されるので，法人税等調整額に対する影響はない。

◆ 研究問題 ◆

8-1　20X1年8月1日に，製品Aと関連する通信サービスに関する契約を顧客との間で締結した。同日において製品Aを引き渡したが，関連する通信サービスは同日から2年間にわたり提供する。取引価格の総額は180,000円であった。製品Aと通信サービスの独立販売価格は，80,000円と120,000円であった。

この契約から生じる収益について，当期（20X1年4月1日から20X2年3月31日）中に認識すべき収益の額を計算しなさい。

▶本章Ⅳの2を復習する。「収益認識に関する会計基準」および「同適用指針」の設例を調べてみる。

8-2　次の営業収益の認識基準について，簡潔に説明しなさい。
(1)検収基準　　(2)工事進行基準　　(3)原価回収基準　　(4)時間基準

▶どのような業種の企業に適用されるかを想定して，どのような時点で収益が計上されるかを説明する。

8-3　下記の資料によるA社の長期請負工事について，工事進行基準により，20X1年度，20X2年度および20X3年度（決算日は12月31日，会計期間は1年）の工事収益と工事利益を計算しなさい。

〔資料〕
① 工事請負価額は7,200万円
② 工事は，20X1年3月10日に着工し，20X3年9月30日までに完成の約束
③ 各期の工事原価実際発生額は，20X1年度が1,800万円，20X2年度が3,000万円，20X3年度が1,000万円
④ 各期末における工事原価見積額（当該決算日の翌日から完成までに要する工事原価の見積額をいう。）は20X1年度末が3,600万円，20X2年度末が960万円

▶20X1年と20X2年度の各工事収益は，次のとおりである。

$$20X1年度の工事収益＝7,200万円×\frac{1,800万円}{1,800万円＋3,600万円}＝2,400万円$$

$$20X2年度の工事収益＝(7,200万円－2,400万円)×\frac{3,000万円}{3,000万円＋960万円}$$

$$＝3,636万円$$

8-4　下記の資料に基づいて，20X5年度末と20X6年度末における繰延税金資産の金額と20X6年度における税効果調整後の法人税等の金額を求めなさい。

〔資料〕
① 20X5年度末における将来減算一時差異は¥60,000，将来加算一時差異は¥20,000
② 20X6年度末における将来減算一時差異は¥80,000，将来加算一時差異は¥25,000
③ 20X6年度の法人税等は¥220,000
④ 税率は40%

▶20X5年度末における繰延税金資産＝(¥60,000－¥20,000)×0.4＝¥16,000

財務諸表の作成

◆ Ⅰ ◆ 財務諸表の意義と種類

　すでに第1章で述べたように，財務諸表は，企業の経営者のほか，株主，債権者その他の利害関係者に対して必要な会計情報を伝達するための書類である。その中心を占めるのは，貸借対照表と損益計算書である。

　財務諸表は，提供される会計情報の相違によって，次のように分けられる。

①　貸借対照表（財政状態に関する情報を提供するもの）
②　損益計算書（経営成績に関する情報を提供するもの）
③　株主資本等変動計算書（株主資本等の純資産の変動に関する情報を提供するもの）
④　キャッシュ・フロー計算書（キャッシュ・フローの状況に関する情報を提供するもの）
⑤　注記表（上記の貸借対照表，損益計算書などに関する注記をまとめたもの）
⑥　附属明細表または附属明細書（貸借対照表などの情報を補足するもの）

　このほか，財務諸表は，その作成目的，作成時期などの相違によってそれぞれ次のように分類される。

1　作成目的の相違による財務諸表の種類

（1）　株主のための財務諸表

　これは，株主から資金（出資金）の管理運用について委託を受けた経営者（取締役）が，株主に対してその受託責任の遂行状況を明らかにするために作成される財務諸表である。また，この財務諸表によって当期純利益その他の剰余金の増加や減少（処分）に関する情報も提供される。

　いいかえれば，株主はこの財務諸表によって，経営を委託された取締役がその受託責任を忠実に果たしているかどうかを判断し，併せてその経営活動の成果と現状を把握し，さらに株主総会において将来の経営方針を決定する。また，株主は自分が所有している株式を引続いて保有すべきかどうか，またはさらにその株式所有を増やすべきかどうかなどについて意思決定（投資意思決定）を行う。

　今日，株主のための財務諸表においては，とくに会社の将来の収益性・成長性に関する会計情報がかなり大きな比重を占めている。歴史的にみても，株式会社制度の発展に伴い，企業会計が静態的思考から動態的思考に移行し，損益計算書が重視されるようになったのも，この収益性・成長性の重視ということが1つの大きな理由である。

（2）　債権者のための財務諸表

　これは，会社に資金を貸付けている銀行・保険会社などの金融機関，一般の社債権者などに対して，借入資金の利用状況その他元本および利子の返済などに関する情報を明らかにするために作成される財務諸表である。

　すでに述べたように，株式会社においては，株主有限責任の原則（会社法第104条）が採られているため，会社の債権者にとっては，会社の財産だけがその債権を回収するための唯一の財産である。

　したがって，債権者のための財務諸表においては，会社が債権者に対する債務の弁済に応じうるだけの財産をもっているかどうかを明らかにすることが重視される。このため，会社の支払能力または安全性に関する情報がかなり大きな比重を占めることになる。

　もっとも，会社の支払能力または安全性といっても，それを支えるものは，会社がその経営活動を順調に営んでいること，つまり収益をあげていることであるから，債権者のための財務諸表といっても，一般には，株主に対する財務諸表と内容的に大きな違いはない。とくに，近年のように，多くの債権者が長期債権者化し，また（新株予約権付社債の保有者が新株予約権を行使して新株の交付を受ける場合などにみられるように）債権者がしばしば株主になる状況のもとでは，短期的な見地からの企業財産の状況よりは，長期的な見地からの企業収益の状況に関する会計情報に重点が置かれる。

　後述する会社法および金融商品取引法による財務諸表は，主として，株主および債権者の両者を対象としているが，会社法は本来，債権者保護の観点に立っているのに対し，金融商品取引法は不特定多数の投資者（株式・社債などの有価証券に対する投資者）保護の観点に立って，それぞれ，財務諸表に対する会計規定を定めている。

　しかしながら，近年における会社法と金融商品取引法における調整の結果，開示する財務諸表の範囲や注記情報の範囲に相違を残すものの，両者の会計規定に大きな相違はなくなってきている。このため，会社が作成する財務諸表は一種類だけとなり，複数の目的に共通して役立つ**一般目的財務諸表**としての性格を強めている。

（3）　国・地方公共団体のための財務諸表

　これは，主として，税務当局に対して納税目的のために提供される**納税申告書**（詳しくは本章Ⅳで述べる）の一部をなす財務諸表である。

　また，公益性の高い事業を営む会社においては，国・地方公共団体による公的規制のために財務諸表が作成される。例えば，電気・ガス事業を営む会社については，株主などに対する情報提供のほか，電気・ガス料金の規制のために財務諸表の作成などに関する会計規則が定められている。また，JR 各社その他鉄道業を営む会社については，鉄道運賃の規制などのために鉄道業の会計規定が定められている。

　なお，財務諸表の作成目的による分類としては，上述の分類（提出先別の分

類）のほか，①開業時における会社の財産の状況（財政状態）を示すための**開業貸借対照表**，②継続企業の公準のもとにおける会社の財政状態および経営成績を示すための**通常財務諸表**，③剰余金（ひいては分配可能額）の計算を改めて行うために作成される**臨時財務諸表**（会社法上は臨時計算書類），④会社の合併直前または合併直後の財政状態を示すための**合併貸借対照表**，⑤会社の解散または清算時の財産の状態を示すための**解散貸借対照表**または**清算貸借対照表**などがある。この分類は，見方を変えれば，次の作成時期の相違による財務諸表の分類でもある。

2　作成時期の相違による財務諸表の種類

上述のように，財務諸表は，①開業貸借対照表，②通常財務諸表，③臨時財務諸表，④合併貸借対照表，⑤解散貸借対照表・清算貸借対照表などに分けられるが，一般に作成されている通常財務諸表は，年度末に作成されるもの（期末財務諸表）とその年度の中間に作成されるもの（中間財務諸表）に分けられる。

（1）　期末財務諸表

これは，1会計年度末において当該年度末現在の財政状態および当該年度の経営成績を明らかにし，さらに株主資本等純資産の変動状況を示すために作成されるものであり，一般に財務諸表といえば，この期末財務諸表を指す。

なお，この財務諸表に含まれる貸借対照表は，開業貸借対照表や清算貸借対照表などに対して，**決算貸借対照表**と呼ばれることがある。

期末財務諸表は，一般に，貸借対照表，損益計算書および株主資本等変動計算書ならびにこれらの附属明細書（または附属明細表）から成り立っている。

(注)　会社法および金融商品取引法にもとづく期末財務諸表については，後で詳しく述べる。

（2）　中間財務諸表

これは，会計期間を1年としている会社がその会計期間の途中（これを中間会計期間という）において作成する財務諸表である。

中間財務諸表を作成する目的は，中間会計期間の経営成績とその期末現在の

財政状態に関する情報を株主その他の利害関係者に対し提供することによって，会計情報の適時性・速報性を図ることである。したがって，中間財務諸表は正規の決算手続よりも簡略化された手続によって作成される面がある。

中間財務諸表の作成にあたっては，**中間会計期間**として3か月または6か月の期間が用いられる。3か月の期間ごとに作られる中間財務諸表は**四半期財務諸表**と呼ばれ，6か月の期間ごとに作られるものは**半期財務諸表**（または単に中間財務諸表）と呼ばれる。もっとも，前者は第1四半期から第3四半期までの期間について，後者は上半期のみについて作成される。

わが国では，金融商品取引法の定め（第24条の4の7）により，有価証券報告書を作成する会社で事業年度が3か月を超える会社は，3か月ごとに区分した各期間において**四半期報告書**を作成しなければならない。この四半期報告書の中に含まれている財務諸表が四半期財務諸表である。この四半期財務諸表は，四半期財務諸表等規則（内閣府令）および同規則ガイドラインにもとづいて作成される。

3　作成範囲の相違による財務諸表の種類

第3章Ⅱで述べたように，企業会計は，各企業実体ごとに行われる。この企業実体の範囲については，通常，法的実体の概念が用いられ，したがって，企業会計は法人登記をした各法人（会社）ごとに行われる。これは，とくに会社法および法人税法における法目的（処分可能額や課税所得の計算など）に適合するためである。

しかしながら，法的実体（法人格）は異なっていても，会社間の経済的関係（とくに資本関係）が非常に緊密である場合には，それらの会社を1つの企業集団（経済的実体）とみなして，それらの会社の会計情報を1つにまとめる会計（これを**連結会計**という）が行われる。これは，株主その他の投資者にとっては，個々の会社の会計情報だけでなく，その会社が属する企業集団全体の会計情報を得ることが，投資意思決定のために有用であるなどの理由によるものである。

したがって，財務諸表の作成にあたって，その範囲として法的実体の概念を採るか，または経済的実体の概念を採るかによって，財務諸表は**個別財務諸表**と**連結財務諸表**の2つに分けられる。

（1） 個別財務諸表

　これは，会社法，金融商品取引法，法人税法などにもとづく制度会計上ひろく作成されている財務諸表（会社法では，とくに計算書類という）であり，単に財務諸表というときは，この個別財務諸表を指している。なお，これは**単体**<ruby>たんたい</ruby>（または**単独**）**の財務諸表**と呼ばれることもある。

（2） 連結財務諸表

　これは，ある会社が他の会社の議決権の過半数を所有するなどにより他の会社を支配している場合，自社（これを**親会社**という）の個別財務諸表と相手会社（これを**子会社**という）の個別財務諸表を，一定の原則および手続によって１つの財務諸表にまとめたものである（第10章で詳しく述べる）。

　連結財務諸表は，金融商品取引法にもとづいて，有価証券届出書および有価証券報告書における企業集団に関する情報として作成され，内閣総理大臣に提出され，また公開されている。また，会社法上は，会計監査人を設置する会社は，連結財務諸表（会社法では，とくに連結計算書類という）を作成することができ，とくに大会社でかつ金融商品取引法適用会社であるものは連結計算書類を作成・公開することが求められている。

4　法令の相違による財務諸表の種類

　すでに第４章でも述べたように，企業会計に関する主な法令としては，会社法，金融商品取引法および法人税法がある。このほかに，公益性の強い業種を営む会社の財務諸表については，それぞれの特別法令が定められている。例えば，前にも触れたように，電気事業会計規則，ガス事業会計規則および鉄道事業会計規則である。

　したがって，法令の相違による財務諸表の種類としては，次のものがある。

① 会社法にもとづく財務諸表
② 金融商品取引法にもとづく財務諸表
③ 法人税法にもとづく財務諸表
④ その他の法令にもとづく財務諸表

以下に節を改めて，①，②および③について詳しく述べる。

 ## Ⅱ　会社法にもとづく財務諸表

1　計算書類等に関する諸規制

　第4章Ⅱでも述べたように，会社法により，株式会社については計算書類および事業報告ならびにその附属明細書の作成が定められている（第435条。必要に応じて，計算書類・事業報告と附属明細書を合わせて計算書類等と呼ぶ）。会社法では，取締役会，監査役，会計監査人の設置について，会社の事情に応じた自由化・柔軟化が図られているため，すべての会社について網羅的に説明することは難しい。本書では，改正前商法において標準的な機関設計である取締役会と監査役を設置する会社を前提として説明し，さらに監査役会および会計監査人を設置する会社について追加的に説明を加えることとする。

　（注）　公開会社である大会社にあっては監査役会および会計監査人を，公開会社でない大会社にあっては会計監査人を設置しなければならない（第328条）。なお，大会社とは，最終事業年度に係る貸借対照表に計上する資本金の額が5億円以上または負債の部に計上する額の合計額が200億円以上の会社をいい（第2条第6号），公開会社とは，発行する株式の全部または一部につき譲渡制限を設けていない会社をいう（第2条第5号）。

　計算書類等の内容を構成する書類，およびそれらについての監査・計算書類と監査報告の総会提出・開示の順序等は201ページのとおりである（太字は，会計監査人設置会社の場合）。

　会社法によれば，取締役は毎決算期に計算書類および事業報告ならびに附属明細書を作成して，さらに監査役の監査を受け（第436条第1項および第2項），さらに取締役会の承認を受けなければならない（第436条第3項）。会計監査人設置会社は，計算書類およびその附属明細書についてさらに会計監査人の監査

を受けなければならない（第436条第2項第1号）。その後，この計算書類および事業報告は定時株主総会に提出され（第438条第1項），その承認を受けなければならない（第438条第2項）。なお，会計監査人設置会社については，計算書類が会計監査人により無限定適正意見が付されるなどの要件を満たす場合には，計算書類について総会での承認を要せず報告で足りる（第439条，会社計算規則第135条）。また，この総会提出にあたっては，総会通知状に計算書類等および監査役の監査報告（大会社の場合は，会計監査人の会計監査報告）の謄本を添付しなければならない（第437条）。これを**直接開示**という。

他方，株式会社は，定時総会の終結後遅滞なく，貸借対照表（大会社にあっては貸借対照表および損益計算書）を公告しなければならず（第440条第1項），とくに官報または時事日刊新聞紙に公告する場合にはその要旨で足りる（第440条第2項，第939条）。また，インターネット上において総会終結の日後5年間不特定多数の者がそれらの情報にアクセスできる状態にすることでも足りる（第440条第3項）。なお，金融商品取引法の規定により有価証券報告書を内閣総理大臣に提出する会社は，後述するEDINETを通じた開示が行われていることから，会社法上の公告は不要とされる（第4項）。このほか，定時総会の計算書類および事業報告ならびに附属明細書，さらには監査役の監査報告（大会社の場合は，会計監査人の会計監査報告）は，定時総会の会日の1週間（取締役会設置会社は2週間）前の日から本店に5年間（支店ではそれらの謄本が3年間。なお，インターネット上公開していれば支店での備え置きは不要である）備え置かれ（第442条第1項，第2項），株主および会社債権者に対して閲覧に供される。これを**間接開示**という。なお，会社はこれらの書類の謄本または抄本の交付請求にも応じなければならない（同条第3項）。

会計監査人設置会社は，連結計算書類（連結貸借対照表，連結損益計算書，連結株主資本等変動計算書および連結注記表からなる）を作成することができ，さらに大会社でかつ金融商品取引法の適用会社は，その作成義務を有する（第444条第1項第3項）。また，監査役の監査を受け，取締役会の承認を要する点，定時株主総会招集通知での株主への提供，定時株主総会への提出・報告を要する点は，計算書類の場合と同様である（第4項第5項）。

計算書類等の内容・監査・総会提出・開示

計算書類等と監査報告	① 監査		② 総会通知状への添付（株主への直接開示）	③ 本・支店における公示（株主および債権者への間接開示）	④ 総会提出（承認または報告）	⑤ 公告
	会計監査人*1	監査役				
1　計算書類						
(1)貸借対照表	○	○	○	○	○*2（報告のみ）	○*3（要旨でも可）
(2)損益計算書	○	○	○	○	○*2（報告のみ）	○*3（要旨でも可）
(3)株主資本等変動計算書・注記表	○	○	○	○	○*2（報告のみ）	×
計算書類の附属明細書	○（会計に関する部分のみ）	○	×	○	×	×
2　事業報告	×	○	○	○	○	×
事業報告の附属明細書	×	○	×	○	×	×
監査報告	−	−	○	○	×	×
会計監査報告	−	−	○	○	×	×

＊1　株式会社は，会計監査人（公認会計士または監査法人）を設置してその監査を受けることができるが，大会社または公開会社は設置の義務がある（会社法第328条）。ゴシック体で記入されている部分は，会計監査人設置会社に該当する部分である。

＊2　貸借対照表，損益計算書，株主資本等変動計算書および注記表について，会計監査人が無限定適正意見を表明したなどの要件を満たした場合には，これらの書類はそのとき確定し，定時総会では報告されるのみとなる（第439条）。

＊3　株式会社は，定時総会の終結後遅滞なく貸借対照表を公告しなければならない（第440条第1項）。さらに大会社は，損益計算書についてもこの公告をしなければならない。また，この公告に代えて，電磁的方法により，総会承認後5年間，インターネット上不特定多数の者に開示する措置をとることができる（第440条第3項）。

2　計算書類等の作成

　株式会社が計算書類（および連結計算書類）および事業報告ならびに附属明細書をどのように作成し，開示するかについては，法務省令（会社計算規則）によって定められている。また，大会社の会計監査人の会計監査報告および監査役の監査報告の記載方法なども同じく法務省令によって定められている。

　(注)　近年，会社法にもとづく事業報告と金融商品取引法にもとづく有価証券報告書について記載内容の共通化（一体的開示）が進められている。会社側の開示実務の負担感

の軽減と株主投資家との建設的な対話の促進などがそのねらいである。

Ⅲ　金融商品取引法にもとづく財務諸表

1　有価証券届出書等に関する諸規制

　第4章Ⅲで述べたように，金融商品取引法にもとづく財務諸表は，同法にもとづいて内閣総理大臣に提出される次の各書類の中に含められている。なお，金融商品取引法にもとづく財務諸表は，しばしば財務計算に関する書類または財務書類と呼ばれている（金融商品取引法第193条，財務諸表等規則第1条他参照）。

(1)　発行市場における主な開示書類

　①　有価証券届出書

　②　目論見書

(2)　流通市場における主な開示書類

　①　有価証券報告書

　②　四半期報告書

　③　臨時報告書

　上に掲げた書類のうち有価証券届出書および有価証券報告書に含まれている財務書類の主なものは，次のとおりである（企業内容等の開示に関する内閣府令第1条，第二号様式，第三号様式など参照。以下，開示府令という）。なお，四半期報告書に含まれる財務書類が，前述の四半期財務諸表（**四半期貸借対照表，四半期損益計算書**および四半期キャッシュ・フロー計算書）である（開示府令第17

有価証券届出書および有価証券報告書に関する主な財務書類		
1　連結財務諸表等	**2　財務諸表等**	
(1)　連結貸借対照表	(1)　貸借対照表	
(2)　連結損益計算書	(2)　損益計算書	
(3)　連結包括利益計算書	(3)　株主資本等変動計算書	
(4)　連結株主資本等変動計算書	(4)　キャッシュ・フロー計算書	
(5)　連結キャッシュ・フロー計算書	(5)　附属明細表	
(6)　連結附属明細表		

条の15）。

　なお，金融商品取引法上の財務諸表は，従来，個別財務諸表を主，連結財務諸表を従としてきたが，現在では，連結情報重視の視点に立って，連結財務諸表を中心とする制度に移行されている。また，連結財務諸表（連結財務諸表を作成しない会社は，個別財務諸表）および四半期連結財務諸表（四半期連結財務諸表を作成しない会社は，四半期財務諸表）の1つとして，**キャッシュ・フロー計算書**が加えられている。

　上掲の財務書類については，公認会計士または監査法人による監査が行われ（金融商品取引法第193条の2），さらにこれらの財務書類を含む届出書等は，次のような方法で公衆の縦覧に供される（第25条）。

有価証券届出書等の開示

縦　　覧　　場　　所	縦　　覧　　期　　間	
1　関東財務局および本店所轄の財務局	①　有価証券届出書・同添付書類	5 年
2　発行会社の本店および主要な支店	②　有価証券報告書・同添付書類	5 年
3　金融商品取引所(上場会社)または認	③　四半期報告書	3 年
可金融商品取引業協会(店頭登録会社)	④　臨時報告書	1 年

　なお，これらの財務書類をインターネットを経由したオンラインによって電子的に提出することができ，当該財務書類に記載の情報を財務局設置のパソコンの映像面で公衆の縦覧に供し，またインターネットを利用して誰でも入手できるようにするための電子開示のシステム（EDINET（Electronic Disclosure for Investors' NETwork）と呼ばれる）が整備されている。

2　財務書類の作成

　有価証券届出書および有価証券報告書に含まれる財務書類のうち，①貸借対照表，②損益計算書，③株主資本等変動計算書，④キャッシュ・フロー計算書，ならびに⑤附属明細表の用語，様式および作成方法については，財務諸表等規則（内閣府令）に定められている。なお，この財務諸表等規則に定められていない事項については，一般に公正妥当と認められる企業会計の基準に従うが，

金融庁長官が特に公表したものがあるときは，その基準が優先する（同規則第
1条）。

　また，個別財務諸表とともに有価証券届出書および有価証券報告書に含まれ
る連結財務諸表については，連結財務諸表規則（内閣府令）が定められている。
なお，この規則に定められていない事項については，同じく一般に公正妥当と
認められる企業会計の基準に従う（同規則第1条）。

　四半期報告書に含まれる四半期財務諸表および四半期連結財務諸表について
は，四半期財務諸表等規則および四半期連結財務諸表規則（内閣府令）が定め
られている。

　なお，企業会計審議会による企業会計原則および企業会計基準委員会による
企業会計基準等は，金融商品取引法上，一般に公正妥当と認められる企業会計
の基準として，上掲の財務書類の作成にあたって直接的に規範性をもっている
（財務諸表等規則第1条第2項・第3項など）。

法人税法にもとづく財務諸表

1　法人税法による課税制度

　法人税法は，法人の所得に対して課税する法律であり，その関係法令として
法人税法施行令，同施行規則，租税特別措置法などがある。

　法人税法は，課税目的上，法人を次のように分類している（第2条）。

　法人税は，内国法人のうち，普通法人と協同組合等についてはそのすべての
所得に対して，また公益法人等と人格のない社団等については収益事業からの
所得に対して課税されるが（第4条第1項），公共法人に対しては課税されない

法人税法上の法人の分類

法人 ┬ 内国法人 ┬ 普通法人
　　　│　　　　　├ 協同組合等
　　　│　　　　　├ 公益法人等
　　　│　　　　　├ 人格のない社団等
　　　│　　　　　└ 公共法人
　　　└ 外国法人

（第4条第3項）。他方，外国法人については，法人税法に定める国内源泉所得
があったとき課税される（第4条第2項）。

2　納税申告書

　株式会社は，上述の普通法人に属し，その納税申告書は，株主総会で確定し
た計算書類（ただし，すでに述べたように，会計監査人設置会社において会計監査
人と監査役などが貸借対照表および損益計算書について適正と認めた場合には，その
貸借対照表および損益計算書はその段階で確定する）にもとづいて作成される。
このことを，すでに述べたように確定決算基準または確定決算主義といい，こ
れにもとづいて提出される申告書を**確定申告書**という。

　確定申告書は，原則として決算日後2か月以内（大会社の場合は通常3か月以
内）に税務署に提出され（法人税法第74条ないし75条の2），法人税が納付され
る。なお，会計年度が6か月を超える会社（通常，1年決算の会社）は，その年
度開始後6か月を経過した日から2か月以内に，税務署に**中間申告書**を提出し
（法人税法第71条第1項），前年度の法人税額の2分の1の税金を納付するか（こ
の申告を**前期の実績による中間申告**という），または6か月を1事業年度として仮
決算を行い，法人税額を計算して納付する（これを**中間決算**または**仮決算による
中間申告**という）。

　確定申告書には，その事業年度の所得（または欠損）金額，法人税額などが
記載されるが，その添付書類として次のような書類が添付される（法人税法第
74条第2項および同法施行規則第35条）。法人税法上の財務諸表とは，広義では
納税申告書に含まれる会計書類のすべてを指すが，狭義ではこの添付書類を指
す。

確定申告書の添付書類

1　貸借対照表
2　損益計算書
3　株主資本等変動計算書または損益金の処分表
4　上記1および2に係る勘定科目内訳書

　なお，中間申告書の記載事項および添付書類も，確定申告書の場合とほとん

ど同じである（法人税法第72条第1項および第2項ならびに同法施行規則第33条参照）。

V 財務諸表の作成方法

上述したように，財務諸表にはいろいろな種類があり，またそれらを規制する法令も多様である。以下では，主に会社法にもとづいて毎決算期末に作成される財務諸表について説明することにする。ただし，必要に応じて，金融商品取引法にもとづく財務諸表（いずれも個別財務諸表。連結財務諸表については第10章で述べる）にも言及する。

1 貸借対照表

（1） 意　　義

貸借対照表（決算貸借対照表）は，会社の決算日現在における財政状態（資産・負債および資本の状態。会社法では，これをしばしば財産の状況または財産の状態という）を明らかにするための書類である。

いいかえれば，貸借対照表は，前期末（当期首）の資産，負債および資本が当該会計期間中の経済活動および関連事象によって変動を受けた結果，期末現在においてそれらが，どのような状況になっているかを示すものである。したがって，貸借対照表は，当該会社の開業以来の経済活動および関連事象の累積的な結果を示しているものである。このような意味で，貸借対照表は，本質的に歴史的なものである。

（2） 作成原則

貸借対照表の主な作成原則（形式的原則）としては，完全性の原則，区分計算表示の原則および総額主義の原則がある。なお，このほかに実質的原則として，原価主義を中心とする評価の原則（貸借対照表価額の決定原則）などがあるが，これはすでに第5章IIIなどで述べたところである。

① 完全性の原則

これは，貸借対照表は，株主，債権者その他の利害関係者が企業の財政状態

を正しく理解できるように，すべての資産，負債および資本（純資産）を表示すべしとする原則である（「原則」第三の一参照）。この原則は**網羅性の原則**とも呼ばれる。

　なお，この原則に対する例外的な原則として，「重要性の原則」がある。これは，正規の簿記の原則に従って生じた簿外資産および簿外負債を貸借対照表に表示しないことを認める原則である（「原則」同上ただし書きおよび「注解」1。第 3 章Ⅲ参照）。

②　区分計算表示の原則

　これは，貸借対照表の作成にあたっては，資産，負債および資本（純資産）の各科目を一定の基準に従って区分し，それぞれの区分ごとに金額を計算し（小計，合計など），さらにそれらを正しく配列すべしとする原則である。

　貸借対照表科目の分類および区分については，すでに資産会計，負債会計および資本会計の各章において述べたところであるが，それらをまとめると，次ページのようになる。

　次に，これらの科目の配列順序としては，流動項目を先に，固定項目を後に掲げる方法と，逆に，固定項目を先に，流動項目を後に掲げる方法がある。前者の方法を**流動性配列法**，後者の方法を**固定性配列法**という。実務上，一般に，流動性配列法が採用されているが，電気・ガス事業を営む企業などのように，設備資産の重要性がとくに高い企業では固定性配列法が用いられている。

　なお，貸借対照表の形式として，前にも述べたように，資産科目を左側（借方側）に，負債および資本（純資産）科目を右側（貸方側）に掲げ，左右対照的に表示する様式（**勘定式**）と，資産・負債・資本（純資産）の各科目を上から下へと順次掲げる様式（**報告式**）がある。

　会社法会計の実務では一般に勘定式が用いられているが，金融商品取引法会計では報告式が用いられている（巻末の実例参照）。次ページにおける貸借対照表の様式は，会社計算規則に従っている。

③　総額主義の原則

　これは，資産，負債および資本の各科目については，その総額を掲げるべしとする原則である。例えば，ある貸付金（300万円）と借入金（250万円）を相殺してそのいずれか多いほうの金額の科目のみを掲げる（借入金は掲げないで

貸借対照表

（資 産 の 部）		（負 債 の 部）	
流　動　資　産	×××	流　動　負　債	×××
固　定　資　産	×××	固　定　負　債	×××
有形固定資産	×××	負　債　合　計	×××
無形固定資産	×××	（純資産の部）	
投資その他の資産	×××	株　主　資　本	×××
繰　延　資　産	×××	資　　本　　金	×××
		資　本　剰　余　金	×××
		資　本　準　備　金	×××
		その他資本剰余金	×××
		利　益　剰　余　金	×××
		利　益　準　備　金	×××
		その他利益剰余金	×××
		任　意　積　立　金	×××
		繰越利益剰余金	×××
		自　己　株　式	△×××
		評価・換算差額等	×××
		新　株　予　約　権	×××
		純　資　産　合　計	×××
資　産　合　計	×××	負債・純資産合計	×××

貸付金50万円だけを掲げる）ことを禁ずる原則である。なお，この例のように，「貸付金50万円」だけを掲げる考え方を**純額主義**（の原則）という。

2　損益計算書

（1）　意　　義

損益計算書は，会社の一会計期間の経営成績（損益の内容および純損益。会社法では，これをしばしば損益の状況または損益の状態という）を明らかにするための書類である。

（2）　作成原則

損益計算書の主な作成原則（形式的原則）としては，区分計算表示の原則お

よび総額主義の原則がある。なお，このほか実質的原則として，費用収益対応の原則および実現主義を中心とする損益の計上原則があるが，これはすでに第8章で述べたところである。

① 区分計算表示の原則

これは，損益計算書は損益科目を適当な区分に分けて計算・表示すべきであるとする原則である。「原則」によれば，「損益計算書は，企業の経営成績を明らかにするため，一会計期間に属するすべての収益とこれに対応するすべての費用とを記載して経常利益を表示し，これに特別損益に属する項目を加減して当期純利益を表示しなければならない。」（第二の一）と規定され，さらに損益計算書には，営業損益計算，経常損益計算および純損益計算の区分を設けること（第二の二）などが定められている。

会社計算規則でも，損益計算書に記載される事項は，「原則」の内容と実質的に同様である（第88条）。

会社計算規則による損益計算書の主な表示区分を示すと，次のとおりである。

損益計算書

売　上　高		×××
売　上　原　価		×××
売上総利益（又は売上総損失）		×××
販売費及び一般管理費	×××	×××
営業利益（又は営業損失）		×××
営　業　外　収　益	×××	×××
営　業　外　費　用	×××	×××
経常利益（又は経常損失）		×××
特　別　利　益	×××	×××
特　別　損　失	×××	×××
税引前当期純利益（又は当期純損失）		×××
法人税，住民税及び事業税	×××	
法　人　税　等　調　整　額	×××	×××
当期純利益（又は当期純損失）		×××

② 総額主義の原則

貸借対照表の場合と同じように，損益計算書についても，ある収益項目と費用項目を相殺して，その純額だけを示すこと（純額主義）は原則として禁じられている。例えば，受取利息（50万円）と支払利息（40万円）をそれぞれ表示する方法（総額主義の原則）を採らないで，受取利息（10万円）だけを損益計算書に記載することは許されない。

3 キャッシュ・フロー計算書

（1） 意　義

キャッシュ・フロー計算書は，資金の範囲を現金（当座預金および普通預金などを含む）および現金同等物（短期の定期預金，譲渡性預金など）として一定期間における資金の収支（キャッシュ・フロー）を，営業活動，投資活動および財務活動に分けて表示する計算書であり，いわゆる**資金計算書**の一種である。

（2） 作成方法

キャッシュ・フロー計算書は，会社法上は作成・開示が求められていないので，その作成方法はもっぱら財務諸表等規則に従うことになる。なお，営業活動によるキャッシュ・フローの表示は，①収入と支出を総額で表示する直接法か，②当期純利益から売上債権・支払債務・棚卸資産の増減項目を加減する形式で表示する間接法のいずれかによる。

財務諸表等規則上の様式に示されている②の間接法によるキャッシュ・フロー計算書は，次ページのとおりである。

キャッシュ・フロー計算書

営業活動によるキャッシュ・フロー	
税引前当期純利益	×××
減価償却費	×××
貸倒引当金の増加額	×××
受取利息及び受取配当金	－×××
支払利息	×××
有形固定資産売却益	－×××
売上債権の増加額	－×××
たな卸資産の減少額	×××
仕入債務の減少額	－×××
小計	×××
利息及び配当金の受取額	×××
利息の支払額	－×××
法人税等の支払額	－×××
営業活動によるキャッシュ・フロー	×××
投資活動によるキャッシュ・フロー	
有形固定資産の取得による支出	－×××
有形固定資産の売却による収入	×××
有価証券の取得による支出	－×××
有価証券の売却による収入	×××
貸付けによる支出	－×××
貸付金の回収による収入	×××
投資活動によるキャッシュ・フロー	×××
財務活動によるキャッシュ・フロー	
長期借入れによる収入	×××
長期借入金の返済による支出	－×××
社債の発行による収入	×××
社債の償還による支出	－×××
株式の発行による収入	×××
自己株式の取得による支出	－×××
配当金の支払額	－×××
…………	×××
財務活動によるキャッシュ・フロー	×××
現金及び現金同等物の増加額	×××
現金及び現金同等物の期首残高	×××
現金及び現金同等物の期末残高	×××

　キャッシュ・フロー計算書は，一般に，貸借対照表や損益計算書とは異なり，日常の取引記録から作成するのではなくて，貸借対照表と損益計算書を組み替えることによって作成する。

> **設例9-1**　次の貸借対照表と損益計算書から，①直接法と②間接法のそれぞれによった場合のキャッシュ・フロー計算書を作成しなさい。なお，投資活動および財務活動によるキャッシュ・フローは生じていないものとする。

貸 借 対 照 表　　　　（単位：円）

	20X2年度	20X1年度	増（減）
（資　　産）			
現 金 預 金	120,000	100,000	20,000
売　掛　金	300,000	280,000	20,000
商　　　品	385,000	370,000	15,000
備　　　品	300,000	350,000	(50,000)
	1,105,000	1,100,000	5,000
（負債・純資産）			
買　掛　金	280,000	300,000	(20,000)
借　入　金	400,000	400,000	0
資　本　金	300,000	300,000	0
利益剰余金	125,000	100,000	25,000
	1,105,000	1,100,000	5,000

損 益 計 算 書
（20X2年度）　　（単位：円）

売　　上　　高	570,000
売　上　原　価	425,000
営　　業　　費	70,000
減 価 償 却 費	50,000
当 期 純 利 益	25,000

解 答

① 直接法によるキャッシュ・フロー計算書

キャッシュ・フロー計算書
（20X2年度）　　　　　（単位：円）

営 業 収 入	550,000
商 品 仕 入 支 出	−460,000
営 業 支 出	−70,000
現金及び現金同等物の増加額	20,000
現金及び現金同等物の期首残高	100,000
現金及び現金同等物の期末残高	120,000

　営業収入は，売上高¥570,000から売掛金増加額¥20,000を差し引いて計算する。売掛金の増加（減少）は，その分だけ売掛金の回収が遅れる（早まる）ことを意味するので，キャッシュ・フローが減少（増加）することになる。同様に，商品仕入支出は，売上原価¥425,000に商品増加額¥15,000と買掛金減少額¥20,000を加算することによって計算される。

　このように，売掛金，商品，買掛金の増減がキャッシュ・フローの増減とどう結びつくかを図に示すと，次のようになる。

売掛金の　増加 → キャッシュ・フローの減少
　　　　　減少 → キャッシュ・フローの増加

商 品 の　増加 → キャッシュ・フローの減少
　　　　　減少 → キャッシュ・フローの増加

買掛金の　増加 → キャッシュ・フローの増加
　　　　　減少 → キャッシュ・フローの減少

② 間接法によるキャッシュ・フロー計算書

キャッシュ・フロー計算書
（20X2年度）　　　　　（単位：円）

当 期 純 利 益	25,000
減 価 償 却 費	50,000
売 掛 金 の 増 加 額	−20,000
商 品 の 増 加 額	−15,000
買 掛 金 の 減 少 額	−20,000
現金及び現金同等物の増加額	20,000
現金及び現金同等物の期首残高	100,000
現金及び現金同等物の期末残高	120,000

間接法の場合，当期純利益から計算がスタートする。資産の減少（減価償却費など）と負債の増加はキャッシュ・フローの加算項目となり，資産の増加または負債の減少はキャッシュ・フローの減算項目となる。

4　株主資本等変動計算書

（1）　意　　義
会社法上，会社は，株主資本を構成する資本金，準備金（資本準備金および利益準備金）および剰余金（その他資本剰余金およびその他利益剰余金）の計数を変更することができ，さらに金銭等による剰余金の配当，自己株式の取得などを通じて株主に対する利益分配を行うことができる。

これらによって株主資本を構成する各項目に変動が生ずるが，さらに当期純利益または当期純損失の計上によっても変動する。

これらの株主資本の変動状況を説明する財務諸表が株主資本等変動計算書である。株主資本等変動計算書には，株主資本以外の純資産の項目，すなわち評価・換算差額等，新株予約権の変動状況も記載される。

> **(注)**　改正前商法では，利益の配当は，株主総会の決議を要し，年に1回の中間配当を行うように法により定型化されていたので，株主総会の利益処分の状況を示す利益処分計算書が作成され，中間配当の状況は，損益計算書の末尾に未処分利益計算区分を設けてそこに表示されていた。

（2）　作成方法
株主資本等変動計算書の作成方法については，会社計算規則（第96条）および「株主資本等変動計算書に関する会計基準」（企業会計基準第6号）によって定められている。

株主資本等変動計算書の様式には，①純資産の各項目を横に並べる様式と②純資産の各項目を縦に並べる様式の2つがある。財務諸表等規則上は，次ページのような①純資産の各項目を横に並べる様式で作成される（様式第七号）。

① 純資産の各項目を横に並べる様式

株主資本等変動計算書

	株主資本										評価・換算差額等		新株予約権	純資産合計
	資本金	資本剰余金			利益剰余金				自己株式	株主資本合計	その他有価証券評価差額金	評価・換算差額等合計		
		資本準備金	その他資本剰余金	資本剰余金合計	利益準備金	その他利益剰余金		利益剰余金合計						
						×× 積立金	繰越利益剰余金							
当期首残高	×××	×××	×××	×××	×××	×××	×××	×××	△×××	×××	×××	×××	×××	×××
当期変動額														
新株の発行	×××	×××		×××						×××				×××
剰余金の配当					×××		△×××	△×××		△×××				△×××
当期純利益							×××	×××		×××				×××
自己株式の処分									×××	×××				×××
××××××														
株主資本以外の項目の当期変動額（純額）											×××	×××	×××	×××
当期変動額合計	×××	×××	—	×××	×××	—	×××	×××	×××	×××	×××	×××	×××	×××
当期末残高	×××	×××	×××	×××	×××	×××	×××	×××	△×××	×××	×××	×××	×××	×××

②　純資産の各項目を縦に並べる様式

株主資本等変動計算書

株主資本			
資本金	当期首残高		×××
	当期変動額	新株の発行	×××
	当期末残高		×××
資本剰余金			
資本準備金	当期首残高		×××
	当期変動額	新株の発行	×××
	当期末残高		×××
その他資本剰余金	当期首残高及び当期末残高		×××
資本剰余金合計	当期首残高		×××
	当期変動額		×××
	当期末残高		×××
利益剰余金			
利益準備金	当期首残高		×××
	当期変動額	剰余金の配当に伴う積立て	×××
	当期末残高		×××
その他利益剰余金			
××積立金	当期首残高及び当期末残高		×××
繰越利益剰余金	当期首残高		×××
	当期変動額	剰余金の配当	△×××
		当期純利益	×××
	当期末残高		×××
利益剰余金合計	当期首残高		×××
	当期変動額		×××
	当期末残高		×××
自己株式	当期首残高		△×××
	当期変動額	自己株式の処分	×××
	当期末残高		△×××
株主資本合計	当期首残高		×××
	当期変動額		×××
	当期末残高		×××
評価・換算差額等			
その他有価証券評価差額金	当期首残高		×××
	当期変動額（純額）		×××
	当期末残高		×××
評価・換算差額等合計	当期首残高		×××
	当期変動額		×××
	当期末残高		×××
新株予約権	当期首残高		×××
	当期変動額（純額）		×××
	当期末残高		×××
純資産合計	当期首残高		×××
	当期変動額		×××
	当期末残高		×××

5　会計上の変更および誤謬の訂正

（1）　会計上の変更

　会計上の変更には，会計方針の変更，表示方法の変更および会計上の見積りの変更といった性質の異なるものが含まれている。

　まず，**会計方針の変更**とは，従来採用していた一般に公正妥当と認められた会計方針から他の一般に公正妥当と認められた会計方針に変更することをいう。会計方針は，**正当な理由**により変更を行う場合を除き，毎期継続して適用しなければならない。正当な理由により変更を行う場合は，会計基準等の改正に伴って特定の経過的な取扱いを除き，新たな会計方針を過去の期間のすべてに遡及適用する。なお，財務諸表の表示期間（例えば，金融商品取引法にもとづいて作成される場合には，2年分の財務諸表が表示される）より前の期間に関する遡及適用による累積的影響額は，表示する財務諸表のうち，最も古い期間の期首の資産，負債および純資産の額に反映するものとされる。

　次に，**表示方法の変更**とは，従来採用していた一般に公正妥当と認められた表示方法から他の一般に公正妥当と認められた表示方法に変更することをいう。表示方法は，表示方法を定めた会計基準または法令等の改正により変更を行う場合や，会計事象等を財務諸表により適切に反映するために変更を行う場合を除き，毎期継続して適用しなければならない。財務諸表の表示方法を変更した場合には，原則として表示する過去の財務諸表について，新たな表示方法に従い財務諸表の組替えを行わなければならない。

　さらに，**会計上の見積りの変更**とは，新たに入手可能となった情報にもとづいて，過去に財務諸表を作成する際に行った会計上の見積りを変更することをいう。会計上の見積りの変更は，当該変更が変更期間のみに影響する場合には，当該変更期間に会計処理を行い，当該変更が将来の期間にも影響する場合には，将来にわたり会計処理を行うものとされる。

（2）　誤謬の訂正

　誤謬とは，原因となる行為が意図的であるか否かにかかわらず，財務諸表作成時に入手可能な情報を使用しなかったことによる，またはこれを誤用したこ

とによる，①財務諸表の基礎となるデータの収集または処理上の誤り，②事実の見落としや誤解から生じる会計上の見積りの誤り，③会計方針の適用の誤りまたは表示方法の誤りをいう。

過去の財務諸表における誤謬が発見された場合には，会計方針の変更の場合と同様，表示する各期間の財務諸表を修正再表示する。

6 注　　記

これは，貸借対照表または損益計算書上の項目または金額について，その項目の性格，金額の算定根拠などを当該財務書類に結びつけて注書きすることである。会社計算規則では，注記の内容をまとめた「**注記表**」を財務諸表（計算書類）の1つとして作成・開示することが要求されている（会社計算規則第59条第1項）。

この注記を必要とする主な事項は，企業の財務内容を判断するために重要な事項であり，受取手形の割引高または裏書譲渡高，保証債務等の偶発債務，債務の担保に供している資産，発行済株式1株当たり当期純利益および同1株当たり純資産額等がある（「原則」第三の一のC，会社計算規則第98条参照）。その他にも，(1)有価証券の評価基準と評価方法，棚卸資産の評価基準と評価方法，固定資産の減価償却の方法，引当金の計上基準などの会計処理の原則および手続（これを**会計方針**という。「注解」1―2，会社計算規則第101条参照)，(2)決算日後に発生した火災等による損害，会社の合併など次期以降の財政状態および経営成績に影響を及ぼす事象（これを**後発事象**という。「注解」1―3，会社計算規則第114条参照）などがある。

> **(注)** 2020年3月31日に，改正企業会計基準第24号「会計方針の開示，会計上の変更及び誤謬の訂正に関する会計基準」が公表され，会計方針の開示の充実を図る改正が行われている。

1株当たり当期純利益については，会社計算規則および財務諸表等規則において注記することが要求されているが，財務諸表等規則上は潜在株式調整後の1株当たり当期純利益についても開示することが要求されている（会社計算規則第113条および財務諸表等規則第95条の5の2）。1株当たり当期純利益の計算については，「1株当たり当期純利益に関する会計基準」（企業会計基準第2号）

によって詳しい方法が定められている。これによると，1株当たり当期純利益は，次のように，普通株主に係る当期純利益（損益計算書上の当期純利益から優先株配当などの普通株主に帰属しない金額を控除したもの）を普通株式の期中平均株式数で除して算定する（企業会計基準第2号第12項）。

$$1株当たり当期純利益 = \frac{普通株式に係る当期純利益}{普通株式の期中平均株式数}$$

$$= \frac{損益計算書上の当期純利益 - 普通株主に帰属しない金額}{普通株式の期中平均発行済株式数 - 普通株式の期中平均自己株式数}$$

さらに，新株予約権などが付された証券など（**潜在株式**とよばれる）がある場合，権利が行使されると普通株式となるので，その結果当期純利益が希薄化する可能性がある。**潜在株式調整後1株当たり当期純利益**は，このような潜在株式による希薄化の影響を表すために開示されるものであり，次のように，権利の行使を仮定して算定される（第21項）。

$$\frac{潜在株式調整後}{1株当たり当期純利益} = \frac{普通株式に係る当期純利益 + 当期純利益調整額}{普通株式の期中平均株式数 + 普通株式増加数}$$

例えば，転換社債型の新株予約権付社債を発行している企業について，期中平均株価が新株予約権の行使価格を上回る場合には，権利行使を仮定して，増加する普通株式を分母に加え，それによって減少する支払利息等を分子に戻し入れるなどの調整を行うことになる。

なお，会社計算規則および財務諸表等規則上は，**1株当たり純資産**の注記も要求されている（会社計算規則第113条第1号，財務諸表等規則第68条の4）。

また，最近では，財務諸表本体に対する追加的・補足的な情報が注記によって開示されるようになってきた。その主なものは，**セグメント情報**および**金融商品および賃貸等不動産の時価情報**である。

セグメント情報とは，企業が定めた事業セグメントごとに区分された情報をいう。現行基準では，セグメント情報の開示は，マネジメント・アプローチに従っている。このアプローチは，企業が自らの意思決定に使用している事業区分の方法や利益の計算方法を適用して得られた情報を原則としてそのまま企業外部の利用者に提供するという考え方である。

事業セグメントとは，企業の構成単位で，次の要件のすべてに該当するもの

をいう。

---
① 収益を稼得し，費用が発生する事業活動に関わるもの
② 企業の最高経営意思決定機関（取締役会など。企業によって異なる）が，当該構成単位に配分すべき資源に関する意思決定を行い，また，その業績を評価するために，その経営成績を定期的に検討するもの
③ 分離した財務情報を入手できるもの

　事業セグメントは，企業により製品別に区分される場合もあれば，地域別やその他の観点から区分される場合もある。さらに，事業セグメントは，大企業になるほど多数に及ぶのが通常であり，セグメント情報の開示の目的，セグメントの経済的特徴の類似性などに基づいて，集約化が行われる。集約されたセグメント（報告セグメントという）について，セグメント情報が提供される。
　開示すべきセグメント情報には，以下の項目が含まれる。

---
① 報告セグメントの概要
② 報告セグメントの利益（または損失），資産および負債ならびにその他の重要な項目の額およびその測定方法に関する事項（この金額は，企業内部の業績評価目的で利用されているものである）
③ 報告セグメントの各開示項目の合計額とこれに対応する財務諸表計上額との間の差異調整に関する事項

　さらに，マネジメント・アプローチでは，事業区分の方法が企業ごとに異なるため，製品・サービスごとに区分していない企業は，製品・サービスごとに区分された外部売上高を，地域ごとに区分していない企業は，地域ごとに区分された外部売上高および有形固定資産残高を開示するように配慮されている。
　なお，セグメント情報の注記は，連結財務諸表を作成している場合には，個別財務諸表で記載することを要しない（財務諸表等規則第8条の29第5項）。
　このようなセグメント情報の開示が行われるようになったのは，企業の事業活動が多様化・多角化してきたことと，海外にその生産や販売の拠点を拡大してきたこと（つまり現地化）が大きな理由である。
　金融商品に関する時価情報の開示は，「金融商品に関する会計基準」によって金融商品の時価，評価損益等の開示が行われてきたが，2019年7月における「時価の算定に関する会計基準」の公表により，時価のレベル別開示（観察可

能性の高いものからレベル１・２・３の別に行う開示）も求められるようになった。賃貸等不動産については，「賃貸等不動産の時価等の開示に関する会計基準」により，賃貸等不動産（投資不動産，遊休不動産，上記以外の賃貸されている不動産）について，時価，損益等の情報が開示されている。

　さらに，決算財務諸表が依拠している**継続企業の前提**に重要な疑義が存在する場合には，利用者にその旨を説明しなければ重大な誤解を与えかねない。このため，会社計算規則および財務諸表等規則では，貸借対照表日において債務超過などの財務指標の悪化の傾向，重要な債務の不履行などの財政破綻の可能性など，継続企業の前提に重要な疑義を抱かせる事象または状況が存在する場合には，当該事象または状況の内容，それを解消するための経営計画，重要な疑義の影響が財務諸表に反映されているか否かなどの必要な事項を注記しなければならないものとされている（会社計算規則第100条，財務諸表等規則第８条の27）。この注記が適切かどうかについては，さらに公認会計士監査によるチェックが行われる。

　一般に，このような注記事項は，貸借対照表または損益計算書の本文の下に記載される。しかし，最近では，貸借対照表や損益計算書の記載内容はできるだけ簡潔明瞭に示し，その詳細は注記にゆずる傾向があるため，注記事項が次第に増えるようになってきている。また，その内容も貸借対照表と損益計算書の両者に関係するものが多くなってきている。このため，すでに述べたように，会社法上は，これらの注記事項をまとめた注記表を作成することを求めている。

7　附属明細書・附属明細表

　附属明細書は，会社法の財務諸表の１つとして，貸借対照表，損益計算書および事業報告を補うための書類である。他方，附属明細表は，金融商品取引法上の財務書類として，貸借対照表および損益計算書を補うための書類である。

　附属明細書と附属明細表については，それぞれ，会社計算規則（第117条）と財務諸表等規則（第120条ないし126条）に定めがあるが，両者は次のような点で異なっている。

　附属明細書は，会計情報のみでなく非会計情報をも含んでおり，したがって純然たる財務諸表の１つとはいえないが，附属明細表は，貸借対照表および損

益計算書を補完するための会計情報を伝える書類であり，したがって財務諸表
としての一体性がとくに強い。

 # 財務諸表の作成例

　貸借対照表，損益計算書および株主資本等変動計算書の作成例を示すと，次
のとおりである。

設例9-2　A株式会社の20X2年3月31日（第25期，年1回決算）現在の
決算整理後の資料は，次のとおりである（単位：円）。これにもとづいて，
貸借対照表，損益計算書および株主資本等変動計算書を作成しなさい。

資料1

現　　　金	168,000	貸倒引当金	97,000
受 取 手 形	3,225,000	建　　　物	7,000,000
割 引 手 形	1,075,000	備　　　品	3,200,000
繰 越 商 品	3,155,000	投資有価証券	1,250,000
建物減価償却累計額	2,834,000	社債発行費	54,000
備品減価償却累計額	1,029,000	支 払 手 形	1,835,000
長期貸付金	925,000	未 払 利 息	60,000
買　掛　金	1,395,000	未払法人税等	530,000
社　　　債	2,000,000	長期借入金	1,000,000
資　本　金	6,000,000	退職給付引当金	925,000
任意積立金	1,100,000	資本準備金	300,000
当 座 預 金	1,144,500	利益準備金	370,000
売　掛　金	1,625,000	繰越利益剰余金	163,000
前 払 地 代	40,000		

　（注）　貸倒引当金勘定残高97,000のうち，受取手形に対する分は64,500，売掛金に
　　　　対する分は32,500である。割引手形は，受取手形の評価勘定である。

資料 2

売　上　高	35,630,000	期首商品棚卸高	2,910,000
受取配当金	70,000	期末商品棚卸高	3,155,000
仕 入 割 引	110,000	給　　料	1,610,000
社債償還益	115,000	貸 倒 損 失	97,000
仕　入　高	31,035,000	支 払 地 代	120,000
広　告　料	157,500	消 耗 品 費	76,000
減価償却費	735,000	雑　　費	8,500
退職給付費用	96,500	支 払 利 息	170,000
手形売却損	83,000	社 債 利 息	225,000
売 上 割 引	63,500	社債発行費償却	9,000
受 取 利 息	64,500	固定資産売却損	145,000
法人税，住民税及び事業税	530,000		

資料 3

剰余金の処分（20X1年 6 月28日）：

配当金	500,000	利益準備金	50,000
任意積立金	400,000		

貸 借 対 照 表

A株式会社　　　　　20X2年 3 月 31 日　　　　　（単位：円）

資　産　の　部			負　債　の　部	
流 動 資 産			流 動 負 債	
現 金 預 金		1,312,500	支 払 手 形	1,835,000
受 取 手 形(注)	2,150,000		買 掛 金	1,395,000
貸倒引当金	64,500	2,085,500	未 払 費 用	60,000
売 掛 金	1,625,000		未払法人税等	530,000
貸倒引当金	32,500	1,592,500	流動負債合計	3,820,000
商　　　品		3,155,000	固 定 負 債	
前 払 費 用		40,000	社　　　債	2,000,000
流動資産合計		8,185,500	長 期 借 入 金	1,000,000
			退職給付引当金	925,000
固 定 資 産			固定負債合計	3,925,000
有形固定資産			負 債 合 計	7,745,000
建　　　物	7,000,000			
減価償却累計額	2,834,000	4,166,000	純　資　産　の　部	
備　　　品	3,200,000			
減価償却累計額	1,029,000	2,171,000	株 主 資 本	
有形固定資産合計		6,337,000	資　本　金	6,000,000
			資 本 剰 余 金	
投資その他の資産			資本準備金	300,000
投資有価証券		1,250,000	資本剰余金合計	300,000
長期貸付金		925,000	利 益 剰 余 金	
投資その他の資産合計		2,175,000	利益準備金	370,000
固定資産合計		8,512,000	その他利益剰余金	
			新 築 積 立 金	1,100,000
繰 延 資 産			繰越利益剰余金	1,236,500	2,336,500
社債発行費		54,000	利益剰余金合計	2,706,500
繰延資産合計		54,000	株主資本合計	9,006,500
資 産 合 計		16,751,500	純 資 産 合 計	9,006,500
			負債及び純資産合計	16,751,500

（注）　このほかに受取手形割引高 1,075,000 円

A株式会社　　　　　　　**損　益　計　算　書**
20X1年 4 月 1 日から20X2年 3 月31日まで　　　　（単位：円）

売　　上　　高			35,630,000
売　上　原　価			
1	期首商品棚卸高	2,910,000	
2	当期商品仕入高	31,035,000	
	合　　　計	33,945,000	
3	期末商品棚卸高	3,155,000	30,790,000
	売 上 総 利 益		4,840,000
販売費及び一般管理費			
1	給　　料	1,610,000	
2	広　告　料	157,500	
3	貸 倒 損 失	97,000	
4	減 価 償 却 費	735,000	
5	支 払 地 代	120,000	
6	消 耗 品 費	76,000	
7	退職給付費用	96,500	
8	雑　　費	8,500	2,900,500
	営 業 利 益		1,939,500
営 業 外 収 益			
1	受 取 利 息	64,500	
2	受 取 配 当 金	70,000	
3	仕 入 割 引	110,000	244,500
営 業 外 費 用			
1	支 払 利 息	170,000	
2	手 形 売 却 損	83,000	
3	社 債 利 息	225,000	
4	社債発行費償却	9,000	
5	売 上 割 引	63,500	550,500
	経 常 利 益		1,633,500
特　別　利　益			
1	社債償還益	115,000	115,000
特　別　損　失			
1	固定資産売却損	145,000	145,000
	税引前当期純利益		1,603,500
	法人税, 住民税及び事業税		530,000
	当 期 純 利 益		1,073,500

A株式会社　　　　　　　　**株主資本等変動計算書**
20X1年4月1日から20X2年3月31日まで　　　　　（単位：円）

株主資本		
資　本　金	当期首及び当期末残高	6,000,000
資本剰余金		
資本準備金	当期首及び当期末残高	300,000
資本剰余金合計	当期首及び当期末残高	300,000
利益剰余金		
利益準備金	当期首残高	320,000
	当期変動額（剰余金の配当に伴う積立て）	50,000
	当期末残高	370,000
その他利益剰余金		
任意積立金	当期首残高	700,000
	当期変動額（任意積立金の積立て）	400,000
	当期末残高	1,100,000
繰越利益剰余金	当期首残高	1,113,000
	当期変動額（剰余金配当）	△500,000
	（利益準備金の積立て）	△50,000
	（任意積立金の積立て）	△400,000
	（当期純利益）	1,073,500
	当期末残高	1,236,500
利益剰余金合計	当期首残高	2,133,000
	当期変動額	573,500
	当期末残高	2,706,500
株主資本合計	当期首残高	8,433,000
	当期変動額	573,500
	当期末残高	9,006,500
純資産合計	当期首残高	8,433,000
	当期変動額	573,500
	当期末残高	9,006,500

◆ 研究問題 ◆

9-1　財務諸表の目的について述べなさい。
▶本章Ⅰの 1 のほか第 1 章および第 3 章を復習すること。

9-2　企業会計原則に基づいて，次に掲げる事項（いずれも重要性の高いものとする）のうち会計方針にかかわる事項として財務諸表に注記すべきものを選びなさい。
1　満期保有目的の債券を償却原価法によって評価している。
2　無形固定資産の償却方法として定額法を採用している。
3　繰延資産として計上されている開業費の額が準備金の額を×××百万円超過している。
4　得意先のために債務保証を行っている。
5　社債発行費についてその全額を支出時の費用としている。
6　資本準備金を減少して資本金を増加する結果，資本金は×××百万円増加している。
7　社債について繰上償還を行っている。
8　不動産の販売収益の計上について引渡基準を採用している。
9　関係会社を吸収合併し，既にその資産・負債および権利義務のすべてを引き継いでいる。
10　建物の建設のために借り入れた資金の利息を当該建物の取得原価に算入している。
11　自社の製品について損害賠償請求訴訟が裁判所に提起されている。
▶会計方針という会計用語の意味を正しく理解すること（本章Ⅴの 6，「会計方針の開示，会計上の変更及び誤謬の訂正に関する会計基準」参照）。

9-3　附属明細書と附属明細表の相違について述べなさい。
▶前者は会社法（会社計算規則）上の書類，後者は金融商品取引法（財務諸表等規則）上の書類である。それぞれの関係規則を調べてみる。

9-4　次の会計用語について説明しなさい。
(1)　四半期財務諸表　　　(2)　確定決算基準　　　(3)　セグメント情報
(4)　直接開示　　(5)　間接開示　　(6)　流動性配列法　　　(7)　総額主義
(8)　後発事象　　(9)　キャッシュ・フロー計算書
(10)　潜在株式調整後 1 株当たり当期純利益
▶本章の中ですべて説明されているから，関係箇所を復習する。

連結財務諸表

連結財務諸表の意義と目的

1 連結財務諸表の意義

連結財務諸表は，同一の企業集団に属する各会社の個別財務諸表を結合して，当該企業集団全体の財政状態と経営成績を総合的に表示する財務諸表である。連結財務諸表は，現在，金融商品取引法にもとづく有価証券届出書，有価証券報告書などの財務書類として作成されているほか，会社法上の大会社で会計監査人を設置する株式会社も連結計算書類の作成・公開が義務づけられている。

(**注**) 平成15年3月31日終了の事業年度より，法人税法上，100％子会社を親会社と一体とみて課税する連結納税制度を選択的に適用することができるようになった。

これまで述べてきた会社法，金融商品取引法，法人税法上の各財務諸表は，中間財務諸表も含めて，法人格の異なる会社（法的実体）ごとに作成されるものであって，連結財務諸表に対して個別財務諸表と呼ばれているが，連結財務諸表は，会社間の支配・従属関係（主として株主所有の観点）から相互に密接な関係にある諸会社を一体（経済的実体）として，その企業集団全体の財政状態と経営成績を明らかにする財務諸表である。

従来，有価証券届出書および有価証券報告書において，個別財務諸表が主たる財務諸表とされ，連結財務諸表は個別財務諸表を補完する従たる財務諸表として副次的な役割を担ってきた。しかしながら，企業活動の多角化・国際化に

伴い，連結財務諸表の重要性が高まり，現在では連結情報を中心としたディスクロージャー制度となっている。

> **(注)** 平成25年9月13日に，企業会計基準委員会において，連結財務諸表を含めた企業結合に関連する会計基準の改正が行われ，非支配株主の概念や非支配株主に帰属する損益の表示などに大きな変更が加えられている。本改正の適用は，平成27年4月1日以後開始する連結会計年度の期首からであるが，本章は改正後の新基準にもとづいている。

2　連結財務諸表の目的

連結財務諸表は，①親・子会社の株主・債権者その他の利害関係者に対して，当該企業集団にかかわる会計情報を提供することを主な目的としているが，そのほか，②親会社の経営者が子会社を含めた企業集団全体の経営管理を効率的に行うため，③企業集団に属する会社について会計監査を充実するためなどの目的があげられる。

連結財務諸表は，①連結貸借対照表，②連結損益計算書，③連結包括利益計算書（または②と③をあわせた連結及び包括利益計算書），④連結キャッシュ・フロー計算書，⑤連結株主資本等変動計算書および⑥連結附属明細表から構成される（なお，④と⑥は個別財務諸表の場合とほとんど異ならないので，本章では取り上げない）。

> **(注)** 会社法上の連結計算書類は，①連結貸借対照表，②連結損益計算書，③連結株主資本等変動計算書および④連結注記表からなる（会社計算規則第61条）。

なお，連結財務諸表の作成に関する会計期間は1年であるが（これを**連結会計期間**という），これは親会社の会計期間と一致し，その決算日（これを**連結決算日**という）現在で連結財務諸表が作成される。

II　連結の範囲

企業集団の範囲を決めるための基準，いいかえれば連結財務諸表作成の対象となる会社の範囲（これを**連結の範囲**という）を決める基準として，従来，**持株基準**（株式その他議決権の所有割合）が用いられてきたが，現在では，議決権の所有割合以外の要素も加味した**支配力基準**が用いられている。

親会社は，連結財務諸表の作成に当たり，原則としてすべての子会社を連結

の範囲に含めなければならない。ここで，**親会社**とは，他の企業（会社のほか会社に準ずる事業体を含む）の意思決定機関を支配している企業をいい，**子会社**とは，意思決定機関が支配されている側の当該他の企業をいう。ただし，更生会社，整理会社，破産会社等であって，かつ，有効な支配従属関係が存在せず組織の一体性を欠くと認められる企業は，子会社とはならない。

　次に，どういう場合に他の企業の意思決定機関を「支配」していると認められるのかが問題となってくる。ここでいう「支配」が認められる場合には，(1)他の企業の議決権の過半数を実質的に所有している場合のみならず，(2)他の企業に対する議決権の所有割合が40％以上50％以下であっても，友好株主の存在により彼らと合わせて実質的に議決権の過半数を所有する場合，役員または従業員（元役員なども含む）が取締役会等の過半数を占める場合，重要な財務および営業の方針決定を支配する契約等が存在する場合など，当該会社の意思決定機関を支配している一定の事実が認められる場合も該当する。

　また，親会社が直接他の企業を支配している場合のみならず，親会社と子会社が一緒に，または子会社が，他の企業（いわゆる孫会社）を支配している場合も，この被支配企業は子会社となる。

　このように決定された子会社であっても，(1)支配が一時的であると認められる企業，および(2)上記(1)以外の企業であっても，連結することにより利害関係者の判断を著しく誤らせるおそれのある会社は連結の範囲には含まれない。なお，連結の範囲の決定にあたっては重要性の原則の適用があり，子会社であっても，その資産，売上高等を考慮して，連結の範囲から除いても企業集団の財政状態，経営成績およびキャッシュ・フローの状況に関する合理的な判断を妨げない程度に重要性の乏しいものは，連結の範囲に含めないことができる。この子会社でありながら連結の対象から除外されるものを**非連結子会社**という。

　なお，上述の非連結子会社と**関連会社**（子会社ではないが，出資，人事，資金，技術，取引などの関係を通じて財務および営業の方針に重要な影響を受けている会社）に対しては，**持分法**が適用される（本章Ⅵで述べる）。

　また，会社法においても，連結会計基準および連結財務諸表規則の考え方に沿った子会社などの定義が示されている（会社法第 2 条，会社法施行規則第 3 条・第 4 条）。

連結貸借対照表の作成

1 基本原則

連結貸借対照表を作成するための基本原則は，次の４つである。

---

① 親会社と子会社の個別貸借対照表における資産，負債および純資産の各科目および金額を基礎とすること
② 子会社の資産および負債を時価で評価すること
③ 親会社の投資勘定と子会社の資本勘定（株主資本。評価・換算差額等がある場合はこれを含む）を相殺消去すること
④ 連結会社相互間の債権と債務を相殺消去すること

このうち，①は，**基準性の原則**（**個別財務諸表準拠性の原則**ともいう）と呼ばれ，これは後述の連結損益計算書その他連結財務諸表全体に通じる原則である。ただし，個別財務諸表が，減価償却の過不足，資産または負債の過大または過少計上等により当該会社の財政状態および経営成績を適正に示していない場合には，連結財務諸表の作成上これを適正に修正して連結決算を行わなければならない。

以下，②ないし④について述べる。

2 子会社の資産および負債の時価評価

連結貸借対照表の作成にあたっては，親会社が子会社の支配を獲得した日（支配獲得日）において，子会社の資産および負債を公正な評価額（時価）で評価しなければならない。

> **（注）** 親会社の投資比率が100％に達していない場合，その達していない割合（**非支配株主持分**という）については，この割合に対応する部分まで時価で評価すべきかどうかが問題となった。この問題については，２通りの考え方があり，会計処理としては，非支配株主持分に対応する部分を子会社の個別財務諸表上の帳簿価額のまま評価する方法（**部分時価評価法**という）とこの非支配株主持分に対応する部分まで時価で評価する方法（**全面時価評価法**という）とがある。現行基準では，全面時価評価法のみが認められている。

　以上の手続によって生じた時価評価額と個別財務諸表上の帳簿価額との評価差額は，子会社の資本勘定に含まれる。なお，評価差額が重要性に乏しい場合には，個別貸借対照表の金額をそのまま用いることができる。以下，設例により説明していくが，Ｐ社は親会社，Ａ社は子会社を示すものとする。

設例10-1　Ｐ社はＡ社の株式の80％を20X1年度末に取得した。このときの(1)Ａ社の個別貸借対照表，および(2)Ａ社の資産および負債の時価は，次のとおりであった。そこで，支配獲得時におけるＡ社の修正後貸借対照表を作成しなさい。

(1)　Ａ社の個別貸借対照表

貸　借　対　照　表　　　　　（単位：千円）

現 金 預 金	200	買 掛 金	600
売 掛 金	800	借 入 金	1,000
商 品	500	資 本 金	800
建 物	1,000	利益剰余金	500
土 地	400		
	2,900		2,900

(2)　Ａ社の資産および負債の時価（単位：千円）

売 掛 金	750	商 品	600
建 物	800	土 地	800
借 入 金	950		

これ以外の資産および負債は，帳簿価額と時価が一致している。

解　答

　子会社の資産および負債は，親会社株主持分と非支配株主持分のどちらに対応するかを問わず，すべて時価で評価される。したがって，修正後の貸借対照表は次のようになる。

貸 借 対 照 表　　　　（単位：千円）

現 金 預 金	200	買 　 掛 　 金	600
売 　 掛 　 金	750	借 　 入 　 金	950
商 　 　 　 品	600	資 　 本 　 金	800
建 　 　 　 物	800	利益剰余金	500
土 　 　 　 地	800	評 価 差 額	300
	3,150		3,150

3　投資勘定と資本勘定の相殺消去

この相殺消去においては，親会社の投資勘定の金額（原価）とこの投資の割合（持分割合，議決権の所有率）に見合う子会社の資本勘定（評価差額を含む）の金額（ただし投資時における金額）を相殺消去する。

この場合，親会社の投資の割合が100％に達していない場合は，その達していない割合に見合う子会社の資本勘定の金額は，**非支配株主持分勘定**へ振り替え，これを連結貸借対照表上，純資産の部に株主資本と別の区分を設けて記載する（会社計算規則第76条第1項第2号および連結財務諸表規則第3条）。また，親会社の投資額とその投資の割合に見合う子会社の資本額との相殺消去において前者が後者を超過した場合の差額（正ののれん）が生じたときは，連結貸借対照表上，のれんとして，無形固定資産の区分に表示する（会社計算規則第74条および連結財務諸表規則第40条）。逆に前者を後者が超過する場合の差額（負ののれん）は，連結損益計算書上，支配獲得時の特別利益として表示する。このような投資勘定と資本勘定の相殺消去を中心とする個別貸借対照表の連結を**資本連結**という。

　（注）　平成25年9月改正前は，非支配株主持分を**少数株主持分**と呼んでいた。

（1）　取得日現在の資本連結

親会社が子会社の株式を取得したとき，その取得日現在で，連結貸借対照表を作成することは，実務上は行われないけれども，連結会計を理解するための第一歩として，以下例示する。なお，P社は親会社，A社は子会社を示す。

設例10-2▶　P社はA社の株式の100％を20X1年度末に1,500千円で取得した。このときの両社の貸借対照表（A社の資産，負債は時価で評価替えしている）は，次のとおりであった。この取得時の連結貸借対照表を作成しなさい。

P社	貸借対照表	（単位：千円）		A社	貸借対照表	（単位：千円）
流動資産	800	負　債	1,200	流動資産	400	負　債 100
固定資産	4,000	資　本　金	4,000	固定資産	1,200	資　本　金 1,000
投　資	1,500	利益剰余金	1,100			利益剰余金 500
	6,300		6,300		1,600	1,600

解　答▶

　A社とP社の連結貸借対照表を作成するにあたっては，P社の投資1,500千円とA社の資本勘定1,500千円（資本金1,000千円および利益剰余金500千円）を相殺消去することになるが，両者が同額であるから，投資消去差額は生じない。

　なお，消去仕訳（単位：千円）と連結貸借対照表は次のようになる。

（借）資　本　金(A)　　1,000　　　　（貸）投　　　　資(P)　　1,500
　　　利　益　剰　余　金(A)　　500

	連　結　貸　借　対　照　表	（単位：千円）	
流　動　資　産	1,200	負　　債	1,300
固　定　資　産	5,200	資　本　金	4,000
		利益剰余金	1,100
	6,400		6,400

設例10-3▶　〔設例10-2〕に掲げたP社の流動資産を600千円，投資を1,700千円とし，その他の数字は変わらないものとする。取得時の連結貸借対照表を作成しなさい。

解答

　この場合は，P社の投資が1,700千円に対して，A社の資本勘定は1,500千円であるから，この差額200千円は，のれんに計上する。この差額は，P社がA社の資本（純資産額）より200千円だけ高い価額でA社の株式を取得したことを意味している。したがって，消去仕訳（単位：千円）と連結貸借対照表は，次のようになる。

（借）資　　本　　金(A)　　1,000　　　　（貸）投　　　　資(P)　　1,700
　　　利益剰余金(A)　　　500
　　　の　れ　ん　　　　200

連 結 貸 借 対 照 表 　　（単位：千円）

流 動 資 産	1,000	負　　　債	1,300
固 定 資 産	5,200	資 本 金	4,000
の れ ん	200	利益剰余金	1,100
	6,400		6,400

　のれんは，金額が僅少の場合にはその連結会計年度の損益とすることができるが，原則としてその計上後20年以内の効果が及ぶ期間にわたって，定額法その他合理的な方法により償却しなければならない。

> **設例10-4**　〔設例10-2〕に掲げたP社の投資を90％とし，その投資原価を1,250千円，流動資産を1,050千円とし，その他の数字は変わらないものとする。取得時の連結貸借対照表を作成しなさい。

解答

　この例では，P社は投資割合が90％であるから，残りの10％分は，P社以外の株主がA社の資本に対してもっている持分（つまり非支配株主持分）である。また，前例とは逆にP社の投資額（1,250千円）がA社の資本（1,500千円×90％＝1,350千円）を下回る場合であり，この場合その差額は，次の消去仕訳（単位：千円）により利益剰余金に貸記される（連結損益計算書を作成している場合は，負ののれん発生益を特別利益に計上する）。

（借）資　　本　　金(A)	1,000	（貸）投　　　　　　資(P)	1,250
利 益 剰 余 金(A)	500	利 益 剰 余 金(P) 　　　（負ののれん発生益）	100
		非支配株主持分	150

連 結 貸 借 対 照 表　　　　（単位：千円）

流 動 資 産	1,450	負　　　　　　債	1,300
固 定 資 産	5,200	資　　本　　金	4,000
		利 益 剰 余 金	1,200
		非支配株主持分	150
	6,650		6,650

　なお，この例では，非支配株主持分は，時価で計算された子会社の資本勘定を基礎に計算されている（1,500千円×10％＝150千円）。

> **設例10- 5**　　P社とA社の各貸借対照表は，P社の流動資産を750千円，その投資原価を1,550千円，90％所有とする点を除いて，他はすべて〔設例10- 2〕に掲げたものと全く同じであると仮定する。取得時の連結貸借対照表を作成しなさい。

解　答

　この場合は，P社の投資原価1,550千円は，A社の資本勘定に対するP社の持分1,350千円より大きいので，のれん200千円が生ずるとともに，90％所有なので10％分の非支配株主持分を計上する必要がある。すなわち，その消去仕訳（単位：千円）および連結貸借対照表は次のようになる。

（借）資　　本　　金(A)	1,000	（貸）投　　　　　資(P)	1,550
利 益 剰 余 金(A)	500	非支配株主持分	150
の　　れ　　ん	200		

連 結 貸 借 対 照 表　　　　（単位：千円）

流 動 資 産	1,150	負　　　　　　債	1,300
固 定 資 産	5,200	資　　本　　金	4,000
の　　れ　　ん	200	利 益 剰 余 金	1,100
		非支配株主持分	150
	6,550		6,550

（2） 取得日後の資本連結

　会社が他の会社の支配を獲得した後，その子会社が利益を計上した場合は，連結貸借対照表上，その利益額（利益剰余金）に対する親会社持分相当額を連結上の利益剰余金に加算し，非支配株主持分相当額は非支配株主持分に加算する。逆に，子会社に損失が生じたときは，その損失額に対する親会社持分相当額を連結上の利益剰余金から減額し，非支配株主相当額は非支配株主持分から減額する。

設例10-6　　P社は20X1年度末にA社の株式90％を1,350千円で取得した。20X2年度中においてA社の資本のうち利益剰余金が200千円増加した。両社の20X2年度末における貸借対照表は次のとおりであった。なお，20X1年度末における会社の資産および負債の個別財務諸表上の金額は時価と一致していた。

P社　　　貸借対照表　（単位：千円）		A社　　　貸借対照表　（単位：千円）	
流動資産　1,150	負　　債　1,300	流動資産　800	負　　債　200
固定資産　4,500	資　本　金　4,000	固定資産　1,100	資　本　金　1,000
投　　資　1,350	利益剰余金　1,700		利益剰余金　700
7,000	7,000	1,900	1,900

解　答　　この場合の消去仕訳は，次のようになる（単位：千円）。

（借）資　　本　　金(A)　　1,000　　　（貸）投　　　　　資(P)　　1,350
　　　利　益　剰　余　金(A)　　700　　　　　　　非支配株主持分　　　170（注1）
　　　　　　　　　　　　　　　　　　　　　　　　利　益　剰　余　金　　180（注2）

　　（注1）　A社　資　　本　　金　　　1,000千円
　　　　　　　A社　利　益　剰　余　金　　　700千円*
　　　　　　　　　　　　　　　　　　　　　1,700千円
　　　　　　　非支配株主持分割合　　　　　×　10%
　　　　　　　　　　　　　　　　　　　　　　170千円

　　　　*　20X2年度中のA社利益200千円を含んでいる。

（**注2**）　A社の20X2年度中利益　　　　200千円

　　　　　親会社株主持分割合　　　　　　× 90%

　　　　　親 会 社 株 主 持 分　　　　　180千円

連 結 貸 借 対 照 表　　　　（単位：千円）

流　動　資　産	1,950	負　　　　　債	1,500
固　定　資　産	5,600	資　　本　　金	4,000
		利　益　剰　余　金	1,880
		非支配株主持分	170
	7,550		7,550

設例10-7

① 　P社（決算日は毎年3月31日）は，20X1年4月1日にA社の株式（80
%）を1,200千円で取得した。A社の20X1年1月31日（決算日）現在にお
ける資産および負債の金額は時価と一致しており，また資本は資本金
2,000千円だけであった。

② 　A社は20X1年度（20X1.2.1から20X2.1.31まで）に400千円の当期純損失
を計上した。

③ 　P社とA社の20X1年度末における各貸借対照表は次のとおりであった。

P社　　　　　貸借対照表　　（単位：千円）

資　　産	8,000	負　　　　債	2,000
投　　資	1,200	資　　本　　金	4,000
		利益剰余金	3,200
	9,200		9,200

A社　　　　　　貸借対照表　　（単位：千円）

資　　産	2,200	負　　　　債	600
利益剰余金	400	資　　本　　金	2,000
	2,600		2,600

解　答

　まず，この設例では，A社とP社の決算日が異なっているが，この差異が3
か月以内のときは，P社の決算日をA社の決算日とみなして，そのまま連結す
ることができる（ただし，連結会社間取引に係る会計記録の不一致については，必
要な整理を行う）。A社の決算日とP社の決算日との差が3か月を超えるときは，

P社の決算日現在でA社は正規の決算処理を行う必要がある。

消去仕訳は，次のとおりである（単位：千円）。

1　（借）資　　本　　金(A)　　2,000　　（貸）投　　　　　資(P)　　1,200
　　　　　　　　　　　　　　　　　　　　　　　利 益 剰 余 金　　　　　　400
　　　　　　　　　　　　　　　　　　　　　　　（負ののれん発生益）
　　　　　　　　　　　　　　　　　　　　　　　非支配株主持分　　　　　　400

2　（借）非支配株主持分　　　　80　　（貸）利 益 剰 余 金　　　　　　400
　　　　　利 益 剰 余 金　　　 320

（注）　1の仕訳は，投資と資本の相殺消去，2の仕訳はA社利益剰余金（マイナス）の親
　　　　会社株主持分と非支配株主持分への按分である。

連 結 貸 借 対 照 表　　　　（単位：千円）

資　　　　産	10,200	負　　　　債	2,600
		資　本　金	4,000
		利 益 剰 余 金	3,280
		非支配株主持分	320
	10,200		10,200

（3）　株式の段階取得

　これまでの設例では，会社が他の会社の発行済株式総数の過半数にあたる株
式を一度に取得した例をあげてきた。もしも2回以上にわたって株式取得を行
い，その結果，過半数の株式を保有することになった場合には，支配獲得日に
おいて算定した子会社の資本（評価差額を含む）のうち親会社に帰属する部分
を一括して投資と相殺消去する。このとき投資の額は，支配獲得日における投
資の時価による。従前の投資の額を再評価することによって生じた差額は，連
結損益計算書上，利益として計上する。

　なお，いずれの方法でも，株式の取得日（または支配獲得日）とは厳密な意
味での取得日（獲得日）をいうのではなく，決算日と取得日（獲得日）が異な
っているときは取得日（獲得日）に近い決算日を「**みなし取得日**（または**みなし
獲得日**）」として，その決算日現在の親会社の投資と子会社の資本を相殺消去
する。例えば子会社の決算日が毎年3月31日で，株式の取得日が2月10日の場
合は，3月31日を「みなし取得日」とする。

設例10- 8 ▶

① 　P社は，A社の株式を20X2年度末に40％取得した。このときの投資の
原価は720千円，A社の貸借対照表は次のとおりであった。

A社　　　　　　　　貸 借 対 照 表　　　　　（単位：千円）			
流 動 資 産	1,000	負　　　　債	1,000
固 定 資 産	1,500	資　本　金	1,000
		利 益 剰 余 金	500
	2,500		2,500

　なお，流動資産と固定資産の時価は，それぞれ1,100千円および1,700
千円であった。評価差額は，それぞれ商品（１年以内に売却）および土
地（長期保有）を原因としている（以下同じ）。
② 　P社は，A社の株式を20X3年度末に30％追加取得した（投資の原価
750千円）。このときの投資の時価は20X2年度末取得分と合わせて1,750
千円であった。
③ 　20X3年度末の両社の貸借対照表は次のとおりである。なお，A社の流
動資産と固定資産の時価は，それぞれ1,500千円および2,800千円であっ
た。

P社　　　　貸借対照表　　（単位：千円）				A社　　　　　　貸借対照表　　（単位：千円）			
流動資産	2,430	負　　　債	2,000	流動資産	1,300	負　　　債	2,000
固定資産	6,000	資　本　金	5,000	固定資産	2,500	資　本　金	1,000
投　　　資	1,470	利益剰余金	2,900			利益剰余金	800
	9,900		9,900		3,800		3,800

　よって，消去仕訳と連結貸借対照表を作成しなさい。

解　答 ▶

　全面時価評価法の場合は，子会社に対する支配を獲得したときの（つまり，
設例では第２回目のときの）投資（累計額）とA社資本を相殺消去する。A社資
本のうち非支配株主持分相当額は，支配獲得日における資産および負債の時価
にもとづいて計算する。ただし，第１回取得時において，A社は後述する持分

法の適用があるので，A社が20X2年度に計上した純利益の40％（120千円）と実現した商品に係る評価差額の40％（△40千円）を投資勘定に反映させなければならない（単位：千円）。

（借）投 資(P) 80 （貸）利 益 剰 余 金 80

　さらに，過年度に取得した投資は，支配獲得日において時価に評価替される（評価益200千円＝1,000千円－（720千円＋80千円））。

（借）投 資(P) 200 （貸）利 益 剰 余 金 200
　　　　　　　　　　　　　　　　　　　　　　（段階取得に係る差益）

　そのうえで，投資と資本の相殺に係る計算，消去仕訳および連結貸借対照表は，それぞれ次のようになる。

	A社資本 （時価修正後）	取得率	親会社株主持分	株式時価	の れ ん
第2回取得（支配獲得）	2,300千円 ×	70% =	1,610千円	1,750千円	140千円

消去仕訳（単位：千円）：

（借）流 動 資 産(A) 200 （貸）評 価 差 額(A) 500
　　　固 定 資 産(A) 300
（借）資 本 金(A) 1,000 （貸）投 資(P) 1,750
　　　利 益 剰 余 金(A) 800 　　　非支配株主持分 690
　　　評 価 差 額(A) 500
　　　の れ ん 140

連 結 貸 借 対 照 表　　　（単位：千円）

流 動 資 産	3,930	負　　　　債	4,000
固 定 資 産	8,800	資　本　金	5,000
の れ ん	140	利 益 剰 余 金	3,180
		非支配株主持分	690
	12,870		12,870

　連結精算表を示すと，次のとおりである。

連 結 精 算 表

（単位：千円）

勘 定 科 目	P　　社	A　　社	合　　計	消　去　仕　訳 借　方	貸　方	連結貸借対照表 借　方	貸　方
流 動 資 産	2,430	1,300	3,730	200		3,930	
固 定 資 産	6,000	2,500	8,500	300		8,800	
投　　　　資	1,470	———	1,470		1,470	0	
	9,900	3,800	13,700				
負　　　　債	(2,000)	(2,000)	(4,000)				4,000
資　本　金	(5,000)	(1,000)	(6,000)	1,000			5,000
利 益 剰 余 金	(2,900)	(800)	(3,700)	520			3,180
	(9,900)	(3,800)	(13,700)				
非支配株主持分					690		690
の　れ　ん				140		140	
				2,160	2,160	12,870	12,870

（　）は貸方を示す。

4　債権と債務の相殺消去

　連結会計においては，親・子会社はすべて同一の企業集団に属しているとみなすので，連結貸借対照表の作成にあたっては，親子会社間の債権債務を相殺消去する必要がある。例えば，親会社が子会社に100千円の貸付けをしている場合，次のように親会社の「貸付金」勘定と子会社の「借入金」勘定は相殺消去される（単位：千円）。

　（借）借　　入　　金(A)　　　100　　　（貸）貸　　付　　金(P)　　　100

　このような債権・債務勘定としては，受取手形と支払手形，売掛金と買掛金，貸付金と借入金，未収入金と未払金，仮払金と仮受金，前払金と前受金などがあるが，このほか，前払費用と前受収益，未収収益と未払費用などの経過勘定項目もある。

　なお，連結会社を対象にして引き当てられた貸倒引当金なども連結貸借対照

表の作成にあたって修正を要する。

5　連結貸借対照表の様式

　連結貸借対照表の様式は，次ページに掲げるように，個別貸借対照表の様式と基本的に異ならない。連結貸借対照表特有の科目として「非支配株主持分」があるが，すでに述べたように，非支配株主持分は純資産の部に株主資本とは別の区分を設けてそこに記載する。純資産の部の区分は，①株主資本，②その他の包括利益累計額，③新株予約権，および④非支配株主持分とされ，①の株主資本はさらに㋑資本金，㋺資本剰余金および㋩利益剰余金の３区分とされる。なお，個別財務諸表とは異なり，利益剰余金の内訳は不要である。のれんは，無形固定資産に記載する。

　「自己株式」が株主資本の区分に控除項目として記載される点は，個別貸借対照表の場合と同じであるが，「子会社の所有する親会社株式」（ただし，親会社持分比率に相当する額に限る）も同様に表示される（会社計算規則第76条第９項および連結財務諸表規則第43条第３項）。これは，自己株式と親会社株式は，企業集団全体からみると実質的には剰余金の処分と考えることができるからである。その他有価証券評価差額金も，個別財務諸表と同様，純資産の部に独立の区分を設けて記載されるが，連結財務諸表では，包括利益の表示（Ｖで後述する）が求められているので，「評価・換算差額等」ではなく，「その他の包括利益累計額」として表示される（会社計算規則第76条第１項第２号および連結財務諸表規則第43条の２）。

　なお，連結貸借対照表の表示についても明瞭性の原則が適用され，とくに「非連結子会社及び関連会社」に対する投資は，他の項目と区別して記載し，または注記の方法により明瞭に表示しなければならない（連結財務諸表規則第30条）。

連結貸借対照表

資　産　の　部			負　債　の　部		
流　動　資　産			流　動　負　債		
現 金・預 金	×××		支払手形・買掛金	×××	
受取手形・売掛金	×××		短 期 借 入 金	×××	
棚 卸 資 産	×××		未 払 法 人 税 等	×××	
………………	×××		製品保証引当金	×××	
流動資産合計		××××	………………	×××	
固　定　資　産			流動負債合計		××××
有形固定資産			固　定　負　債		
土　　　　地	×××		社　　　　債	×××	
建　　　　物	×××		長 期 借 入 金	×××	
………………	×××		繰 延 税 金 負 債	×××	
有形固定資産合計	×××		退職給付に係る負債	×××	
無形固定資産			………………	×××	
の　れ　ん	×××		固定負債合計		××××
………………	×××		負　債　合　計		××××
無形固定資産合計	×××				
投資その他の資産			純　資　産　の　部		
投 資 有 価 証 券	×××		株　主　資　本		
繰 延 税 金 資 産	×××		資　本　金	×××	
………………	×××		資 本 剰 余 金	×××	
投資その他の資産合計	×××		利 益 剰 余 金	×××	
固定資産合計		××××	自 己 株 式	△×××	××××
繰　延　資　産			その他の包括利益累計額		
新 株 発 行 費	×××		その他有価証券評価差額金	×××	
………………	×××		為替換算調整勘定	×××	××××
繰延資産合計		××××	新 株 予 約 権		××××
			非支配株主持分		××××
			純　資　産　合　計		××××
資　産　合　計		××××	負債・純資産合計		××××

連結損益計算書の作成

1 基本原則

連結損益計算書を作成するための基本原則は，次の３つである。

> ① 個別損益計算書における収益，費用などの各科目および金額を基礎とすること
> ② 連結会社相互間の取引高を相殺消去すること
> ③ 連結会社相互間において生じた未実現損益を消去すること

　このうち，①は，連結貸借対照表について述べたように，個別財務諸表準拠性の原則である。以下，②と③について述べる。

2 連結会社間の取引高の相殺消去

　この相殺消去の対象となる主な取引は，①商品，製品等の売買，②配当金の授受，③地代・家賃等の授受，④利息の授受，⑤手数料の授受などである。

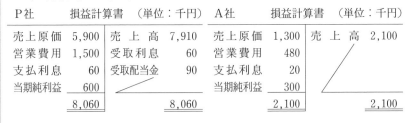

設例10-9 ▶ 　P社はA社の株式を90％所有しており，20X1年度の各個別損益計算書と両社間の損益取引は次のとおりであった。よって，連結精算表と連結損益計算書を作成しなさい。

㋑ 　P社はA社に商品200千円を売却した。なお，A社はこれをすべて本年度中に連結集団外の会社へ売却した。

㋺ 　A社はP社に利息４千円を支払った。

㋩ 　A社は配当100千円を支払った。このうちP社への支払額は90千円（90％相当）である。

P社	損益計算書	（単位：千円）		
売 上 原 価	5,900	売 上 高	7,910
営 業 費 用	1,500	受 取 利 息	60
支 払 利 息	60	受 取 配 当 金	90
当 期 純 利 益	600		
	8,060		8,060

A社	損益計算書	（単位：千円）	
売 上 原 価	1,300	売 上 高	2,100
営 業 費 用	480		
支 払 利 息	20		
当 期 純 利 益	300		
	2,100		2,100

解 答

　連結損益計算書の作成にあたっては，⑦P社の「売上高」（200千円）とA社の「売上原価」（200千円）を，⓪P社の「受取利息」（4千円）とA社の「支払利息」（4千円）を，∧P社の「受取配当金」（90千円）とA社の「支払配当金」（「当期純利益」90千円）をそれぞれ相殺消去する。なお，A社の当期純利益（300千円）に対する非支配株主持分相当額（10％，30千円）は，次のような仕訳を行うことによって，「非支配株主に帰属する当期純利益」として「親会社株主に帰属する当期純利益」と区別する（単位：千円）。

　（借）利 益 剰 余 金　　　30　　　　　（貸）非支配株主持分　　　30
　　　（非支配株主に帰属
　　　する当期純利益）

以上から，連結精算表と連結損益計算書を作成すると，以下のようになる。

連 結 精 算 表

（単位：千円）

科　　目	P　社	A　社	合　　計	消 去 仕 訳 借 方	消 去 仕 訳 貸 方	連結損益計算書 借 方	連結損益計算書 貸 方
売　　上　　高	(7,910)	(2,100)	(10,010)	200 ⑦			9,810
受　取　利　息	(60)	—	(60)	4 ⓪			56
受　取　配　当　金	(90)	—	(90)	90 ∧			
計	(8,060)	(2,100)	(10,160)				
売　上　原　価	5,900	1,300	7,200		200 ⑦	7,000	
営　業　費　用	1,500	480	1,980			1,980	
支　払　利　息	60	20	80		4 ⓪	76	
非支配株主に帰属する当期純利益				30 ⊖		30	
親会社株主に帰属する当期純利益	600	300	900		90 ∧ 30 ⊖	780	
計	8,060	2,100	10,160	324	324	9,866	9,866

(注) ∧の貸方科目は，もしも連結株主資本等変動計算書を含む総合的な連結精算表が作成されるときは，「利益剰余金変動額——剰余金の配当」勘定になる。
　　　⊖の仕訳は，A社の当期純利益に対する非支配株主に帰属する持分を区分するための仕訳であり，その額だけ親会社株主に帰属する当期純利益が減少する。

連 結 損 益 計 算 書

（単位：千円）

売　　上　　高	9,810
売　上　原　価	7,000
売　上　総　利　益	2,810
営　業　費　用	1,980
営　業　利　益	830
受　取　利　息	56
支　払　利　息	76
当　期　純　利　益	810
非支配株主に帰属する当期純利益	30
親会社株主に帰属する当期純利益	780

（注）　後述する包括利益を損益および包括利益計算書（1計算書方式）によって表示する
場合には，当期純利益に「非支配株主に帰属する当期純利益」と「親会社株主に帰属
する当期純利益」が付記される。

3　未実現損益の消去

　連結会社間で資産の売買が行われた場合，その売買取引において計上された
損益は，その資産が連結会社外部へ売却される（例えば，P社からA社へ商品を
売却し，さらにその商品がその企業集団外の会社へ売却される）とか，その資産が
連結会社内部で償却されないかぎり，未実現の損益であるから，連結会計上消
去しなければならない。

　連結会社間の取引に生ずる未実現損益の消去にあたっては，親会社から子会
社への売却によって生じたものか（**ダウン・ストリーム**の場合），それとも子会
社から親会社への売却によって生じたものであるのか（**アップ・ストリーム**の場
合）によって処理が異なってくる。ダウン・ストリームの場合，未実現損益は親
会社において計上されているので，消去される未実現損益は，すべて親会社株
主持分が負担する。アップ・ストリームの場合には，未実現損益は子会社にお
いて計上されているので，非支配株主が存在するときには消去される未実現損
益を持分比率に応じて親会社株主持分と非支配株主持分に配分して負担させる
必要がある。

設例10-10 P社（A社株式の80％を所有）はA社に対して商品460千円（原価400千円）を売却した。この商品はA社の期末棚卸高に含まれている。①未実現利益の消去仕訳を示しなさい。また，②同じ商品をA社がP社に対して売却した場合の未実現利益の消去仕訳を示しなさい。

解 答 （単位：千円）

① ダウン・ストリームの場合

（借）売 上 原 価 60 （貸）棚 卸 資 産 60

② アップ・ストリームの場合

（借）売 上 原 価 60 （貸）棚 卸 資 産 60

非支配株主持分 12 利 益 剰 余 金 12
（非支配株主に帰属する当期純利益）

　なお，連結会社間において，棚卸資産を時価より低い価額で売買した場合で，その棚卸資産が期末に保有されているときは，その未実現損失のうち回収不能と認められる部分は消去してはならない。例えば，ある商品についてP社の連結会社外からの取得原価が80千円，A社のP社からの購入価格が70千円のとき，未実現損失10千円は，売手側（P社）の取得原価80千円を回収できる場合には連結財務諸表上控除するが，回収不能と認められる部分がある場合にはその部分は消去しない（例えば，72千円しか回収できない場合には，未実現損失のうち8千円は控除しないで，棚卸資産は連結貸借対照表上72千円とされる）。

設例10-11 P社は20X1年度初めにA社（P社はA社の株式90％を取得）に対して原価300千円の土地を400千円で売却し，A社はこれを保有している。①20X1年度末および20X2年度末の各連結決算上の仕訳を示しなさい。また，②同じ土地をA社がP社に対して売却した場合の20X1年度末および20X2年度末の各連結決算上の仕訳を示しなさい。

解 答 （単位：千円）

① ダウン・ストリームの場合

20X1年度末

（借）土 地 売 却 益　　100　　　（貸）土　　　　　地　　100

20X2年度末

（借）利 益 剰 余 金　　100　　　（貸）土　　　　　地　　100
　　　（期 首 残 高）

② アップ・ストリームの場合

20X1年度末

（借）土 地 売 却 益　　100　　　（貸）土　　　　　地　　100

　　　非支配株主持分　　　10　　　　　　利 益 剰 余 金　　　10
　　　　　　　　　　　　　　　　　　（非支配株主に帰属
　　　　　　　　　　　　　　　　　　する当期純利益）

20X2年度末

（借）利 益 剰 余 金　　90　　　（貸）土　　　　　地　　100
　　　（期 首 残 高）

　　　非支配株主持分　　　10

設例10-12　P社（A社の株式を80％所有）はA社に対して，20X1年3月末に原価1,000千円の機械を1,400千円で売却した。A社では，この機械を5年間にわたって定額法で償却することとした（残存価額はゼロとする）。①20X1年度（20X1年4月1日から20X2年3月31日まで）の連結決算上，この機械にかかわる未実現損益の消去仕訳を示しなさい。また，②同じ機械を同様にA社がP社に売却したと仮定した場合における20X1年度の連結決算上必要な未実現損益の消去仕訳を示しなさい。

解 答 （単位：千円）

① ダウン・ストリームの場合

（借）機 械 売 却 益　　400　　　（貸）機　　　　　械　　400

② アップ・ストリームの場合

（借）	機械売却益	400	（貸）機　械	400
	非支配株主持分	80	利益剰余金（非支配株主に帰属する当期純利益）	80

なお，①と②のいずれにおいても，上記の未実現損益の消去仕訳とともに消去部分に見合う減価償却計上分（20X1年度）を取消すため，次の仕訳を行う（※の仕訳は②の場合に追加する）。

（借）	減価償却累計額	80	（貸）減価償却費	80
	利益剰余金（非支配株主に帰属する当期純利益）	16※	非支配株主持分	16※

4　税効果会計の適用

税効果会計が適用されることは，個別財務諸表の場合と同じである。ただし，連結財務諸表上は，親子会社間取引に伴う未実現損益，支配獲得時における子会社の資産・負債の評価差額，子会社の繰越欠損金などの固有の問題が生ずるが，一時差異等の把握，繰延税金資産または負債の計上などの手続は異ならない。

設例10-13　P社は，連結財務諸表の作成にあたり，親会社が子会社に対して販売した商品について600千円の未実現利益を控除している。この額は，連結財務諸表上の簿価と税務上の金額との不一致と認められた。よって，税金の期間配分に必要な仕訳をしなさい。なお，実効予定税率は40％とする。

解　答（単位：千円）

（借）繰延税金資産	240	（貸）法人税等調整額	240

一時差異は600千円であり，これに対応する税金240千円は，将来支払うべき税金の減少を意味するので，繰延税金資産を計上しなければならない。当期の連結財務諸表上における法人税等の金額は，240千円だけ減少することになる。

設例10-14 P社は，連結財務諸表を作成するにあたり，当期末に取得した100％子会社であるA社の資産および負債を時価で評価する。よって，A社の資産・負債の時価評価に伴う修正仕訳をしなさい。なお，税効果を考慮するものとし，実効予定税率は40％である。

資産・負債の種類	A社個別財務諸表上の金額	時　価
商　　　　品	2,000 千円	2,500 千円
土　　　　地	3,000 千円	8,000 千円
借　入　　金	5,000 千円	5,200 千円

解　答（単位：千円）

（借）商　　　　品	500	（貸）借　入　　金	200
土　　　　地	5,000	評　価　差　額	3,180
		繰延税金負債	2,120

　子会社の資産・負債の時価評価により，連結財務諸表上の資産・負債の金額と税務上の資産・負債の金額とに差異が生ずる。この差額は，税効果会計上の一時差異に該当する。しかし，この設例では，〔設例10-13〕とは異なり，連結財務諸表上資産・負債の評価差額が純利益に算入されず，直接資本勘定を修正することとなるから，繰延税金負債（資産の場合も同じ）の計上にあたっては，法人税等調整額を計上するのではなく，資本勘定（評価差額）を修正しなければならない。なお，繰延税金負債を控除した後の評価差額は，投資と資本の相殺消去に際して消去されるものである。

5　連結損益計算書の様式

　連結損益計算書の様式も，254ページの表のように，個別損益計算書の様式と基本的に異ならないが，特有の科目としては，「非支配株主に帰属する当期純利益」，「持分法による投資損益」などがある。なお，のれんの当期償却額は，販売費及び一般管理費として，負ののれん発生益は，特別利益として表示する。

　なお，連結損益計算書において計算される当期純利益は，親会社株主と非支配株主の両方に帰属する利益である。連結損益計算書とは別に連結包括利益計

算書を作成する場合（2計算書方式），当期純利益の後に「非支配株主に帰属する当期純利益」を記載して，「親会社株主に帰属する当期純利益」を記載しなければならない。なお，最近では，利益剰余金をはじめとして，株主資本等純資産項目の増減内容も複雑になっているので，**連結株主資本等変動計算書**を作成して，純資産を構成する各項目の期中増減内容を，255ページの表のように表示しなければならない（会社計算規則第96条，連結財務諸表規則第70条ないし第81条）。

連結損益計算書

売 上 高			××××
売 上 原 価			××××
売上総利益			××××
販売費及び一般管理費			
給 料		××××	
のれん償却		××××	
…………		××××	××××
営 業 利 益			××××
営業外収益			
受取利息配当金		××××	
持分法による投資損益*1		××××	
…………		××××	××××
営業外費用			
支 払 利 息		××××	
持分法による投資損益*1		××××	
…………		××××	××××
経 常 利 益			××××
特 別 利 益			
固定資産売却益		××××	
負ののれん発生益		××××	
…………		××××	××××
特 別 損 失			
災 害 損 失		××××	
…………		××××	××××
税金等調整前当期純利益			××××
法人税，住民税及び事業税		××××	
法人税等調整額		××××	××××
当期純利益			××××
非支配株主に帰属する当期純利益*2			××××
親会社株主に帰属する当期純利益*2			××××

左側の区分見出し：営業損益計算／経常損益計算／純損益計算

*1　持分法による投資損益は営業外収益または営業外費用の区分に一括して表示する。
*2　連結損益計算書とは別に，連結包括利益計算書を作成する場合に必要となる。連結損益及び包括利益計算書を作成する場合は，この内容を内訳として付記する。

連結株主資本等変動計算書

	株主資本					その他の包括利益累計額			新株予約権	非支配株主持分	純資産合計
	資本金	資本剰余金	利益剰余金	自己株式	株主資本合計	その他有価証券評価差額金	為替換算調整勘定	その他の包括利益累計額合計			
当期首残高	×××	×××	×××	△××××	×××	×××	×××	×××	×××	×××	×××
当期変動額											
新株の発行	×××	×××			××××						×××
剰余金の配当			△××××		△××××						△××××
親会社株主に帰属する当期純利益			×××		×××						×××
………											
自己株式の処分				×××	×××						×××
その他			×××		×××						×××
株主資本以外の項目の当期変動額（純額）						×××	×××	×××	△××××	×××	×××
当期変動額合計	×××	×××	×××	×××	×××	×××	×××	×××	△××××	×××	×××
当期末残高	×××	×××	×××	△××××	×××	×××	×××	×××	×××	×××	×××

V 連結包括利益計算書

1 基本原則

連結財務諸表においては，当期純利益に加えて，**包括利益**を表示しなければならない。包括利益とは，純資産の当期中の変動額（ただし，株主との直接取引による増減額を除く）と定義され，当期中の株主資本の変動額のみならず，株主資本には含まれない純資産（その他の包括利益累計額）の変動額も含まれる。

近年，時価評価の対象となる資産・負債の範囲が拡大されてきたが，その中には，時価評価に伴う評価差額を当期純利益には含めずに純資産に直接計上する処理を行うものもある。このような純資産直入される項目について，当期中の増減額を当期純利益に加減した場合に計算される利益が包括利益である。

2 その他の包括利益

当期純利益と包括利益の関係は，次のようになる。

包括利益＝当期純利益＋その他の包括利益

その他の包括利益は，①その他有価証券に係る時価評価差額（有価証券評価差額金），②ヘッジ手段に係る損益を繰り延べた額（繰延ヘッジ損益），③在外子会社の純資産に生ずる為替換算差額（為替換算調整勘定），④退職給付に係る数理計算上の差異（退職給付に係る調整額）などの当期中の増減額である。さらに，それぞれの増減額は，当期発生額と組替調整額から構成される。

例えば，第1期中に原価1,000千円で取得したその他有価証券について，第1期末の時価が1,200千円であり，第2期中に時価が1,500千円となった時点で当該有価証券を売却したケースを考える。

包括利益は時価を基準に計算され，当期純利益は原価・実現主義に基づいて計算される。したがって，第1期においては，200千円の包括利益を計上するが，当期純利益はゼロである。一方，第2期においては，300千円の包括利益を計上し，500千円の当期純利益を計上する。各期における包括利益と当期純

利益の関係を示すと，次のようになる。

第 1 期　　包括利益200千円＝当期純利益 0 ＋その他の包括利益200千円

第 2 期　　包括利益300千円＝当期純利益500千円＋その他の包括利益△200千円（当期発生額300千円＋組替調整額△500千円）

　第 2 期における組替調整額は，いったん包括利益に計上された損益を再度当期純利益に計上するために包括利益から除外される部分であり，俗に「リサイクル項目」と呼ばれている。

（注）　平成25年 9 月改正前においては，連結財務諸表における当期純利益は，親会社の株主に帰属する利益であり，子会社の非支配（少数）株主に帰属する利益（少数株主利益）は，当期純利益から除外されていた。これに対して，連結財務諸表における包括利益は，親会社株主と非支配株主の両方に帰属する利益であるため，連結財務諸表においては，包括利益を表示するためには，当期純利益に少数株主利益を加算しなければならなかった。改正後は，当期純利益も親会社株主と非支配株主の両方に帰属する利益であるから，このような調整は不要となった。

3　連結包括利益計算書の様式

　連結財務諸表における包括利益の表示方法には， 2 計算書方式と 1 計算書方式の 2 つの方式がある。

　 2 計算書方式では，連結損益計算書において親会社株主に帰属する当期純利益を最終損益として表示するとともに，**連結包括利益計算書**を別途作成して，当期純利益にその他の包括利益を加減することによって包括利益を表示する。 1 計算書方式では，**連結損益及び包括利益計算書**を作成し，当期純利益に続けてその他の包括利益を表示して包括利益を表示する。

　それぞれの方式による計算書の様式を示すと，次のようになる。

2計算書方式・1計算書方式の様式

(A) 2計算書方式		(B) 1計算書方式	
連結損益計算書		**連結損益及び包括利益計算書**	
当 期 純 利 益	×××	当 期 純 利 益	×××
非支配株主に帰属する当期純利益	×××	(内訳)	
親会社株主に帰属する当期純利益	×××	親会社株主に帰属する当期純利益	×××
		非支配株主に帰属する当期純利益	×××
連結包括利益計算書		その他の包括利益	×××
当 期 純 利 益	×××	包 括 利 益	×××
その他の包括利益	×××	(内訳)	
包 括 利 益	×××	親会社株主に係る包括利益	×××
(内訳)		非支配株主に係る包括利益	×××
親会社株主に係る包括利益	×××		
非支配株主に係る包括利益	×××		

Ⅵ 持 分 法

　持分法は，前述したように非連結子会社と関連会社に対して適用される（会社計算規則第69条）もので，そのねらいは，（連結しないまま）これらの被投資会社の経営成績を投資会社の「投資」勘定に反映させようとするものであり，連結に対する補完的役割をもっている。

　ここで**関連会社**とは，子会社ではないが，親会社が出資，人事，資金，技術，取引等の関係を通じて，財務および営業の方針決定に対して重要な影響を与えることができる企業をいい，次のような場合が当てはまる。

> ① 子会社以外の企業について，議決権の20%以上を実質的に所有している場合（一時的な所有の場合を除く）
> ② 議決権の20%以上を実質的に所有していない場合でも，一定の議決権を所有しており，かつ，（例えば，役員や従業員が当該他の企業の代表取締役であること，一定の契約が存在していることなどによって）財務および営業の方針決定に対して重要な影響を与えることができる一定の事実が認められる場合

　持分法の要点は，次のとおりである。

①　投資会社は，被投資会社の株式を取得したとき，「投資」勘定に原価で記帳する。
②　その後，被投資会社が利益を計上したときは，その利益額に対する投資持分相当額だけ「投資」勘定に借記する（つまり，「投資」勘定を増額する）とともに「持分法による投資損益」勘定に貸記する。被投資会社に損失が生じたときは，逆の仕訳をする。
③　被投資会社の資本勘定に対する投資会社の持分額と「投資」勘定との差額（**投資差額**という）は，のれんと同様，20年以内に償却（「持分法による投資損益」勘定で処理する）する。なお，被投資会社の資本勘定は，資産および負債を時価評価することにより計算する。
④　被投資会社との取引に係る未実現損益は控除（消去）する。
⑤　被投資会社から配当金を受け取ったときは，その金額を「投資」勘定に貸記する（つまり，「投資」勘定を減額する）。

設例10-15　B社は，ある年度の初めにA社の発行済株式総数の60％に相当する株式を取得した。その株式取得時の両社の貸借対照表（期首）は（資料1）のとおりであり，またその年度中の損益計算書および年度末の貸借対照表は，それぞれ（資料2）のとおりであった。よって，①連結貸借対照表と連結損益計算書，ならびに②持分法によるB社の貸借対照表と損益計算書を作りなさい。ただし，A社の資産および負債は時価と一致しているものとする。

なお，B社の「投資」勘定は，「A社株式」を示す。

（資料1）

A社	貸借対照表	（単位：千円）
資　産	1,500	負　　債　　500
		資 本 金　1,000
	1,500	1,500

B社	貸借対照表	（単位：千円）
資　産	2,000	負　　債　　700
投　資	600	資 本 金　1,900
	2,600	2,600

（資料 2 ）

A社	貸借対照表	（単位：千円）
資　産　1,600	負　　債	500
	資　本　金	1,000
	利益剰余金	100
1,600		1,600

B社	貸借対照表	（単位：千円）
資　産　2,200	負　　債	700
投　　資　600	資　本　金	1,900
	利益剰余金	200
2,800		2,800

A社	損益計算書	（単位：千円）
費　　用　300	収　　益	400
純　利　益　100		
400		400

B社	損益計算書	（単位：千円）
費　　用　500	収　　益	700
純　利　益　200		
700		700

解　答

①　連結財務諸表

	連結貸借対照表	（単位：千円）
資　産　3,800	負　　債	1,200
	資　本　金	1,900
	利益剰余金	260
	非支配株主持分	440
3,800		3,800

	連結損益計算書	（単位：千円）
費　　用　800	収　　益	1,100
非支配株主に帰属する当期純利益　40		
親会社株主に帰属する当期純利益　260		
1,100		1,100

②　持分法によるB社財務諸表

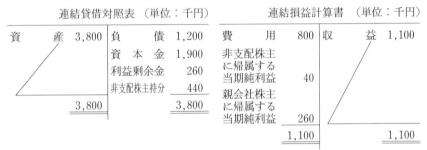

B社	貸借対照表	（単位：千円）
資　産　2,200	負　　債	700
投　　資　660	資　本　金	1,900
	利益剰余金	260
2,860		2,860

B社	損益計算書	（単位：千円）
費　　用　500	収　　益	700
当期純利益　260	持分法による投資利益	60
760		760

　上例から明らかなように，投資会社B社の（親会社株主に帰属する）当期純利益は，連結財務諸表を作成した場合でも持分法を適用した場合でも同じになる。この理由から持分法は連結財務諸表の補完的方法であるとされ，会社法および

金融商品取引法による連結財務諸表制度上，非連結子会社および関連会社に対する投資への適用が強制されている。

◆ 研究問題 ◆

10-1 連結財務諸表の目的について述べなさい。
　▶本章Ⅰを復習してみること。

10-2 次の会計用語について説明しなさい。
　(1)　支配力基準　(2)　関連会社　(3)　のれん　(4)　負ののれん
　(5)　非支配株主持分　(6)　包括利益　(7)　持分法
　▶本章の中ですべて説明されているから，関係箇所を復習する。

10-3　P社は，20X3年度末にS社の発行済株式総数の70％を7,500千円で取得し，S社を子会社とした。20X3年度末におけるS社の貸借対照表は，次のとおりである。

S社（20X3）　　　　　　貸借対照表　　　　　（単位：千円）

流 動 資 産	10,000	流 動 負 債	8,000
固 定 資 産	18,000	固 定 負 債	10,000
		資 本 金	7,000
		利 益 剰 余 金	3,000
	28,000		28,000

　20X4年度末におけるP社およびS社の個別貸借対照表は，次のとおりであった。なお，P社の流動資産には，S社に対する売掛金が2,000千円含まれている。また，のれんは，発生年度の翌年度から10年間にわたって均等償却する。

P社（20X4）　　　　　　貸借対照表　　　　　（単位：千円）

流 動 資 産	55,000	流 動 負 債	35,000
固 定 資 産	87,500	固 定 負 債	40,000
S 社 株 式	7,500	資 本 金	50,000
		利 益 剰 余 金	25,000
	150,000		150,000

S社（20X4）　　　　　　　　貸借対照表　　　　　（単位：千円）

流　動　資　産	11,000	流　動　負　債	10,000
固　定　資　産	20,000	固　定　負　債	10,000
		資　　本　　金	7,000
		利　益　剰　余　金	4,000
	31,000		31,000

以上の資料から，20X4年度末の連結貸借対照表を作成しなさい。

▶20X3年度末において発生するのれんは，500千円である。
　また，20X4年度末における連結貸借対照表における流動資産は64,000千円，利益剰余金は25,650千円，非支配株主持分は3,300千円である。

企業結合と事業分離

 I 企業結合の意義と法的形式

1　企業結合の意義

　現在，企業が他の企業を取得する M&A（merger and acquisition）活動が非常に活発に行われている。わが国においては，多様な M&A 活動に対応するための法制度が整備されたこともあり，企業経営に占める M&A 活動の重要性は高くなってきている。

　企業会計では，M&A 活動を「企業結合」という事象ととらえ，それらに関する会計基準が整備されてきた。「企業結合に関する会計基準」によると，**企業結合**とは，ある企業（会社及び会社に準ずる事業体をいう。以下同じ。）またはある企業を構成する事業と他の企業または他の企業を構成する事業とが 1 つの報告単位に統合されることをいう。

　企業結合の法的形式には多様なものがあるが，会計基準では形式は問わず，そのすべてを一方の企業（取得企業）による他方の企業（被取得企業）の「取得」ととらえ，**パーチェス法**（買収法）によって会計処理が行われている。なお，企業結合の定義には，連結集団内部の取引とみることができる，「共同支配企業を形成する取引」，「共通支配下の取引」も含まれている。

　（注）　平成20年改正前の「企業結合に係る会計基準」では，企業結合を取得と持分の結合という 2 つの種類に分け，前者にはパーチェス法が，後者には持分プーリング法が適

用された。持分プーリング法のもとでは，消滅会社の資産および負債は簿価のまま引き継がれ，純資産の構成もそのまま存続会社に引き継がれた。

2　企業結合の法的形式

会社法は，企業集団の再編のための法律的な手法を複数用意している。これらの手法は，**組織再編行為**と呼ばれ，①合併，②会社分割，③株式交換および株式移転などが含まれている。

組織再編行為によって，一方の会社が他方の会社またはその株主に，金銭などを支払う場合もあれば，自らの株式を交付することもある。自らの株式を交付する場合，それによって資本金や資本準備金などが増加することになる。

（1）　合　　併

合併は，企業再編の代表的な手法の1つであり，これによると，被合併会社（消滅会社）の資産および負債が包括的に合併会社（存続会社または新設会社）に承継され，これにより被合併会社が消滅する。

合併には，**吸収合併**と**新設合併**の2つの形態がある。前者は，例えばA社がB社を吸収する場合で，A社を吸収会社（または合併会社，存続会社），B社を被吸収会社（被合併会社，消滅会社）という。後者は，例えばX社とY社が合併してZ社が新設される場合で，X社とY社が消滅会社，Z社が新設会社である。

いずれの合併形態の場合でも，合併の重要な特徴は，①消滅会社の権利・義務（資産および負債）が存続会社または新設会社によって包括的に引き継がれること（権利・義務の包括的承継），および②その対価として，消滅会社の株主に対し，存続会社または新設会社の新株が交付されること（対価としての新株の交付。ただし，会社法ではいわゆる対価の柔軟化が図られており，株式の交付に限定されない）の2点である。

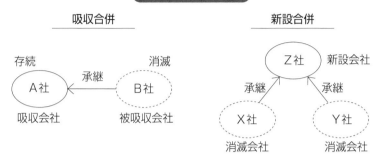

（2）　会社分割

　会社分割も，企業再編の手法の1つである。会社分割は，分割する会社（分割会社という）の営業の一部を分割によって新たに設立する会社（新設会社という）に承継させる形態（**新設分割**）と，これを既存の他の会社（承継会社という）に承継させる形態（**吸収分割**）とがある。いずれの形態についても，新設会社または承継会社が交付する株式等は分割会社に割り当てる。

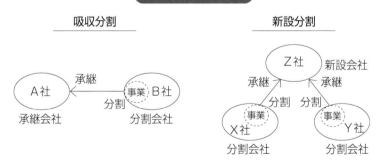

（3）　株式交換と株式移転

　株式交換と**株式移転**は，持株会社を利用した企業再編の手法である。例えば，A社が完全親会社（他の会社の発行株式数の総数を有する会社。一方，当該他の会社を完全子会社という），B社が完全子会社となる場合，株式交換の手続により，

B社の株主は，B社株式と交換にA社株式の交付を受け，A社はB社株式を受け取ることになる。なお，完全親会社を新設する場合には，完全子会社となる会社の株主に新設会社の株式を交付するが，この手続を株式移転という。したがって，株式交換と株式移転の違いは，完全親会社（持株会社）が既存会社か新設会社かという点にある。

その一方で，株式交換は，株式の交換による企業再編の手法という点で合併と共通点を有するが，合併では消滅する会社があるのに対し，株式交換では，完全子会社は被持株会社として存続する点に違いがある。

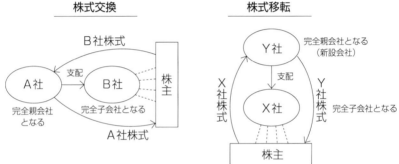

（4） その他の法的形式

以上のような企業結合の法的形式のほか，営業譲渡および譲受がある。これは，会社が有する事業の一部を有機的一体として他に譲渡する点では会社分割と同様であるが，譲受企業が譲渡企業へ支払う対価は現金等の財産である。

また，前章で述べたように，親会社が子会社株式の取得によって子会社を支配する，子会社の取得も企業結合の一種である。

企業結合の会計処理

1　パーチェス法

すでに述べたように，企業結合は，法的形式を問わず，すべて「取得」とみなされる（ただし，共同支配企業を形成する取引と共通支配下の取引は除く）。取得とは，ある企業（取得企業）が他の企業（被取得企業）又は企業を構成する事業に対する支配を獲得して1つの報告単位となることをいう。企業結合の会計処理は，取得に対して適用される，パーチェス法に一本化されている。

（1）　取得企業の決定方法

取得と判定された企業結合については，いずれの結合当事企業が取得企業であるかを決定しなければならない。

まず，対価の種類に着目する。企業結合の対価が現金などの議決権株式以外の財産である場合は，対価を支出した企業が取得企業とされる。対価の種類が議決権株式である場合には，通常，総体としての株主が占める議決権比率が大きいと判定された結合当事企業を取得企業とする。

例えば，A社が存続会社となってB社を吸収合併するケースを考えてみる。このとき，A社がB社株主に対して自己の議決権株式以外の対価（例えば，現金）を支払ったケースであれば，A社によるB社の取得と判定される。A社が自己の議決権株式をB社株主に対して支払った場合には，各結合当事企業の株主が総体としてどのような議決権比率を有することになったかを判定しなければならない。

A社株主がA社株式を500株，B社株主がB社株式を1,000株有していたとして，合併により，B社株主に対して交付するA社株式の数が以下のようになったとする。

①　A社株式を300株交付する

　　この場合には，旧A社株主と旧B社株主との議決権比率が500株：300株になるので，A社によるB社の取得と判定される。

② A社株式を500株交付する

　この場合には，旧A社株主と旧B社株主との議決権比率が500株：500株になるので，議決権比率のみによって取得企業を決定することができない。議決権比率が等しいと判定された場合には，それ以外の支配関係の存在を示す一定の事実から支配を獲得したと判定された結合当事企業を取得企業としなければならない。

③ A社株式を800株交付する

　この場合には，旧A社株主と旧B社株主との議決権比率が500株：800株になるので，B社によるA社の取得（いわゆる**逆取得**。消滅会社が取得企業となる）と判定される。

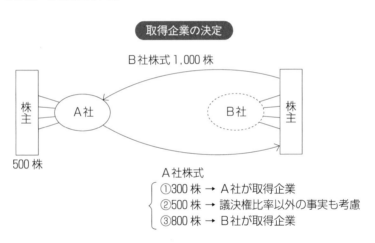

（2） 取得原価の算定

　ここで取得原価とは，被取得企業を取得するために取得企業が支払った対価の額をいう。原則として，被取得企業の取得原価は，取得の対価（支払対価）となる財の企業結合日における時価で算定する。

　取得が複数の取引により達成された場合（**段階取得**という），次のような会計処理を行う。

① 個別財務諸表上，支配を獲得するに至った個々の取引ごとの原価の合計額をもって，被取得企業の取得原価とする。

② 連結財務諸表上，支配を獲得するに至った個々の取引すべての企業結合日における時価をもって，被取得企業の取得原価を算定する。なお，当該被取得企業の取得原価と，支配を獲得するに至った個々の取引ごとの原価の合計額との差額は，当期の段階取得に係る損益として処理する（第10章Ⅲ3を参照）。

　企業結合に要した支出額のうち，**取得関連費用**（外部のアドバイザー等に支払った特定の報酬・手数料等）は，発生した事業年度の費用として処理する。

　なお，取得の対価として新株を交付した場合には，交付した新株の時価が新たに計上すべき払込資本の額となる。そのうち，資本金および資本準備金とすべき金額は，合併契約書等に定めなければならず，資本金および資本準備金としない金額はその他資本剰余金となる。

> **(注)**　平成20年改正前の「企業結合に係る会計基準」では，段階取得による取得原価は，連結財務諸表上においても，支配を獲得するに至った個々の取引ごとの原価の合計額とされ，段階取得に係る損益は計上されなかった。また，平成25年改正前は，取得関連費用は取得原価に含めるものとされていた。

（3）　取得原価の配分方法

　取得原価は，被取得企業から受け入れた資産および引き受けた負債のうち企業結合日時点において識別可能なもの（識別可能資産および負債）の企業結合日時点の時価を基礎として，当該資産および負債に対して企業結合日以後1年以内に配分するものとされる。ここでいう，「配分」とは，取得原価を識別可能な資産（法律上の権利など分離して譲渡可能な無形資産を含む）および負債に割り当てることをいい，その割当額はこれらの資産および負債の時価による。

（4）　のれんの会計処理

　識別可能な資産および負債に取得原価を時価にもとづいて配分した額の純額（すなわち，識別可能純資産の時価）を取得企業によって支払われた取得原価が超過する場合には，当該超過額は，のれんとして処理される。のれんは，貸借対照表の無形固定資産の区分に表示される（第5章Ⅴ2を参照）。

　「企業結合に関する会計基準」では，のれんは，20年以内のその効果の及ぶ

期間にわたって，定額法その他の合理的な方法により規則的に償却するものとされる。ただし，のれんの金額に重要性が乏しい場合には，当該のれんが生じた事業年度の費用として処理することができるものとされる。

　のれんの償却の是非については，さまざまな議論がある。古くから，のれんは良好な追加投資によってその価値が維持される（古くなるほど価値が増す場合もある）ものであるから，償却すべきではないという見解がある。現行の国際会計基準および米国基準では，のれんについては，償却ではなくむしろ，価値が下落したときに減損処理によって対応するものとされている。逆に，のれんは，被取得企業に存在していた超過収益力や当該企業結合によって新たに生じたシナジー効果であり，これは将来の競争によって失われていくものであるという見解がある。この見解では，のれんは，他の有形固定資産・無形固定資産と同様，有効期間にわたり償却すべきであるとされる。償却によって，将来の超過利益と償却費が相殺される効果が得られるから，将来の利益は正常なもののみとなる。

（5）　負ののれんの会計処理

　識別可能純資産の時価を取得企業によって支払われた取得原価が下回っている場合には，当該不足額は，負ののれんとして処理されることになる。負ののれんは，損益計算書上，当期の利益（負ののれん発生益）として表示される。

　このような会計処理は，当期の利益に大きな影響を与える可能性があるので，負ののれんが生じると見込まれる場合には，まず，取得企業は，すべての識別可能資産および負債が把握されているか，また，それらに対する取得原価の配分が適切に行われているかどうかを見直すものとされている。そのような見直しを行ってもなお，取得原価が受け入れた資産および引き受けた負債に配分された純額を下回り，負ののれんが生じる場合には，当該負ののれんが生じた事業年度の利益として処理することになる。

> （注）　平成20年改正前の「企業結合に係る会計基準」では，負ののれんは，負債として計上し，20年以内の期間で償却するものとされていた。

のれんと負ののれん

| のれんが生じるケース | 負ののれんが生じるケース |

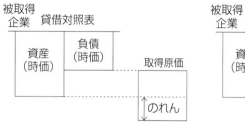

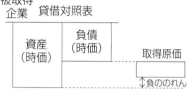

2　合併の会計処理

　合併は，2つ以上の法人格が1つの法人格となる事象を指しており，企業結合の典型例である。

　パーチェス法のもとでは，被取得企業の資産および負債は，新たに取得企業によって取得されたものととらえられるので，取得時点における時価によって承継される。また，取得の対価は，存続会社を取得企業とする吸収合併の場合であれば対価として交付する存続会社の株式などの時価によって測定され，当該対価が受入純資産を超過する額はのれんとして貸借対照表に計上される。取得の対価として交付した株式については，企業取得による払込資本の増加を意味するので，合併契約において定めた額を資本金または資本準備金とし，対価の時価から資本金と資本準備金の額を控除した額はその他資本剰余金として処理する（会社計算規則第35条）。

　新設合併の場合，消滅会社のいずれかが取得企業と判定され，当該取得企業たる消滅会社の資産・負債・純資産を簿価のまま引き継ぐが，他の被取得企業たる消滅会社の資産および負債は時価評価され，受入純資産の構成は新設合併契約に定めた資本金および資本準備金とそれ以外のその他資本剰余金とされる。

設例11-1　A社は，B社を吸収合併するため，新株を700株（時価@7千円）交付した。A社およびB社の合併直前の貸借対照表は，次のとおり

であった。B社資産の時価は10,800千円とする。A社を取得企業とするパーチェス法を適用し，対価として交付した株式の時価のうち1株あたり1千円は資本金，2千円は資本準備金，残額はその他資本剰余金とする。

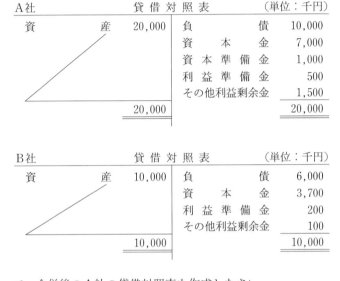

A社	貸 借 対 照 表	（単位：千円）
資　　　　　産　　20,000	負　　　　　債	10,000
	資　　本　　金	7,000
	資 本 準 備 金	1,000
	利 益 準 備 金	500
	その他利益剰余金	1,500
20,000		20,000

B社	貸 借 対 照 表	（単位：千円）
資　　　　　産　　10,000	負　　　　　債	6,000
	資　　本　　金	3,700
	利 益 準 備 金	200
	その他利益剰余金	100
10,000		10,000

よって，合併後のA社の貸借対照表を作成しなさい。

解　答

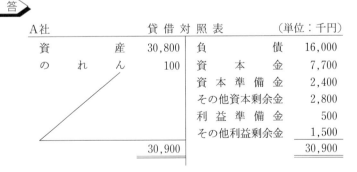

A社	貸 借 対 照 表	（単位：千円）
資　　　　　産　　30,800	負　　　　　債	16,000
の　　れ　　ん　　　100	資　　本　　金	7,700
	資 本 準 備 金	2,400
	その他資本剰余金	2,800
	利 益 準 備 金	500
	その他利益剰余金	1,500
30,900		30,900

　パーチェス法を適用した場合には，資産は10,800千円となり，承継純資産は，4,800千円（＝資産10,800千円－負債6,000千円）となる。取得原価は4,900千円（＝700株×@7千円）となるので，その結果，のれんが100千円計上されること

になる。

　また，増加する資本金は700千円，増加する資本準備金は1,400千円であるから，増加するその他資本剰余金は2,800千円（＝4,900千円−700千円−1,400千円）となる。

　合併に関する仕訳は，次のとおりである（単位：千円）。

（借）資　　　　産	10,800	（貸）負　　　　債	6,000
の　れ　ん	100	資　本　金	700
		資　本　準　備　金	1,400
		その他資本剰余金	2,800

3　会社分割の会計処理

　新設分割の場合，新設会社が交付する新株等の対価は分割会社に交付されるが，会計上は，分割会社の支配のもとに新たに会社が新設されるにすぎない。したがって，新設会社の資産および負債には従来の簿価が付され，通常はのれんも計上されない。資産と負債の差額（純資産）は，新設分割計画に従い，資本金，資本準備金またはその他資本剰余金とされる（会社計算規則第49条）。他方，吸収分割の場合，承継会社からみれば，分割は営業の一部譲受けと異ならないので，吸収合併と同様に考えることができる。したがって，吸収分割の際は，承継会社を取得企業とする場合にはのれんを計上することとなり，承継純資産は，吸収分割契約に従い，資本金，資本準備金またはその他資本剰余金とする（会社計算規則第38条）。

　会社分割は，新設会社または承継会社からみると企業結合に該当するが，分割会社からみると後述する事業分離に該当するので，詳しい会計処理については，Ⅲにおいて述べる。

4　株式交換・株式移転の会計処理

　パーチェス法のもとでは，完全親会社となる会社が取得企業である場合，完全子会社（被取得企業）の株式および増加する払込資本（株式交換契約に従い，資本金，資本準備金およびその他資本剰余金とされる）は交付する完全親会社株式

の時価による。

> **設例11-2** A社は，B社を完全子会社とするため，B社の株主にB
> 社株式と交換にA社株式を700株（時価＠7千円）交付した。A社およびB
> 社の株式交換直前の貸借対照表は，次のとおりであった。B社資産の時価
> は10,800千円とする。A社を取得企業とするパーチェス法を適用し，1株
> につき資本金として計上する額は5千円とする。

A社	貸借対照表	（単位：千円）	
資　　　　産	20,000	負　　　　債	10,000
		資　本　金	7,000
		資 本 準 備 金	1,000
		利 益 準 備 金	500
		その他利益剰余金	1,500
	20,000		20,000

B社	貸借対照表	（単位：千円）	
資　　　　産	10,000	負　　　　債	6,000
		資　本　金	3,700
		利 益 準 備 金	200
		その他利益剰余金	100
	10,000		10,000

> よって，株式交換後の①A社の貸借対照表と②連結貸借対照表を作成し
> なさい。

解　答

①　A社の貸借対照表

A社　　　　　　　　貸 借 対 照 表　　　　（単位：千円）

資　　　　　　　産	20,000	負　　　　　　債	10,000
子 会 社 株 式	4,900	資　　本　　金	10,500
		資 本 準 備 金	1,000
		その他資本剰余金	1,400
		利 益 準 備 金	500
		その他利益剰余金	1,500
	24,900		24,900

　パーチェス法を適用した場合，A社の貸借対照表にB社株式（子会社株式）が時価（700株×＠7千円＝4,900千円）で計上される。増加する資本金は3,500千円（＝700株×＠5千円）であるから，その他資本剰余金は1,400千円（＝4,900千円−3,500千円）である。

　株式交換に関する仕訳は，次のとおりである（単位：千円）。

（借）子 会 社 株 式　　4,900　　　（貸）資　　本　　金　　3,500
　　　　　　　　　　　　　　　　　　　　その他資本剰余金　　1,400

②　A社の連結貸借対照表

A社　　　　　　　連結貸借対照表　　　　（単位：千円）

資　　　　　産	30,800	負　　　　　債	16,000
の　　れ　　ん	100	資　　本　　金	10,500
		資 本 剰 余 金	2,400
		利 益 剰 余 金	2,000
	30,900		30,900

　投資と資本の相対消去に関する連結仕訳は，次のとおりである（単位：千円）。

(借) 資 本 金	3,700	(貸) 子 会 社 株 式	4,900
利 益 剰 余 金	300		
資 産	800		
の れ ん	100		

のれん＝投資（4,900千円）－資本（10,800千円－6,000千円）＝100千円

なお，連結財務諸表の作成にあたり，資本剰余金と利益剰余金を構成する各項目は，それぞれ資本剰余金と利益剰余金という科目に統合している。

 ## Ⅲ　事業分離の意義と会計処理

1　事業分離の意義

企業は，しばしば会社分割や営業譲渡の形式で，それまで保有していた事業の一部を他の企業（分離先企業）に移転することがある。このことを事業分離といい，分離した事業を保有していた企業（分離元企業）にとっては，事業分離に伴って損益を認識するかどうかが問題となる。

2　事業分離の会計処理

「事業分離に関する会計基準」では，事業分離をその実質から「投資の清算」と「投資の継続」という2つに分類し，それぞれについて移転損益を認識する会計処理と移転損益を認識しない会計処理を定めている。

　例えば，ある企業が自己の有する事業を他の企業に移転し，対価として現金を受け取った場合を考える。この場合においては，従前の事業に対する支配は喪失されるので，当該事業分離は，「投資の清算」ととらえられ，移転損益が認識される。

　他方，事業分離の対価として分離先企業の株式を受け取った場合は，複雑である。

　まず，分離先企業の株式を受け取ることによって，分離先企業が分離元企業の子会社または関連会社となる場合を考える。この場合には，分離元企業が事

業分離後も引き続き分離した事業に対する支配を継続していると認められるので，当該事業分離は「投資の継続」ととらえられる。したがって，事業分離による移転損益は認識されず，受け取った株式は譲渡した事業の純資産の適正な帳簿価額によって評価される（もっとも，分離先企業が分離元企業の子会社となる場合には，分離元企業は，分離先企業が従前から有している事業を新たに取得することになる。したがって，分離元企業は，分離先企業の資産および負債を時価評価し，のれんを認識する）。

　これに対して，分離先企業の株式を受け取ったとしても，分離先企業が分離元企業の子会社または関連会社となるには至らない場合，通常，この株式は，その他有価証券として取り扱われる。このため，分離元企業では，受け取った分離元企業の株式の時価をもって事業分離の対価とし，従前の分離した事業の純資産の帳簿価額との差額は移転損益として認識されることになる。

設例11-3　　F社は自己のf事業を会社分割によって分離し，E社に承継させた。これに伴い，E社は，F社に対して，対価としてE社株式200株（@50千円）を交付した。E社およびF社の会社分割直前の貸借対照表は，次のとおりである。

　(注)　1．当該会社分割の会計処理は，E社を取得企業とするパーチェス法による。
　　　　　2．会社分割に際して，E社が資本金および資本準備金として計上する額は，ゼロとする。

E社	貸 借 対 照 表	（単位：千円）	
流　動　資　産	38,000	流　動　負　債	20,000
固　定　資　産	70,000	固　定　負　債	28,000
		資　　本　　金	52,000
		資　本　剰　余　金	3,000
		利　益　剰　余　金	5,000
	108,000		108,000

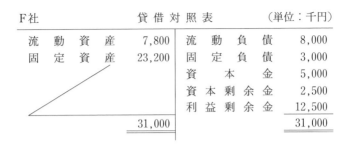

F社　　　　　　　　　貸 借 対 照 表　　　　（単位：千円）

流　動　資　産	7,800	流　動　負　債	8,000
固　定　資　産	23,200	固　定　負　債	3,000
		資　　本　　金	5,000
		資　本　剰　余　金	2,500
		利　益　剰　余　金	12,500
	31,000		31,000

F社が分離するf事業の資産および負債の構成は，次のとおりである。

	帳簿価額	時価
流　動　資　産	4,000千円	4,000千円
固　定　資　産	5,000千円	7,000千円
流　動　負　債	3,000千円	3,000千円

よって，会社分割後の①E社および②F社の貸借対照表を作成しなさい。

解　答

① E社の貸借対照表

E社　　　　　　　　　貸 借 対 照 表　　　　（単位：千円）

流　動　資　産	42,000	流　動　負　債	23,000
固　定　資　産	77,000	固　定　負　債	28,000
の　　れ　　ん	2,000	資　　本　　金	52,000
		資　本　剰　余　金	13,000
		利　益　剰　余　金	5,000
	121,000		121,000

　E社を取得企業とするパーチェス法を適用するので，被取得企業であるf事業の資産および負債は時価評価する。会社分割によるf事業の取得に関する仕訳は，次のとおりである（単位：千円）。

（借）流　動　資　産	4,000	（貸）流　動　負　債	3,000
固　定　資　産	7,000	資　本　剰　余　金	10,000
の　　れ　　ん	2,000		

②　F社の貸借対照表

F社	貸　借　対　照　表		（単位：千円）
流　動　資　産	3,800	流　動　負　債	5,000
固　定　資　産	18,200	固　定　負　債	3,000
その他有価証券	10,000	資　　本　　金	5,000
		資　本　剰　余　金	2,500
		利　益　剰　余　金	16,500
	32,000		32,000

　F社は，f事業の分離に際して受け取ったE社株式（その他有価証券）は，その時価で計上し，分離した事業を構成する資産および負債の帳簿価額との差額は，事業移転利益として処理する。会社分割によるf事業の分離に関する仕訳は，次のとおりである（単位：千円）。

（借）流　動　負　債	3,000	（貸）流　動　資　産	4,000
その他有価証券	10,000	固　定　資　産	5,000
		事　業　移　転　利　益	4,000
		（利　益　剰　余　金）	

　　　事業移転利益＝分離の対価（200株×50千円）－f事業の簿価

　　　　　　　　　（4,000千円＋5,000千円－3,000千円）＝4,000千円

◆ 研究問題 ◆

11-1　次の会計用語について説明しなさい。
　　(1)株式移転　　　(2)パーチェス法　　　(3)のれん　　　(4)事業分離

　▶本章の中ですべて説明されているから，関係箇所を復習する。

11-2　企業結合の事例（とくに負ののれんが生じている事例や段階取得に係る差益が生じている事例）について調べ，その会計処理の特徴について説明しなさい。

▶負ののれんについては，本章において説明している。段階取得に係る差益については，本章のほか，第10章Ⅲ 3⑶も参照のこと。

11-3　20X3年度末において，A社はB社を吸収合併することとした。以下の資料から，A社の合併後の貸借対照表を作成しなさい。

1．A社およびB社の発行済み株式総数は，それぞれ2,000株および1,000株であった。A社株式のB社株式に対する交換比率は0.8である（なお，A社が保有するB社株式に対してはA社株式を割り当てない）。
2．A社およびB社の20X3年度末における貸借対照表は，以下のとおりである。

A社	貸 借 対 照 表		（単位：千円）
流 動 資 産	36,200	流 動 負 債	19,700
固 定 資 産	30,000	固 定 負 債	28,000
その他有価証券	1,800	資 本 金	12,000
		資 本 準 備 金	3,000
		その他利益剰余金	5,000
		評価・換算差額等	300
	68,000		68,000

B社	貸 借 対 照 表		（単位：千円）
流 動 資 産	7,800	流 動 負 債	8,000
固 定 資 産	13,200	固 定 負 債	3,000
		資 本 金	5,000
		資 本 準 備 金	2,500
		その他利益剰余金	2,500
	21,000		21,000

3．A社が有するその他有価証券は，20X1年度末に購入したB社株式100株である。
4．A社株式の1株当たりの時価は，企業結合日において22.5千円であった。
5．企業結合日時点におけるB社の資産および負債の帳簿価額および時価は，以下のとおりである（単位：千円）。

	帳簿価額	時価
流　　動　　資　　産	7,800	7,800
固　　定　　資　　産	13,200	14,000
流　　動　　負　　債	8,000	8,000
固　　定　　負　　債	3,000	3,000

6．合併に際して，資本金および資本準備金として計上する額は，1株あたりそれぞれ5千円および3千円とする。

▶　取得原価，識別可能純資産（時価），のれんは，それぞれ次のように計算される。

取得原価＝既取得1,800千円＋新規交付（1,000株－100株）×0.8×＠22.5千円
　　　　＝18,000千円

識別可能純資産＝（7,800千円＋14,000千円）－（8,000千円＋3,000千円）
　　　　　　　＝10,800千円

のれん＝18,000千円－10,800千円＝7,200千円

増加する資本金，資本準備金，その他資本剰余金は，それぞれ次のように計算される。

資本金＝（1,000株－100株）×0.8×＠5千円＝3,600千円

資本準備金＝（1,000株－100株）×0.8×＠3千円＝2,160千円

その他資本剰余金＝（1,000株－100株）×0.8×＠22.5千円
　　　　　　　　－（3,600千円＋2,160千円）＝10,440千円

なお，既取得のB社株式に係る評価・換算差額等は，段階取得に係る差益としてその他利益剰余金に振り替える。

財務諸表の分析

I 財務諸表分析の意義と目的

　財務諸表分析は，企業の財政状態や経営成績の良否を判断し，その原因を明らかにするため，貸借対照表や損益計算書などの財務諸表の数値を分析することである。

　財務諸表分析の目的は，①企業の経営者がその経営活動の結果を評価し，将来の経営方針や経営計画を正しく立てることができるようにすること，②銀行などの債権者，株主などの投資者，取引先など企業外部の利害関係者が，融資，出資，商取引などの安全性や収益性を確かめること（これを安全性分析・収益性分析という）ができるようにすることなどである。

　なお，財務諸表分析を**経営分析**ということがあるが，広義の経営分析は，財務諸表上の数値だけでなく，企業の生産・在庫・販売・付加価値・設備投資などの各種データの分析をも行うことをいう。また，企業の経営者が行う分析を**内部分析**，銀行や投資者などの企業外部の利害関係者が行う分析を**外部分析**という。

　（注）　比較的簡単な財務諸表数値の入手方法として，インターネット上の金融庁によるEDINET（61ページ参照。http://disclosure.edinet-fsa.go.jp）または日本経済新聞社によるマーケット欄（http://www.nikkei.com/markets/kigyo/）を利用するとよい。

財務諸表分析の方法

財務諸表分析の方法には，**実数法**と**比率法**の2つがある。

実数法は，財務諸表上の数値をそのまま用いて，分析を行う方法である。**比率法**は，財務諸表上の数値について，相互の関連を分析する方法である。この方法では，関係比率・構成比率などが使われる。以下では，比率法を中心に説明する。

関係比率による分析

関係比率は，ある項目の金額（例えば，総資本）と他の項目の金額（例えば経常利益）との相互関係を示す比率である。これには，**静態比率**と**動態比率**がある。

1　静態比率

静態比率は，貸借対照表の項目間のバランスをみて，企業の支払能力や財務の健全性を判定するために計算される。静態比率には，**流動比率・当座比率・固定比率・負債比率・自己資本比率**などがある。

（1）　流動比率

流動負債の返済に充当できる流動資産がどのくらいあるかを比率で示したものである。企業の短期的な支払能力の指標としてひろく用いられている。一般に流動資産の即時換金価値は帳簿価額よりかなり低いためなどから，この比率は200％以上が理想値であるとされている。

$$流動比率（\%）＝\frac{流動資産}{流動負債} \times 100$$

（2）　当座比率（酸性試験比率）

　流動負債の返済に即時に使用できる流動資産（つまり当座資産）がどのくらいあるかを比率で示したものである。流動比率の補助比率として用いられ，100％以上が望ましいとされている。

$$当座比率（\%）= \frac{当座資産}{流動負債} \times 100$$

（3）　固定比率

　財務の健全性を判断する指標の 1 つで，固定資産をどのくらい自己資本でまかなっているかを表す。固定資産は自己資本の枠内で調達すべしという原則から，この比率は100％以上が望ましいとされている。

$$固定比率（\%）= \frac{自己資本}{固定資産} \times 100$$

　なお，固定比率として次の算式が用いられることもある。

$$\frac{固定資産}{自己資本} \times 100（\%）$$

この場合は，比率が100％以下となるのが望ましい。

（4）　負債比率

　負債と自己資本とのバランスをみるための比率である。負債よりも自己資本が大きいほうが望ましい。

$$負債比率（\%）= \frac{自己資本}{負債} \times 100$$

　なお，負債比率として次の算式が用いられることもある。

$$\frac{負債}{自己資本} \times 100（\%）$$

　また，同じく資本構成の適否を判断するために自己資本比率が計算されるが，

この比率は，企業の総資本（負債＋資本）に対する自己資本の大きさを示している。また，自己資本比率の逆数は，レバレッジ比率と呼ばれることもある。

$$自己資本比率（\%）＝ \frac{資\ 本}{資本＋負債} \times 100$$

設例12-1 次の資料によって，静態比率による分析を行いなさい。

当座資産合計	¥34,095,000	流動資産合計	¥43,403,300
固定資産合計	¥21,078,000	資産合計	¥65,081,300
流動負債合計	¥17,763,000	負債合計	¥27,764,000
資本合計	¥37,317,300		

解答

静 態 比 率	計 算 式	比 率
流 動 比 率	$\frac{43,403,300}{17,763,000} \times 100$	244.3%
当 座 比 率	$\frac{34,095,000}{17,763,000} \times 100$	191.9%
固 定 比 率	$\frac{37,317,300}{21,078,000} \times 100$	177.0%
負 債 比 率	$\frac{37,317,300}{27,764,000} \times 100$	134.4%
自 己 資 本 比 率	$\frac{37,317,300}{37,317,300＋27,764,000} \times 100$	57.3%

　　分　析　短期の債務に対する支払能力はかなり高く，とくに即時の支払能力は非常に高い。また固定資産が自己資本でまかなわれており，負債と自己資本のバランスもとれており，健全である。

2　動態比率

損益計算書の項目間，または損益計算書の項目と貸借対照表の項目との間の関係比率を動態比率といい，企業の収益力の良否やその原因を明らかにするために用いられる。この比率には，**資本利益率・売上高利益率・資本回転率・資産回転率・売上原価率**などがある。

（1）　資本利益率

企業の資本に対する利益の割合を示すものである。計算式の分母には，総資本または自己資本が用いられ，分子には，ふつう税引前当期利益が用いられる。

$$\text{総資本利益率（％）} = \frac{\text{純利益}}{\text{総資本}} \times 100$$

$$\text{自己資本利益率（％）} = \frac{\text{純利益}}{\text{自己資本}} \times 100$$

総資本利益率（Return on Investment，略して ROI という）は，企業が用いる資本全体の効率や収益性を判断する総合的指標であり，比率が高いほど収益性や資本の効率性が高いことを示す。ただし，極端に高い場合は資本が過少であることが多い。また，**自己資本利益率**（Return on Equity，略して ROE という。また，株主資本利益率ともいう）は，株主の立場からみた収益性の判定指標として使われることが多い。

資本利益率は，次のように**売上高利益率**と**資本回転率**に分解することができる。

$$\frac{\text{純利益}}{\text{資本}} = \frac{\text{純利益}}{\text{売上高}} \times \frac{\text{売上高}}{\text{資本}}$$

$$\text{（資本利益率）} = \text{（売上高利益率）} \times \text{（資本回転率）}$$

したがって，企業の収益性の良否を資本利益によって判定した後，その原因を調べるために，売上高利益率と資本回転率を計算する。

（2） 売上高利益率

　売上高に対する利益の割合を示すもので，これによって売上高¥100の中に何円（％）の利益が含まれているかがわかる。この比率には，分子としてどのような利益を用いるかによって，次のようなものがある。

$$売上高総利益率（\%）= \frac{売上総利益}{売上高} \times 100$$

$$売上高営業利益率（\%）= \frac{営業利益}{売上高} \times 100$$

$$売上高経常利益率（\%）= \frac{経常利益}{売上高} \times 100$$

$$売上高純利益率（\%）= \frac{純利益}{売上高} \times 100$$

　売上高総利益率は**粗利益率**（あらりえきりつ，ともいう）とも呼ばれ，売上高¥100の中に何円の粗利益（商品売買益）が含まれているかを示す。売価の決定が適正であるかどうかの判断に用いられる。この比率が同業他社より低い場合には仕入原価や売価などの内容を再検討する必要がある。

　売上高営業利益率は，主目的たる営業活動においてどの程度利益をあげているかを示すもので，この比率が売上高総利益率より大幅に下落する場合には，販売費および一般管理費の内容を検討する必要がある。

　売上高経常利益率は，営業損益に，営業外損益を加減して求めた経常利益を分子とし，全事業の経常的な収益力を示すものである。

（3） 資本回転率

　資本に対する売上高の割合を示すものである。この比率は，資本が一会計期間に何回利用されたか（資本の何倍の売上があったか）を表す。

　これらの回転率（回数）が高いほど資本が有効に活用された（循環した）ことを示す。計算の分母には，総資本・自己資本・他人資本が用いられる。

$$総資本回転率（回）＝\frac{売\ 上\ 高}{総\ 資\ 本}$$

$$自己資本回転率（回）＝\frac{売\ 上\ 高}{自己資本}$$

$$他人資本回転率（回）＝\frac{売\ 上\ 高}{負\ 債}$$

　総資本回転率は，総資本が，「現金→原材料・製・商品→現金」という循環を当期に何回転したかを示す。利幅が大きい企業は回転数は小さくてもよいが，薄利多売の企業は回転数が高くなければならない。

　自己資本回転率は，売上高に対して自己資本の大きさが適正であるかどうかを示す。同じような意味で他人資本回転率が計算される。後者の場合，固定資産は長期資本である自己資本でまかなうという原則を前提として，原材料・商品等（つまり，これらは流動資産に属する）の調達に使用される他人資本が何回転したかをみる。回転数が高ければ借入金が有効に使用されており，低ければ借入金に対して売上高が小さいことを示す。

（4）　資産回転率

　資産の有高と売上高（または売上原価）との関係を示すものである。この比率は，在庫量の妥当性や販売の効率性，あるいは機械・建物等の固定資産の有効利用度をみるために用いられる。

$$商品回転率（回）＝\frac{売上原価（または売上高）}{平均商品有高}$$

$$固定資産回転率（回）＝\frac{売\ 上\ 高}{固定資産}$$

$$受取勘定回転率（回）＝\frac{売\ 上\ 高}{受取手形＋売掛金}$$

　商品回転率は，現金→仕入→売上→現金という循環を1会計期間に何回繰り返したかを示すもので，回転率が高いほど商品の在庫期間が短く，販売効率がよいということになる。分子としては，売上高よりも売上原価のほうが回転数

を正確に計ることができる。なお，1年の日数（365日）を，この回転率で割ると，商品の平均在庫日数が求められる。

　固定資産回転率は，固定資産の何倍の売上高があったかを示すもので，固定資産がどの位有効に利用されているか，または固定資産が経営規模（売上高）に比して過大（過小）かどうかの判定に使われる。

　受取勘定回転率は，売掛金や受取手形などの受取勘定の代金が回収される速さを示す。回転率が高いほど受取勘定の回収が速いことを示す。なお，1年の日数を，この回転率で割ると，受取勘定が平均して何日で回収されているかがわかる。

（5）　売上原価率

　売上高に対する売上原価の割合を示すものである。この比率は，1単位の売上高のうち売上原価がどれだけ占めているかを表す。例えば，売上原価率を75％とすると，¥100の売上高のうち¥75が売上原価であること，また見方を変えると¥75で仕入れた商品を¥100で売ったということを意味している。

$$売上原価率（\%）＝\frac{売上原価}{売上高}×100$$

　なお，これまで述べてきたような諸比率を使って，企業の支払能力や収益性の良否，あるいはその原因を知るためには，その企業の数期間にわたる諸比率の動向をみる（これを**期間比較**という）とともに，次のような比較資料を用いて他企業との比較をする（これを**経営比較**という）とさらに有益である。

① 　経済産業省（産業政策局）『わが国企業の経営分析』（企業別統計編・業種別統計編）

② 　日本銀行（調査統計局）『主要企業経営分析』（年報）

③ 　財務省（財務総合政策研究所）『法人企業統計季報』

④ 　日本経済新聞社（出版局）『日経経営指標』（全国上場会社）（年2回）

⑤ 　日本生産性本部（生産性研究所）『付加価値分析』（年報）

⑥ 　経済産業省（産業政策局）『世界の企業の経営分析』（年報）

> **設例12-2**　次の資料によって，動態比率による分析を行いなさい。

受取手形	¥ 5,840,000	売掛金	¥ 4,720,000
固定資産合計	¥21,078,000	負債合計	¥27,764,000
自己資本合計	¥37,317,300	売上高	¥64,500,000
期首商品棚卸高	¥ 6,420,000	期末商品棚卸高	¥ 9,100,000
売上原価	¥36,560,000	営業利益	¥11,328,000
経常利益	¥10,540,000	税引前当期純利益	¥ 9,860,000

解　答

動 態 比 率	計　　　算　　　式	比　　率
総 資 本 利 益 率	$\dfrac{9,860,000}{(27,764,000+37,317,300)} \times 100$	15.1%
自 己 資 本 利 益 率	$\dfrac{9,860,000}{37,317,300} \times 100$	26.4%
売 上 高 総 利 益 率	$\dfrac{(64,500,000-36,560,000)}{64,500,000} \times 100$	43.3%
売 上 高 営 業 利 益 率	$\dfrac{11,328,000}{64,500,000} \times 100$	17.5%
売 上 高 経 常 利 益 率	$\dfrac{10,540,000}{64,500,000} \times 100$	16.3%
売 上 高 純 利 益 率	$\dfrac{9,860,000}{64,500,000} \times 100$	15.2%
総 資 本 回 転 率	$\dfrac{64,500,000}{(27,764,000+37,317,300)}$	1.0回*
自 己 資 本 回 転 率	$\dfrac{64,500,000}{37,317,300}$	1.7回
他 人 資 本 回 転 率	$\dfrac{64,500,000}{27,764,000}$	2.3回
商 品 回 転 率	$\dfrac{36,560,000}{(6,420,000+9,100,000) \div 2}$	4.7回

固定資産回転率	$\dfrac{64,500,000}{21,078,000}$	3.0回
受取勘定回転率	$\dfrac{64,500,000}{(5,840,000+4,720,000)}$	6.1回
売 上 原 価 率	$\dfrac{36,560,000}{64,500,000}\times100$	56.6%

＊小数点第2位以下を切り上げ，他はすべて切り捨ててある。

分　析　資本利益率・売上高利益率・売上原価率は，計算式の分母がそれぞれ¥100について分子がいくらあるかを示す。例えば，総資本利益率は，総資本¥100について，この期に，¥15.1の純利益があったことを示す。資本回転率・固定資産回転率は，分母の何倍の売上高があったかを示す。例えば，固定資産回転率は，この期に生産・販売活動に使用した固定資産の3.0倍の売上高があったことを示す。

商品回転率4.7回は，仕入れた商品が平均77.6日（365÷4.7）後に売り上げられたことを示し，受取勘定回転率6.1回は，受取手形や売掛金が取得後平均59.8日（＝365÷6.1）で回収されたことを示す。

これらの比率により収益性の良否やその原因を知るためには，前期の比率とくらべたり，上掲したような比較資料を用いて，同業他社や業界平均の比率と比べてみる必要がある。

　構成比率による分析

総額に対する各項目別の金額の割合を**構成比率**という。資産の総額または負債と自己資本の総額を100として，各資産項目や各負債・資本項目を百分率（パーセント）で示した貸借対照表を，**百分率貸借対照表**とよんでいる。

この百分率貸借対照表は，企業の財政状態の良否，つまり，資産・負債・資本のバランスの良し悪しを概括的に把握するために用いられる。また，このような比率を数期間にわたって比較することによって，各期の趨勢や財政状態の変化を把握することができる。

設例12-3　百分率貸借対照表を例示する（ただし，％の合計には誤差がある）。

百 分 率 貸 借 対 照 表　　　　　（単位：円）

資　　　　産	摘　　要		負債・資本	摘　　要	
	実　　数	％		実　　数	％
当　座　資　産	34,095,000	52.4	流　動　負　債	17,400,000	26.7
棚　卸　資　産	9,100,000	13.9	固　定　負　債	10,364,000	15.9
その他の流動資産	208,300	0.3	自　己　資　本	37,317,300	57.3
固　定　資　産	21,078,000	32.4			
繰　延　資　産	600,000	0.9			
	65,081,300	100.0		65,081,300	100.0

　なお，損益計算書についても，同様の目的により百分率損益計算書が作成される。

V　分析目的による主な比率

　財務諸表による経営分析をどのような目的のために行うかによって各種の比率を分類すると，次のようになる。

（1）　企業の安全性（支払能力など）を判断するための主な比率
　これは，主として前述の静態比率が用いられる。
① 　流動比率・当座比率・固定比率
　　これらは，前述したとおりである。

② 　**経常収支比率**(%) $= \dfrac{経常収入}{経常支出} \times 100$

　経常収入の内容は営業収入と営業外収入であり，経常支出の内容は営業支出と営業外支出である。これは，毎期の経常的な資金繰り（資金の収支状況，支

払能力の推移）を示す。もしも100％を下回るようであれば，資金繰りの悪化が予想される。

③　固定長期適合率（％）＝ $\dfrac{\text{固定資産}}{\text{自己資本＋固定負債}} \times 100$

これは，固定比率とほぼ同じであるが，固定資産（長期間使用する資産）に投下された資金がどれくらい長期的な資金でまかなわれているかを知るための比率であり，この資金には自己資本のほか固定負債も含まれる。もしもこの比率が100％を上回るときは，固定資産が短期的な資金でまかなわれていることを示しているので，財政的に健全ではない。

なお，これらのほか以下も売上代金の回収期間（逆に滞り状況）や仕入代金の支払期間（逆に余裕）を示す指標として用いられる。

売上債権回転日数 $\left(= \dfrac{\text{売上債権（期首と期末の平均値）} \times 365}{\text{売　上　高}} \right)$

買入債務回転日数 $\left(= \dfrac{\text{買入債務（期首と期末の平均値）} \times 365}{\text{売　上　高}} \right)$

（2）　企業の収益性を判断するための主な比率

これには，主として前述の動態比率が用いられる。

①　資本利益率（総資本利益率，自己資本利益率など）

②　売上高利益率（売上高総利益率，売上高営業利益率，売上高経常利益率など）

③　資本回転率（総資本回転率，自己資本回転率，他人資本回転率など）

④　資産回転率（商品回転率，固定資産回転率，受取勘定回転率など）

これらの内容は，前述のとおりであるが，このほか経営分析では，従業員の1人当たり売上高，1人当たり人件費，1人当たり利益などの労働生産性に関する指標や，1株当たり純資産 $\left(= \dfrac{\text{純資産額}}{\text{発行済株式数}} \right)$，1株当たり当期純利益，配当性向 $\left(= \dfrac{\text{株主配当金}}{\text{税引後利益}} \times 100 \right)$ などの指標もひろく用いられている。配当性向は，企業が稼得した純利益に対してどれだけの割合を配当金として株主に還元しているかを表す指標であり，企業の配当・株主政策を知るうえで重要である。

◆ 研究問題 ◆

12-1　ある特定の産業に属する企業を 2 社選び，それらの財務諸表を入手しなさい。
　　その上で，比率分析の手法によって両者を比較して論じなさい。

　▶ EDINET や各社のウェブページ（投資家情報のページなど）を調べてみる。また，
　　ウェブ上は各種の分析サービスやレポートが流通しているので，それらも参照してみ
　　るとよい。

《付　　録》

金融商品取引法にもとづく

有価証券報告書の実例（抄）

明治ホールディングス株式会社

第10期

自　2018年 4 月 1 日
至　2019年 3 月31日

（著者注）財務諸表中の※の内容は省略している。

1 【連結財務諸表等】

  （1）【連結財務諸表】

    ①【連結貸借対照表】

（単位：百万円）

	前連結会計年度 （2018年3月31日）	当連結会計年度 （2019年3月31日）
資産の部		
流動資産		
現金及び預金	※2 27,613	※2 25,356
受取手形及び売掛金	※6 195,760	※2,※6 202,193
商品及び製品	86,929	※2 105,757
仕掛品	3,344	4,578
原材料及び貯蔵品	46,194	55,589
その他	23,364	※2 28,149
貸倒引当金	△202	△176
流動資産合計	383,004	421,447
固定資産		
有形固定資産		
建物及び構築物	319,894	334,729
減価償却累計額	△173,777	△169,035
建物及び構築物（純額）	※2 146,116	※2 165,693
機械装置及び運搬具	504,589	533,595
減価償却累計額	△372,142	△381,789
機械装置及び運搬具（純額）	※2 132,447	※2 151,806
工具、器具及び備品	53,736	54,826
減価償却累計額	△42,763	△42,237
工具、器具及び備品（純額）	※2 10,972	12,589
土地	※2 71,454	※2 70,765
リース資産	2,710	2,891
減価償却累計額	△2,063	△2,243
リース資産（純額）	647	648
建設仮勘定	22,323	31,988
有形固定資産合計	383,962	433,491
無形固定資産		
のれん	10,590	73
その他	11,964	13,480
無形固定資産合計	22,555	13,553
投資その他の資産		
投資有価証券	※1 90,874	※1 93,504
退職給付に係る資産	20,777	20,274
繰延税金資産	15,729	14,409
その他	8,427	7,557
貸倒引当金	△93	△94
投資その他の資産合計	135,715	135,651
固定資産合計	542,232	582,696
資産合計	925,237	1,004,143

（単位：百万円）

	前連結会計年度 （2018年3月31日）	当連結会計年度 （2019年3月31日）
負債の部		
流動負債		
支払手形及び買掛金	※6 120,107	※6 125,479
短期借入金	※2 49,749	※2 33,597
未払費用	43,919	46,286
未払法人税等	18,253	21,023
賞与引当金	10,857	11,895
返品調整引当金	72	757
売上割戻引当金	1,943	2,443
その他	49,525	50,021
流動負債合計	294,429	291,504
固定負債		
社債	20,000	20,000
長期借入金	※2 49,353	※2 62,788
繰延税金負債	10,371	10,650
退職給付に係る負債	50,330	53,830
役員退職慰労引当金	148	106
その他	5,426	4,632
固定負債合計	135,629	152,008
負債合計	430,059	443,512
純資産の部		
株主資本		
資本金	30,000	30,000
資本剰余金	99,841	100,061
利益剰余金	366,276	407,943
自己株式	△30,521	△30,422
株主資本合計	465,595	507,582
その他の包括利益累計額		
その他有価証券評価差額金	33,188	33,261
繰延ヘッジ損益	△53	3
為替換算調整勘定	268	△1,751
退職給付に係る調整累計額	△11,689	△11,785
その他の包括利益累計額合計	21,714	19,728
非支配株主持分	7,866	33,320
純資産合計	495,177	560,630
負債純資産合計	925,237	1,004,143

②【連結損益計算書及び連結包括利益計算書】
【連結損益計算書】

(単位：百万円)

	前連結会計年度 （自　2017年4月1日 至　2018年3月31日）	当連結会計年度 （自　2018年4月1日 至　2019年3月31日）
売上高	1,240,860	1,254,380
売上原価	※2 785,978	※2 797,811
売上総利益	454,882	456,569
販売費及び一般管理費	※1,※2 360,208	※1,※2 358,185
営業利益	94,673	98,383
営業外収益		
受取利息	142	130
受取配当金	1,199	1,286
為替差益	497	－
受取ロイヤリティー	400	331
その他	1,349	2,096
営業外収益合計	3,589	3,844
営業外費用		
支払利息	755	778
為替差損	－	356
持分法による投資損失	209	390
その他	1,419	992
営業外費用合計	2,385	2,518
経常利益	95,877	99,709
特別利益		
固定資産売却益	※3 6,459	※3 6,516
負ののれん発生益	－	6,584
その他	1,101	338
特別利益合計	7,561	13,439
特別損失		
固定資産廃棄損	※4 4,753	※4 2,020
減損損失	※5 4,214	※5 12,242
その他	3,390	4,299
特別損失合計	12,358	18,563
税金等調整前当期純利益	91,079	94,586
法人税、住民税及び事業税	31,647	34,358
法人税等調整額	△2,529	△3,383
法人税等合計	29,117	30,975
当期純利益	61,962	63,610
非支配株主に帰属する当期純利益	683	1,742
親会社株主に帰属する当期純利益	61,278	61,868

【連結包括利益計算書】

(単位：百万円)

	前連結会計年度 （自　2017年4月1日 至　2018年3月31日）	当連結会計年度 （自　2018年4月1日 至　2019年3月31日）
当期純利益	61,962	63,610
その他の包括利益		
その他有価証券評価差額金	8,071	66
繰延ヘッジ損益	△50	58
為替換算調整勘定	△1,686	△1,615
退職給付に係る調整額	1,715	△84
持分法適用会社に対する持分相当額	788	△523
その他の包括利益合計	※ 8,838	※ △2,097
包括利益	70,800	61,512
（内訳）		
親会社株主に係る包括利益	70,102	59,881
非支配株主に係る包括利益	698	1,631

③【連結株主資本等変動計算書】
　前連結会計年度（自　2017年4月1日　至　2018年3月31日）

（単位：百万円）

	株主資本				
	資本金	資本剰余金	利益剰余金	自己株式	株主資本合計
当期首残高	30,000	99,762	322,856	△16,607	436,011
当期変動額					
剰余金の配当			△17,858		△17,858
親会社株主に帰属する当期純利益			61,278		61,278
自己株式の取得				△14,058	△14,058
自己株式の処分		170		144	314
非支配株主との取引に係る親会社の持分変動		△91			△91
株主資本以外の項目の当期変動額（純額）					
当期変動額合計	－	78	43,420	△13,913	29,584
当期末残高	30,000	99,841	366,276	△30,521	465,595

	その他の包括利益累計額					非支配株主持分	純資産合計
	その他有価証券評価差額金	繰延ヘッジ損益	為替換算調整勘定	退職給付に係る調整累計額	その他の包括利益累計額合計		
当期首残高	25,120	△5	1,181	△13,406	12,890	8,289	457,190
当期変動額							
剰余金の配当							△17,858
親会社株主に帰属する当期純利益							61,278
自己株式の取得							△14,058
自己株式の処分							314
非支配株主との取引に係る親会社の持分変動							△91
株主資本以外の項目の当期変動額（純額）	8,068	△48	△912	1,716	8,824	△422	8,401
当期変動額合計	8,068	△48	△912	1,716	8,824	△422	37,986
当期末残高	33,188	△53	268	△11,689	21,714	7,866	495,177

当連結会計年度（自　2018年4月1日　至　2019年3月31日）

（単位：百万円）

	株主資本				
	資本金	資本剰余金	利益剰余金	自己株式	株主資本合計
当期首残高	30,000	99,841	366,276	△30,521	465,595
当期変動額					
剰余金の配当			△19,940		△19,940
親会社株主に帰属する当期純利益			61,868		61,868
自己株式の取得				△49	△49
自己株式の処分		177		148	326
非支配株主との取引に係る親会社の持分変動		42			42
連結範囲の変動			△261		△261
株主資本以外の項目の当期変動額（純額）					
当期変動額合計	-	220	41,667	99	41,986
当期末残高	30,000	100,061	407,943	△30,422	507,582

	その他の包括利益累計額					非支配株主持分	純資産合計
	その他有価証券評価差額金	繰延ヘッジ損益	為替換算調整勘定	退職給付に係る調整累計額	その他の包括利益累計額合計		
当期首残高	33,188	△53	268	△11,689	21,714	7,866	495,177
当期変動額							
剰余金の配当							△19,940
親会社株主に帰属する当期純利益							61,868
自己株式の取得							△49
自己株式の処分							326
非支配株主との取引に係る親会社の持分変動							42
連結範囲の変動							△261
株主資本以外の項目の当期変動額（純額）	72	56	△2,019	△96	△1,986	25,453	23,466
当期変動額合計	72	56	△2,019	△96	△1,986	25,453	65,453
当期末残高	33,261	3	△1,751	△11,785	19,728	33,320	560,630

④【連結キャッシュ・フロー計算書】

（単位：百万円）

	前連結会計年度 （自　2017年4月1日 至　2018年3月31日）	当連結会計年度 （自　2018年4月1日 至　2019年3月31日）
営業活動によるキャッシュ・フロー		
税金等調整前当期純利益	91,079	94,586
減価償却費	46,511	43,033
減損損失	4,214	12,242
のれん償却額	1,641	1,641
負ののれん発生益	－	△6,584
有形固定資産除却損	4,726	1,981
投資有価証券評価損益（△は益）	8	473
貸倒引当金の増減額（△は減少）	△177	△83
賞与引当金の増減額（△は減少）	356	654
退職給付に係る負債の増減額（△は減少）	3,944	3,987
受取利息及び受取配当金	△1,341	△1,416
支払利息	755	778
持分法による投資損益（△は益）	209	390
有形固定資産売却損益（△は益）	△6,403	△6,171
投資有価証券売却損益（△は益）	597	△138
売上債権の増減額（△は増加）	△12,724	△773
たな卸資産の増減額（△は増加）	△3,313	△4,307
仕入債務の増減額（△は減少）	9,170	2,142
その他	△497	1,522
小計	138,758	143,959
利息及び配当金の受取額	1,354	1,426
利息の支払額	△775	△782
法人税等の支払額	△30,562	△32,502
営業活動によるキャッシュ・フロー	108,775	112,100
投資活動によるキャッシュ・フロー		
有形固定資産の取得による支出	△69,833	△67,246
無形固定資産の取得による支出	△1,943	△3,996
有形及び無形固定資産の売却による収入	9,269	9,850
投資有価証券の取得による支出	△1,059	△4,153
投資有価証券の売却による収入	746	322
連結の範囲の変更を伴う子会社株式の取得による支出	－	※2 △33,879
連結の範囲の変更を伴う子会社株式の売却による収入	126	－
その他	△1,700	△1,098
投資活動によるキャッシュ・フロー	△64,394	△100,202

（単位：百万円）

	前連結会計年度 （自　2017年4月1日 至　2018年3月31日）	当連結会計年度 （自　2018年4月1日 至　2019年3月31日）
財務活動によるキャッシュ・フロー		
短期借入金の純増減額（△は減少）	8,720	△8,886
長期借入れによる収入	13,802	19,782
長期借入金の返済による支出	△22,557	△13,904
社債の発行による収入	19,909	－
社債の償還による支出	△30,000	－
自己株式の増減額（△は増加）	△10,208	263
配当金の支払額	△17,835	△19,891
非支配株主への配当金の支払額	△95	△499
連結の範囲の変更を伴わない子会社株式の取得に 　よる支出	△833	△7
非支配株主からの払込みによる収入	－	10,200
その他	△1,023	△1,036
財務活動によるキャッシュ・フロー	△40,121	△13,980
現金及び現金同等物に係る換算差額	1	△393
現金及び現金同等物の増減額（△は減少）	4,260	△2,475
現金及び現金同等物の期首残高	22,624	26,913
新規連結に伴う現金及び現金同等物の増加額	－	43
合併に伴う現金及び現金同等物の増加額	28	－
現金及び現金同等物の期末残高	※1 26,913	※1 24,481

2 【財務諸表等】
　（1）【財務諸表】
　　①【貸借対照表】

(単位：百万円)

	前事業年度 (2018年3月31日)	当事業年度 (2019年3月31日)
資産の部		
流動資産		
現金及び預金	7,081	4,314
未収還付法人税等	3,615	4,026
関係会社短期貸付金	30,250	20,729
その他	※1 363	※1 58
流動資産合計	41,311	29,129
固定資産		
有形固定資産		
建物	3,888	3,733
構築物	38	35
機械及び装置	30	43
車両運搬具	0	0
工具、器具及び備品	49	66
土地	8,796	8,796
リース資産	3	2
有形固定資産合計	12,806	12,677
無形固定資産		
商標権	73	73
その他	0	0
無形固定資産合計	73	73
投資その他の資産		
投資有価証券	39,327	38,516
関係会社株式	256,419	270,111
関係会社長期貸付金	36,820	35,143
投資不動産	0	0
投資その他の資産合計	332,567	343,771
固定資産合計	345,447	356,523
資産合計	386,758	385,652

（単位：百万円）

	前事業年度 （2018年3月31日）	当事業年度 （2019年3月31日）
負債の部		
流動負債		
短期借入金	29,318	21,318
1年内返済予定の長期借入金	11,876	2,856
未払費用	※1 289	※1 173
関係会社預り金	9,676	29,110
その他	※1 1,001	※1 922
流動負債合計	52,161	54,380
固定負債		
社債	20,000	20,000
長期借入金	41,600	38,943
繰延税金負債	6,684	6,415
その他	51	49
固定負債合計	68,335	65,409
負債合計	120,496	119,790
純資産の部		
株主資本		
資本金	30,000	30,000
資本剰余金		
資本準備金	7,500	7,500
その他資本剰余金	220,060	220,238
資本剰余金合計	227,560	227,738
利益剰余金		
その他利益剰余金		
繰越利益剰余金	24,787	24,674
利益剰余金合計	24,787	24,674
自己株式	△31,433	△31,334
株主資本合計	250,914	251,077
評価・換算差額等		
その他有価証券評価差額金	15,347	14,784
評価・換算差額等合計	15,347	14,784
純資産合計	266,261	265,862
負債純資産合計	386,758	385,652

② 【損益計算書】

（単位：百万円）

	前事業年度 （自 2017年4月1日 至 2018年3月31日）	当事業年度 （自 2018年4月1日 至 2019年3月31日）
営業収益		
関係会社経営管理料	1,660	1,642
関係会社受取配当金	17,908	19,939
営業収益合計	※1 19,568	※1 21,581
営業費用		
一般管理費	※1,※2 2,071	※1,※2 2,280
営業利益	17,496	19,300
営業外収益		
受取利息及び受取配当金	※1 965	※1 850
雑収入	※1 42	※1 42
営業外収益合計	1,008	893
営業外費用		
支払利息	※1 370	※1 283
雑損失	135	34
営業外費用合計	505	317
経常利益	17,999	19,876
特別損失		
その他	－	41
特別損失合計	－	41
税引前当期純利益	17,999	19,834
法人税、住民税及び事業税	46	28
法人税等調整額	△45	△20
法人税等合計	0	8
当期純利益	17,999	19,826

③【株主資本等変動計算書】
　前事業年度（自　2017年 4月 1日　至　2018年3月31日）

（単位：百万円）

	株主資本							
	資本金	資本剰余金			利益剰余金		自己株式	株主資本合計
		資本準備金	その他資本剰余金	資本剰余金合計	その他利益剰余金 繰越利益剰余金	利益剰余金合計		
当期首残高	30,000	7,500	219,889	227,389	24,646	24,646	△17,519	264,517
当期変動額								
剰余金の配当					△17,858	△17,858		△17,858
当期純利益					17,999	17,999		17,999
自己株式の取得							△14,058	△14,058
自己株式の処分			170	170			144	314
株主資本以外の項目の当期変動額（純額）								
当期変動額合計	‐	‐	170	170	140	140	△13,913	△13,602
当期末残高	30,000	7,500	220,060	227,560	24,787	24,787	△31,433	250,914

	評価・換算差額等		純資産合計
	その他有価証券評価差額金	評価・換算差額等合計	
当期首残高	11,977	11,977	276,495
当期変動額			
剰余金の配当			△17,858
当期純利益			17,999
自己株式の取得			△14,058
自己株式の処分			314
株主資本以外の項目の当期変動額（純額）	3,369	3,369	3,369
当期変動額合計	3,369	3,369	△10,233
当期末残高	15,347	15,347	266,261

当事業年度（自 2018年 4月 1日 至 2019年 3月31日）

（単位：百万円）

	株主資本							
		資本剰余金			利益剰余金		自己株式	株主資本合計
	資本金	資本準備金	その他資本剰余金	資本剰余金合計	その他利益剰余金 繰越利益剰余金	利益剰余金合計		
当期首残高	30,000	7,500	220,060	227,560	24,787	24,787	△31,433	250,914
当期変動額								
剰余金の配当					△19,940	△19,940		△19,940
当期純利益					19,826	19,826		19,826
自己株式の取得							△49	△49
自己株式の処分			177	177			148	326
株主資本以外の項目の当期変動額（純額）								
当期変動額合計	－	－	177	177	△113	△113	99	163
当期末残高	30,000	7,500	220,238	227,738	24,674	24,674	△31,334	251,077

	評価・換算差額等		純資産合計
	その他有価証券評価差額金	評価・換算差額等合計	
当期首残高	15,347	15,347	266,261
当期変動額			
剰余金の配当			△19,940
当期純利益			19,826
自己株式の取得			△49
自己株式の処分			326
株主資本以外の項目の当期変動額（純額）	△562	△562	△562
当期変動額合計	△562	△562	△399
当期末残高	14,784	14,784	265,862

索　引

《著者紹介》

新 井 清 光（あらい きよみつ）

1951年　早稲田大学第一政治経済学部経済学科卒業
1956年　早稲田大学大学院商学研究科博士課程修了
1963年　早稲田大学商学部教授
1968年　商学博士（早稲田大学）
1997年　早稲田大学名誉教授
〈主な著書〉『会計公準論』中央経済社
　　　　　『日本の企業会計制度』中央経済社

川 村 義 則（かわむら よしのり）

1989年　早稲田大学商学部卒業
1994年　早稲田大学大学院商学研究科博士課程単位取得退学
　　　　米国財務会計基準審議会（FASB）Postgraduate Intern
　　　　龍谷大学経営学部専任講師を経て
2000年　早稲田大学商学部専任講師
2008年　早稲田大学商学学術院教授
〈主な著書〉『財務会計の理論と応用』（共訳）中央経済社
　　　　　『グローバル財務報告』（監訳）中央経済社
　　　　　『演習上級簿記』中央経済社

新版　現代会計学（第3版）

1989年 4 月20日　第 1 版第 1 刷発行
1990年 1 月30日　第二版第 1 刷発行
1990年 7 月25日　第二版第17刷発行
1991年 3 月 1 日　第三版第 1 刷発行
1997年 2 月15日　第三版第117刷発行
1998年 4 月15日　第四版第 1 刷発行
1999年 4 月10日　第四版第15刷発行
2000年 5 月10日　第五版第 1 刷発行
2001年 3 月25日　第五版第10刷発行
2002年 2 月10日　第 6 版第 1 刷発行
2002年10月20日　第 6 版第 6 刷発行
2003年 4 月25日　第 7 版第 1 刷発行
2006年 5 月15日　第 7 版第28刷発行
2006年10月 1 日　第 8 版第 1 刷発行
2007年 5 月15日　第 8 版第 7 刷発行
2008年 4 月 1 日　第 9 版第 1 刷発行
2009年 4 月 1 日　第10版第 1 刷発行
2010年 3 月20日　第11版第 1 刷発行
2011年 3 月20日　第12版第 1 刷発行
2013年 3 月 1 日　第12版第 8 刷発行
2014年 3 月10日　新版第 1 版第 1 刷発行
2017年10月20日　新版第 1 版第12刷発行
2018年 4 月 1 日　新版第 2 版第 1 刷発行
2019年 3 月20日　新版第 2 版第 2 刷発行
2020年 4 月10日　新版第 3 版第 1 刷発行
2022年 9 月15日　新版第 3 版第 7 刷発行
© 2020
Printed in Japan

著　者　新　井　清　光
　　　　川　村　義　則
発行者　山　本　　　継
発行所　㈱中央経済社
発売元　㈱中央経済グループ
　　　　パブリッシング

〒101-0051
東京都千代田区神田神保町1-31-2
電話 03（3293）3371（編集代表）
　　 03（3293）3381（営業代表）
https://www.chuokeizai.co.jp
印刷／㈱堀内印刷所
製本／誠 製 本 ㈱

※頁の「欠落」や「順序違い」などがありましたらお取り替えいた
しますので発売元までご送付ください。（送料小社負担）

ISBN978-4-502-34641-5　C3034

■最新の監査諸基準・報告書・法令を収録■

監査法規集

中央経済社編

本法規集は，企業会計審議会より公表された監査基準をはじめとする諸基準，日本公認会計士協会より公表された各種監査基準委員会報告書・実務指針等，および関係法令等を体系的に整理して編集したものである。監査論の学習・研究用に，また公認会計士や企業等の監査実務に役立つ1冊。

《主要内容》

企業会計審議会編＝監査基準／不正リスク対応基準／中間監査基準／四半期レビュー基準／品質管理基準／保証業務の枠組みに関する意見書／内部統制基準・実施基準

会計士協会委員会報告編＝会則／倫理規則／監査事務所における品質管理　《監査基準委員会報告書》　監査報告書の体系・用語／総括的な目的／監査業務の品質管理／監査調書／監査における不正／監査における法令の検討／監査役等とのコミュニケーション／監査計画／重要な虚偽表示リスク／監査計画・実施の重要性／評価リスクに対する監査手続／虚偽表示の評価／監査証拠／特定項目の監査証拠／確認／分析的手続／監査サンプリング／見積りの監査／後発事象／継続企業／経営者確認書／専門家の利用／意見の形成と監査報告／除外事項付意見　他《監査・保証実務委員会報告》継続企業の開示／後発事象／会計方針の変更／内部統制監査／四半期レビュー実務指針／監査報告書の文例

関係法令編＝会社法・同施行規則・同計算規則／金商法・同施行令／監査証明府令・同ガイドライン／内部統制府令・同ガイドライン／公認会計士法・同施行令・同施行規則

法改正解釈指針編＝大会社等監査における単独監査の禁止／非監査証明業務／規制対象範囲／ローテーション／就職制限又は公認会計士・監査法人の業務制限

会計と会計学の到達点を理論的に総括し、
現時点での成果を将来に引き継ぐ

体系現代会計学 全12巻

■総編集者■

斎藤静樹(主幹)・安藤英義・伊藤邦雄・大塚宗春

北村敬子・谷　武幸・平松一夫

■各巻書名および責任編集者■

中央経済社